Walter Hansen Die Reise des Prinzen Wied zu den Indianern

Die Reise des Prinzen Wied zu den Indianern

von Walter Hansen

Nach Originalberichten des Prinzen
Maximilian zu Wied

Die Bilder stammen von dem Maler Carl Bodmer

Verlag W. Ludwig

ISBN 3-7787-2016-3

© 1977 Verlag W. Ludwig (Ilmgau Verlag), Pfaffenhofen-Ilm
Satz und Druck: Ilmgaudruckerei Pfaffenhofen-Ilm
Printed in Germany
Nachdruck, auch auszugsweise, nur mit Genehmigung des Verlages.

Titelbild: Claus Hansmann, München

INHALTSVERZEICHNIS

WESTLICH VON ST. LOUIS
Stolze Bittsteller 11
Ein Häuptling fordert die Freiheit 14
Pontiac, Tecumseh, Black-Hawk 15
Der gedemütigte Indianer-Führer 19
Die ersten Abenteurer waren Pelzhändler 22
Das Bleichgesicht trug einen Skalp am Gürtel 24

FREIES INDIANERLAND
Feuerwasser macht sie zu Mördern 27
Die Todes-Wette um zwei Skalps 30
Der Giftmörder 33
Nur beim Pfeifenstein herrscht ewiger Friede 35
Toten-Ritus 37

IM WILDEN WESTEN
Die Schreckensnachricht 42
Mörder, Gaukler, Zauberer 45
Geisterhafte Gestalten im Dunkeln 49
Mato-Tope, der berühmte Häuptling 51
Der Tapfere bekommt nach seinem Tode viele Frauen . 53
Mord im Fort 55
Die Beschwörung der Medizin-Männer 58
Jagd auf den Grizzly-Bären 59
Seltsames Tausch-Angebot: Frauen gegen Schnaps 62
Auf nächtlichen Schleichwegen 64
Bird, der Doppelagent 66
Der zweite Mord 68
Der dritte Mord 69
Geschenk für Major Mitchill: Eine Leiche 70

Überfall im Morgengrauen	72
Retter jagen heran	74
Zaubergesänge gegen Todesdämonen	76
Indianischer Kriegs-Aberglaube	78
Mord an Dolmetscher Doucette	81
Bisonjäger als Wölfe verkleidet	83
Gefährliche Begegnung in der Schlucht	86
Der berühmte Zauberer	88
Zweikampf der Häuptlinge	90

BRAUCHTUM, MYTHEN UND MAGIE

Die indianische Schöpfungsgeschichte	94
Der erste Mensch	96
Die drei heiligen Totenköpfe	99
Die Entstehung des weißen Mannes	103
Das grausame Fest zu Ehren der Arche	106
Vom Teufel besessen	108
Die Leiden der Gemarterten	110
Tanz der Bison-Stiere	113
Wir müssen uns von Frauen loskaufen	115
Der geheimnisvolle Medizin-Stein	118
Traumdeutung	120
Sterne sind verstorbene Menschen	122
Die Sprache der prophetischen Vögel	124
Wie man Häuptling wird	126
Indianische Kriegslisten	129
Das Geheimnis der Banden	132
Der Skalp-Tanz	137
Brautwerbung und Liebesleben	139
Schwiegermütter müssen schweigen	142
Götzen schützen vor geheimen Mächten	145
Indianer kennen keine Flüche	148
Briefe, die jeder lesen kann	150
Hungersnot	152
Indianische Heilmethoden	154

ÖSTLICH VON ST. LOUIS
Meuterei an Bord 159
Furchtbare Irokesen – ganz friedlich 161
Eine Treppe unter das „Donnernde Wasser" 164
Indianische Tragödie 166

ANHANG
Ein Stoß mit der Faust bedeutet: Töten 168
Pulsschlag heißt: Katink-tink-kanahgisch 173
Sziritsch bedeutet: Teufel, Wolf und erster Mensch 191

ZU DIESEM BUCH
Die Leser 197
Der Verfasser 203
Der Maler 203
Die Neuauflage 204

VORWORT

Karl May fesselte Generationen dankbarer Leser mit seinen Indianergeschichten – doch was er schrieb, war erfunden. Er hat nie einen Indianer gesehen, nie Schießpulver gerochen, hat nie im Prärie-Gras feindliche Fährten gelesen und nie die Jagdgründe der Rothäute durchstreift.
Seine Jagdgründe waren die Lesesäle der Königlichen öffentlichen Bibliothek in Dresden.
Dort las er unter anderem die „Reise ins innere Nord-America" des Prinzen Maximilian zu Wied, ein Prachtwerk voller Abenteuer und völkerkundlicher Forschungsergebnisse, reich illustriert von dem schweizerischen Maler Carl Bodmer, der die gefährliche Reise in den Wilden Westen mitgemacht hat.
Bei der Lektüre dieses Werkes und beim Anblick der Bilder kamen Karl May die Ideen zu seinen phantastischen Indianerbüchern „Winnetou", „Old Shurehand" und „Der Schatz im Silbersee".
Karl May schöpfte aus der besten Quelle. Denn Prinz Maximilian zu Wied ist der bedeutendste deutsche Indianerforscher. Und Carl Bodmer ist der wichtigste Indianermaler.
Daß die interessante Reiseschilderung des Prinzen heute beim Publikum so gut wie unbekannt ist, mag wohl in erster Linie daran liegen, daß die sehr aufwendige Originalausgabe nur für einen kleinen, exklusiven Kreis von Fürsten, Millionären und Wissenschaftlern vorgesehen war und nie mehr nachgedruckt wurde.
Damals schon eine kostspielige Lektüre, ist dieses Werk heutzutage unerschwinglich geworden. Auf einer Auktion wurde 1971 eine Ausgabe für 36 000 Mark ersteigert!
Hier liegt eine Neuauflage vor, mit überarbeitetem Originaltext und Originalbildern.
Karl-May-Leser werden in diesem Buch alte Bekannte entdecken:
– Die Vorbilder für den edlen Häuptling Winnetou, für Old Shat-

terhand und Old Firehand, für Intschu tschuna, Klekih-petra und für den verschlagenen Santer.

Darüber hinaus erhalten alle an Indianern interessierten Leser Informationen aus erster Hand. Die Helden dieses Buches haben wirklich gelebt. Der Verfasser hat sie persönlich gekannt. Und so, wie die Indianer hier geschildert werden, waren sie wirklich.

w. h.

WESTLICH VON ST. LOUIS

Stolze Bittsteller

Bei ungünstigem Wetter und heftigem Sturm nahmen wir am 24. Mai 1832 von Europa Abschied. Ein amerikanisches Schiff trug uns aufs Meer hinaus.
Meine Reisegefährten waren:
Der wackere Hofjäger Dreidoppel aus meiner Heimat Neuwied am Rhein, ein erfahrener Waidmann, dessen Geschicklichkeit ich bei meinem späteren Aufenthalt unter den Rothäuten nicht genug schätzen konnte. Und der junge schweizerische Maler Karl Bodmer, eben erst 23 Jahre alt geworden, dessen Aufgabe es sein sollte, die Indianer Nordamerikas, ihre Trachten, Waffen, Gerätschaften und sonstigen Besonderheiten in Gemälden und Zeichnungen naturgetreu darzustellen. Der Großteil seines Reisegepäcks bestand aus Staffeleien, Leinwand, Zeichenblocks, Federn, Tuschtiegeln, Farben und Pinseln. In seiner Tasche trug er eine Uhr mit einem musikalischen Spielwerk, die – wie sich später herausstellte – das Entzücken der indianischen Menschen sein sollte und viel dazu beitrug, die Scheu und den Argwohn der Wilden abzubauen.
Als die nordamerikanische Küste am Horizont auftauchte, sandten wir Europäer spähend unsere Blicke über die weite Wasserfläche. Vergebens hoffte ich auf die Erscheinung der viel besprochenen Seeschlange, sie wollte sich uns nicht zeigen. Ich hatte später Gelegenheit, mit mehreren amerikanischen Naturforschern über diese Seeschlange zu reden, allein sie alle hielten sie für ein Fabeltier.
Wir ankerten in Boston am 4. Juli. Salutschüsse dröhnten über die Stadt und entlang der Küste. Sie wurden anläßlich der Jubiläumsfeiern des „Day of Independence" abgefeuert, an dem Amerika seine Unabhängigkeit proklamiert hatte. Zufälligerweise fiel dieses Jubiläum auf den Tag unserer Ankunft.

Während unserer nun folgenden, fast neunmonatigen Reise durch den zivilisierten, industrialisierten Osten und seine Handelsstädte bekamen wir keinen einzigen Indianer zu Gesicht.
Erst in St. Louis am Mississippi, einer aufstrebenden Stadt von 6000 bis 8000 Einwohnern, hatten wir Gelegenheit, die ersten nordamerikanischen Indianer in ihrer ganzen Originalität zu beobachten.
Es befindet sich nämlich in St. Louis das Büro für alle indianischen Angelegenheiten des Westens, dessen Direktor unter dem Titel „Superintendent of Indian Affairs" der durch seine abenteuerlichen Entdeckungsreisen berühmt gewordene General Clarke war. Dieser General Clarke wurde gerade von einer Deputation zweier stolzer indianischer Stämme besucht, der Sakis (Sauks) und Foxes, die den Mississippi herabgekommen waren, um sich für den seit kurzem in den „Jefferson-Baracks" (Jefferson-Kasernen) nahe St. Louis gefangengehaltenen Häuptling Black-Hawk (Schwarzer Falke) zu verwenden.
An der Spitze der Deputation stand Häuptling Keokuk.
Diese beiden Häuptlinge – Keokuk und Black-Hawk – waren die interessantesten Indianerführer der Gegenwart, zwei Persönlichkeiten von politischer Bedeutung. Und ich bin General Clarke zu großem Dank verpflichtet, daß er mir den Vorschlag machte, den Besprechungen und Zusammenkünften zwischen ihm und der indianischen Deputation beizuwohnen.
Bevor es zu diesen Besprechungen kam, hatte ich Gelegenheit, die Sakis und Foxes zu beobachten, die sich auf der Straße vor dem Büro des General Clarke drängten:
Die Indianer waren interessante, fremdartig dunkle Gestalten, in rote, weiße oder grüne Wolldecken gehüllt. Die Haare trugen sie über den ganzen Kopf abrasiert, ausgenommen einen schmalen Haarbusch am Hinterkopf, der in einen dünnen Haarzopf sich verlor. An diesem Haarzopf wurde das sogenannte Kateuikunn befestigt: ein Busch aus den Schwanzhaaren des virginischen Hirsches, die teils in ihrer natürlichen Farbe belassen, teils mit Zinnober rot gefärbt waren. Jeder Indianer trug in seinem Haarschopf eine Feder. Wer einen Pferdediebstahl (und damit in ihren Augen eine

ganz besondere Heldentat) verübt hatte, durfte an der Spitze dieser Feder die Schwanzklapper einer Klapperschlange befestigen. Herr Bodmer hat einen besonders ansehnlichen Fox-Indianer namens Watapinat (Adlernest) mit diesem Kopfschmuck höchst ähnlich abgebildet.

Die Gesichter der Sakis und Foxes waren mehr oder weniger rot bemalt, bei den Sakis meist rot in verschiedener Zeichnung, bei den Foxes rot und gelb oder rot, weiß und schwarz.

Ein großer, schöner Saki-Indianer, Massica (Die Schildkröte) hatte ein kühnes, wildes Gesicht und eine Adlernase. Seine Freundlichkeit war besonders ausdrucksvoll, die schwarzbraunen Augen funkelten beim Lachen, und die schneeweißen Zähne glänzten in dem dunkelbraunen, zinnoberrot angestrichenen Gesichte. Über die Stirn trug er eine Binde von Fischotterfell, welche sich am Hinterkopfe vereinigte und dann in zwei langen Streifen rückwärts bis auf den Boden hinab lief. Herr Bodmer hat diesen schönen Mann sehr ähnlich abgebildet.

Alle Indianer trugen die für sie typischen Leder-Beinkleider (Leggings) welche, für jedes Bein getrennt, wie lange Lederstrümpfe bis auf die Schuhe hinabreichen und unten mit vielen Fransen verziert sind. Sie werden einzeln mit einem ledernen Riemen oben an den Gürtel angeknüpft.

Im Gürtel steckt ein breites, großes, sehr scharfes Messer, welches sie von den Kaufleuten eintauschen und zu vielerlei Zwecken, besonders zum Zerlegen des Wildbrets und zum Skalpieren ihrer Feinde, gebrauchen.

Die Schuhe, gewöhnlich Mocassins genannt, sind von weich gegerbtem Hirschleder gemacht und unter dem Knöchel mit ihrem Rande umgeschlagen. Sie waren hier bei diesen Leuten einfach und ohne alle Verzierungen gearbeitet.

Unter ihren wollenen Decken hatten die meisten Männer den Oberleib nackt. Viele trugen Hals- und Armringe aus Messing. Alle hatten Waffen in der Hand, vor allen Dingen Tomahawks und Kopfbrecher: Die typischen Streitäxte der Indianer.

Ein Häuptling fordert die Freiheit

Aus diesem Haufen der Indianer wurden nun die 30 vornehmsten Krieger ausgewählt und von General Clarke in sein Haus gebeten. Wir durften dieser Versammlung beiwohnen.
General Clarke stellte uns zunächst vor und ließ den Indianern durch einen Dolmetscher sagen, daß wir „weit über das Meer hergekommen sind, um sie zu sehen".
Die Indianer gaben ihren Beifall durch gedehnte Rufe zu erkennen, die sich etwa wie „hah" oder „ahä" anhörten. Dann traten die geschmückten und bemalten Krieger auf uns zu, und jeder gab uns die rechte Hand, indem er uns dabei gerade in die Augen sah.
Alsdann setzen sich die Indianer in eine Reihe. Ihnen gegenüber hatte General Clarke mit seinem Sekretär und einem Dolmetscher Platz genommen. Wir saßen neben ihm.
Zuerst stand Häuptling Keokuk auf, die mit Federn verzierte Friedenspfeife in der linken Hand.
Er war der Anführer der hier versammelten Indianer, ein schlanker Mann von mittlerer Größe, mit angenehmen, wenig von den Europäern abweichenden Zügen, obgleich von dunklerer Farbe. Er trug ein buntes Hemd und eine große, von dem Präsidenten der Vereinigten Staaten verliehene Medaille auf der Brust. Um den Kopf hatte er ein buntes Tuch gebunden, und eine grüne wollene Decke hüllte ihn ein. Sein Gesicht war nicht bemalt und man behauptete, er sei nicht von rein indianischer Abkunft, was auch seine Gesichtszüge zu bestätigen schienen. Um den Hals und das Handgelenk trug er messingene Ringe.
Keokuk sprach sehr laut und in kurzen Sätzen, von Pausen unterbrochen. Seine Rede wurde sogleich übersetzt und niedergeschrieben. Er forderte, daß Häuptling Black-Hawk und die anderen gefangenen Indianer vom Stamme der Sakis und Foxes freigelassen werden würden, da man sie als Jäger zur Abwendung einer Hungersnot dringend benötigte. Auch bat er um eine Unterredung mit den Gefangenen. Im übrigen versicherte er mehrmals seinen guten Willen, mit den Weißen in Frieden zusammenzuleben.

Der General sagte den Indianern, sie möchten bei ihrer guten Gesinnung beharren. Er würde sich auch für die Freilassung der Gefangenen verwenden, unter der Bedingung, daß Keokuk auf den kriegerischen Häuptling Black-Hawk – wenn dieser auf freiem Fuße sei – ein wachsames Auge haben werde.
Außerdem genehmigte er den Indianern ein Zusammentreffen mit Häuptling Black-Hawk und den übrigen Gefangenen in den Jefferson-Baracks.
Um zu den Jefferson-Baracks zu kommen, mußte man den Mississippi etwa drei Stunden befahren. Wir wurden mit den Indianern zusammen eingeladen, am nächsten Tag frühmorgens an Bord des Dampfschiffes „Warrior" zu gehen, das uns zu Black-Hawk bringen sollte.

Pontiac, Tecumseh, Black-Hawk

Hier muß kurz auf den indianischen Freiheitskampf eingegangen werden, um die Rolle zu erklären, die Häuptling Black-Hawk zu dieser Zeit in Nordamerika spielte.
Black-Hawk galt als prominentester lebender Führer der indianischen Widerstandsbewegung, als gefährlicher Nachfolger der legendären Häuptlinge Pontiac und Tecumseh.
Pontiac war der erste, der in der zweiten Hälfte des 18. Jahrhunderts die teils in Bruderkriege zerfallenen Indianer-Stämme zum Kampf gegen die weißen Eindringlinge zu vereinen begann. Er erfocht bemerkenswerte Siege.
Als er durch Mörderhand starb und die rote Rasse im Laufe der nächsten Jahre zu zerfallen drohte, setzte der Häuptlingssohn Tecumseh vom Stamme der Shawannos die indianische Bündnispolitik fort.
Er war ein hervorragender Krieger, ein geschickter Diplomat mit staatsmännischen Talenten, von Freund und Feind gleichermaßen geachtet.

Sein Ziel war es, alle von den Weißen erlisteten Landabtretungen der roten Urbevölkerung für ungültig zu erklären und das Zusammenleben mit den mächtigen Bleichgesichtern friedlich auf fairer Vertragsbasis zu regeln.

Er stieß – mit seiner bedrohlich anwachsenden Indianer-Macht im Rücken – bei den Weißen auf Entgegenkommen und verbündete sich mit den Engländern.

Seine erfolgversprechenden Friedensverhandlungen wurden jedoch zunichte gemacht, weil sein Bruder Tenskwatana am 7. November 1811 die Weißen angriff.

Es kam schließlich zum Indianerkrieg von 1812, bei dem Black-Hawk auf der Seite seines Freundes und Vorbildes Tecumseh die Sakis und Foxes kommandierte.

Als Tecumseh 1813 auf einem Rückzugsgefecht starb, fühlte sich Black-Hawk berufen, die indianische Widerstandsbewegung gegen die Weißen zu führen. Er war kein Friedensprediger. Schriftlichen Verträgen mißtraute er mit dem Instinkt des Naturmenschen. Er wollte nicht verhandeln, sondern kämpfen. Sein Ziel war es, eine indianische Streitmacht für den großen Befreiungskrieg um sich zu scharen.

Sein kriegerischer Sinn und seine blutrünstige Angriffslust indessen wurden gemäßigt durch den Einfluß seines Stammesbruders, des Häuptlings Keokuk, eines großen Redners und Diplomaten, der einsah, daß der rote Mann gegen die Übermacht der weißen Pioniere nur eine Überlebenschance hatte, wenn er sich auf vertraglich zugesicherte Reservate zurückzog. Keokuk gewann unter seinen Rothäuten immer mehr Anhänger.

Black-Hawk ließ sich jahrelang beschwichtigen, und am 27. Juni 1831 wurde er von Keokuk sogar überredet, mit den Bleichgesichtern einen Vertrag abzuschließen, wonach er seine Maisfelder am Rock-Fluß räumte – allerdings mit der Zusicherung, daß er von den Weißen jährlich eine gewisse Menge Mais für seine Indianer bekommen würde.

Als sich seine Vertragspartner aber nicht an diese Verpflichtung hielten, fühlte Black-Hawk seinen Argwohn gegen die Weißen bestätigt. Er drang mit etwa 40 Kriegern in die ehemaligen Maisgebiete ein, um heimlich zu ernten.

Dort wurde er von einem berittenen Trupp unter der Führung General Atkinsons – des Kommandeurs der Jefferson-Baracks – gestellt. Listig erklärte Black-Hawk, er befinde sich nicht auf dem Kriegspfad, sondern auf dem Weg zu seinem Freund, dem Medizinmann „Weiße Wolke" vom Stamme der Winnebago-Indianer. Atkinson ließ ihn ziehen, gab aber zu erkennen, daß er Black-Hawks Erklärungen mißtraue und ihn weiterhin beobachten lassen werde. Black-Hawk brach daraufhin seinen Beutezug in die ehemaligen Maisfelder ab und kehrte um.

Auf dem Heimweg lagerte er eines Abends beim Rock-Fluß, nahe der Mündung des Sycamore Creek. Ein Zufall wollte es, daß gleichzeitig 270 Kavalleristen unter der Führung eines Major Stillman ahnungslos in unmittelbarer Nähe des Indianerlagers Rast machten. Black-Hawk entdeckte die Soldaten und fühlte sich – irrtümlich – verfolgt.

Um seine friedliche Absicht kundzutun, sandte er drei Krieger mit einer weißen Fahne zu den Offizieren. Da die drei Abgesandten nicht zurückkamen, schickte er fünf weitere Krieger zu Major Stillmann, ebenfalls unter dem Schutz der weißen Fahne.

Zwei von ihnen kehrten nachts auf Schleichwegen zurück. Sie berichteten, daß alle anderen Abgesandten trotz der weißen Fahne von den Kavalleristen getötet oder gefangengenommen worden seien. Daraufhin entschloß sich Black-Hawk, aufs Neue von den Weißen enttäuscht, zum Angriff nach bewährter Indianerart:

Er lockte die 270 Kavalleristen in einen Hinterhalt und beschoß sie überraschend. Seine Taktik war so wohldurchdacht, daß es ihm mit seinen wenigen Indianern gelang, die meisten der Kavalleristen zu töten und die Gefangenen zu befreien. Nur wenige Weiße konnten flüchten. Sie überbrachten der Regierung die Nachricht von dem Massacre.

General Atkinson erhielt daraufhin den Befehl, mit 2000 Mann eine Vergeltungsaktion bei den Sakis und Foxes durchzuführen. Black-Hawk eilte heim, führte Frauen und Kinder in ein Versteck, trommelte 500 indianische Krieger zusammen – und der sogenannte Black-Hawk-Krieg begann. Das war vor einem Jahr, im Frühjahr 1832 (etwa in der Zeit, als ich meine Reise ins Innere Nordamerikas begann).

Als ihm Späher meldeten, daß General Atkinson an der Seite von 2000 Mann anrückte, sah er sich gezwungen, mit seinen Kriegern in die Wälder zu flüchten und dort, in der vertrauten Wildnis, die indianische Kampftaktik auszuspielen.

Die Bleichgesichter verfolgten ihn, wurden aber von versteckten Rothäuten beschossen, heimtückisch angegriffen und mußten erhebliche Verluste hinnehmen. Obwohl die Verfolger ständig Verstärkung erhielten, war dem mit List und Tücke kämpfenden Black-Hawk nicht beizukommen.

Die Entscheidung fiel erst, als eine Kavallerie-Patrouille den geheimen Lagerplatz der Frauen und Kinder entdeckte, die wenigen Wachen niederschoß, viele Gefangene machte und alles niedermetzelte, was zu flüchten versuchte.

Als Black-Hawk die Nachricht bekam, ergriff ihn tiefe Mutlosigkeit. Häuptling Keokuk, der nach wie vor seine Friedenspolitik verfocht, nützte die schwache Stunde im Gemüt des kriegerischen Häuptlings und überredete ihn zur Kapitulation, um weitere Vergeltungsaktionen der Weißen an den Sakis und Foxes abzuwenden. In der Tat erklärte sich der stolze Black-Hawk bereit, die Schmach der Gefangennahme auf sich zu nehmen. Doch als er mit hundertfünfzig Kriegern, eine weiße Fahne schwenkend, den Weißen entgegenging – da kam es, vermutlich durch den Fehler eines Dolmetschers, zu einem Mißverständnis. Auf Befehl eines Captains namens Throckmorton wurde er aus Gewehren und Kanonen beschossen. Viele Indianer starben. Black-Hawk rettete sich in die Wälder – aufs Neue vom weißen Mann enttäuscht.

Trotzdem gelang es dem Friedensprediger Keokuk, Black-Hawks aufflackernden Rachedurst zu besänftigen. Noch einmal überredete er Black-Hawk, die Kapitulation anzubieten.

Black-Hawk, der die Interessen des eigenen Stammes über seinen persönlichen Stolz stellte, ergab sich vor kurzem erst – Ende Januar

1833 – dem Kommandeur der Jeffersen-Baracks, General Atkinson, den er persönlich sehr schätzte.
Bei seiner Gefangennahme sagte Black-Hawk zu General Atkinson: „Du hast mich und die besten Krieger meines Stammes gefangengenommen... Ich erkenne, daß mein Untergang gekommen ist. Heute stieg die Sonne nur bleich auf und sie versank am Abend wie ein Feuerball in einer dunklen Wolke. Es war die letzte Sonne, die ihre Strahlen auf Black-Hawk gesandt hat. Er ist nun ein Gefangener der Weißen, die ihn behandeln können, wie sie wollen".
Damit war der Black-Hawk-Krieg beendet.
Seither sitzt der berühmte Häuptling als schwer bewachter Kriegsgefangener in den Jefferson-Baracks, die wir am 26. März 1833 mit General Clarke, Häuptling Keokuk und 30 Indianern von St. Louis aus besuchten.

Der gedemütigte Indianer-Führer

In aller Früh trafen wir mit den Indianern an Bord des Dampfschiffes „Warrior" zusammen. Wir hatten uns mit Zigarren und anderen ihnen angenehmen Kleinigkeiten versehen, durch welche wir uns bald ihr Vertrauen erwarben.
Als General Clarke erschien, wurden die Anker gelichtet, und der „Warrior" lief den Mississippi hinab.
Die Indianer versammelten sich am Vorderteil des Schiffes. Auf viele von ihnen wirkte der heute wehende rauhe Wind sehr empfindlich, da sie unter ihren wollenen Decken am Oberleibe nackt waren; dennoch hielten sie sich immer im Freien auf. Unten im Hinterraume des Schiffes unterhielten sie ein Feuer, wo sie ihre Lebensmittel kochten. Sie betrachteten mit Aufmerksamkeit die Dampfmaschine, deren Zischen und Brausen sie ungemein unterhielt.
Überall sah man Indianer auf verschiedene Art gruppiert. Manche waren damit beschäftigt, vor ihren kleinen Spiegeln die Malerei ih-

res Gesichtes zu verschönern, andere rauchten ihre Pfeife in philosophischer Ruhe, noch andere lagen in ihre Decken gewickelt schlafend auf dem Boden.

Merkwürdig war ihr Chorgesang, er war bald laut, bald leise, im Allgemeinen nicht ganz unharmonisch und keinesfalls roh oder wild. Sie jauchzten dabei zuweilen laut auf und beschlossen den Gesang gewöhnlich durch den Kriegsruf (War –Whoop), einen hellen Schrei, wobei man die Stimme mit der Hand vor dem Munde tremulieren läßt.

Gegen zehn Uhr näherte sich der „Warrior" den Jefferson-Barracks, wo sich die Bewohner am Ufer versammelt hatten, um die indianische Deputation landen zu sehen. Die Indianer sangen in wildem Chor, wobei sie ihre Waffen rüttelten, dann zogen sie, die Häuptlinge an der Spitze, auf die Höhe des Ufers, wo die Kasernen ein vorn nach dem Flusse offenes Quadrat bilden.

General Clarke machte uns mit dem Kommandanten des Platzes, General Atkinson bekannt, und nach einer kurzen Pause in dessen Hause begab man sich in eine geräumige leere Halle, wo die Indianer schon in Reihen Platz genommen hatten.

Die Generale saßen ihnen gegenüber. Als alles versammelt war, hielt Keokuk mit Hilfe des Dolmetschers eine Anrede an General Atkinson, und dieser antwortete ihm, worauf man die Gefangenen hereinführte.

Zuerst erschien Black-Hawk, ein kleiner, alter, wohl siebzigjähriger Mann, mit ziemlich hellgelblicher Hautfarbe, sanft gebogener Nase und etwas chinesischen Zügen, sein Kopf war geschoren, bis auf einen grauen Haarschopf. Alle Gefangenen waren unbemalt.

Diese bedauernswürdigen Menschen traten mit ziemlich niedergeschlagenen Mienen ein, und obgleich kein Indianer lebhafte Zeichen der Rührung verriet, so sah man dennoch vielen von ihnen diese Gefühle recht deutlich an.

Die Gefangenen gaben ihren Landsleuten ringsum der Reihe nach die Hand, und setzten sich dann im Kreise nieder. Zwei der Indianer, als besonders gefährliche Menschen bekannt – der eine war der berüchtigte Winnebago-Prophet, ein häßlicher Mensch mit dem

Rufe eines Mörders – trugen Ketten mit großen, eisernen Kugeln an den Füßen. Die übrigen Gefangenen waren nicht gefesselt.

Die Reden begannen nun von Neuem. Keokuk sprach öfters und bat für die Gefangenen, und General Atkinson wiederholte ihnen etwa dasselbe, was ihnen schon General Clarke gesagt hatte – daß er sich nur dann für eine Freilassung von Black-Hawk einsetzen werde, wenn er, Keokuk, weiterhin für das Wohlbetragen seiner Indianer garantieren würde. Die indianische Versammlung ließ daraufhin wieder ihr „hah" oder „aha" hören, als Ausdruck der Beipflichtung.

Als die Reden gehalten waren, entfernten sich die Generale Clarke und Atkinson und ließen die Gefangenen mit ihren Landsleuten allein, um ihren Gefühlen freien Lauf zu lassen. Rührend war der Anblick des alten, früher so stolzen und jetzt so gedemütigten Black-Hawk; rührend war auch die ganze Szene des Wiedersehens, und mehrere Zuschauer schienen in diese Gefühle mit einzustimmen. Nach einer Stunde etwa wurden die Gefangenen wieder abgeführt.

Wir begaben uns dann mit General Clarke und den freien Indianern auf das Dampfschiff „Warrior", um die Rückreise nach St. Louis anzutreten.

Wie ich später erfuhr, haben sich General Atkinson und General Clarke tatsächlich für Black-Hawk eingesetzt und seine Freilassung erreicht. Etwa ein Jahr nach meinem Besuch in den Jefferson-Baracks empfing Präsident Jackson persönlich den berühmten Indianerhäuptling mit allen Ehren, wohl wissend, daß er einen der einflußreichsten roten Männer vor sich hatte. Er schenkte ihm die Freiheit und ließ ihn durch die Städte des amerikanischen Ostens führen, um ihm die Übermacht der Weißen zu zeigen.

Zu Hause, in dem Reservat der Saki und Foxes, fühlte sich Black-Hawk neben dem inzwischen zum Oberhäuptling avancierten und von den Weißen protegierten Keokuk gedemütigt. Es kam zu einem gefährlichen Auftritt zwischen den beiden, doch dann zog sich Black-Hawk resigniert in seinen Wigwam zurück, wo er, der berühmteste Indianerführer seiner Zeit, gebrochen und schweigsam

dahinsiechte, seines Stolzes beraubt und zur kuriosen Sehenswürdigkeit erniedrigt.
Er starb 1838. Seine Gebeine kamen als Ausstellungsstücke in das Museum der Geologischen und Historischen Gesellschaft von Burlington, wo sie bei einem Brand vernichtet wurden.

Die ersten Abenteurer waren Pelzhändler

In St. Louis ergab sich für mich die Frage, wie ich meine beabsichtigte Forschungsreise in den sogenannten Wilden Westen und zu den Rocky Mountains bewerkstelligen sollte. War es zweckmäßiger mit den Karawanen nach Santa Fe zu reiten oder per Schiff den Missouri aufwärts zu bereisen?
Um diese Frage zu klären, wandte ich mich an zwei weithin bekannte, erfahrene Indianer-Experten: an Major Ofallon, ehemaliger Agent (Regierungsbeauftragter) für die Missouri-Indianer, und an Major Dougherty, jetziger Agent für die Nationen der Pahnis, Omahas, Otos und Ayowäs (die Amerikaner schreiben diesen Namen Joway oder Jowa). Agenten wie Major Ofallon und Major Dougherty sind vortreffliche Kenner indianischer Gepflogenheiten. Sie rieten mir vom Landwege ab. Denn dabei würde ich ja doch keine Indianer beobachten können. Wenn man sie trifft, so sagten die beiden Agenten, muß man sich mit ihnen schlagen, es gäbe also keine Möglichkeit, sie wissenschaftlich zu studieren. Außerdem verursache eine solche Reise großen Schwierigkeiten beim Transport naturhistorischer Sammlungen.
Die einzige zweckmäßige Art, um die Gegend kennenzulernen, sei daher eine Dampfschiffreise, die man für Landbesuche unterbrechen könne. Sie empfahlen mir, mich an die Herren der amerikanischen Pelzhandelsgesellschaft (American-Fur-Company) zu wenden und eine Schiffspassage den Missouri aufwärts zu erbitten.
Die Pelzhandelsgesellschaften gelten als die wahren Herrscher im Wilden Westen. Ihre Angestellten, die Direktoren, Jäger und Trap-

per, sind die eigentlichen Pioniere im Indianerland, die legendären Westmänner und Abenteurer, die Entdecker und Eroberer in den Jagdgründen des roten Mannes.

Besonders in den entfernten und menschenleeren Gegenden, wo keine weißen Ansiedler vorgedrungen sind, ist der Einfluß dieser Pelzhandelsgesellschaften enorm. Ihre Waren sind den Rothäuten ein Bedürfnis geworden, und selbst die gefährlichsten Indianerstämme waren von ihnen abhängig. Reisende können daher ohne den Willen und den Beistand dieser Gesellschaften auf keinen glücklichen Fortgang ihrer Unternehmungen rechnen.

In Nordamerika gibt es zwei in Konkurrenz befindliche, große Gesellschaften dieser Art: die Hudsonbay-Company nördlich vom Missouri an der Grenze zum englischen Nordamerika und südlich davon die amerikanische Pelzhandelsgesellschaft (American-Fur-Company), in deren Einflußbereich meine beabsichtigte Reiseroute lag.

Um den Beistand dieser Gesellschaft für meine Unternehmungen zu erbitten, wandte ich mich an zwei ihrer Direktoren, an Herrn Pierre Chouteau, der die Geschäfte in St. Louis leitete und an Hern McKenzie, der gewöhnlich weiter westlich wohnte und jetzt ebenfalls die Absicht hatte, von St. Louis aus eine Schiffsreise den Missouri aufwärts zu unternehmen. Herr Kenneth McKenzie war einer der einflußreichsten Weißen im Indianerland. Er wurde „der König des Missouri" genannt (The King of the Missouri).

Beide Herren empfingen mich zuvorkommend und teilten mir mit, daß in den nächsten Tagen das Dampfschiff „Yellow-Stone" dieser Gesellschaft in den Wilden Westen abreisen sollte. Mit viel Güte gewährten sie mir und meinen Begleitern die Erlaubnis für eine Schiffs-Passage.

Ich traf daher unverzüglich Anstalten für die Reise. Unsere zu diesem Unternehmen benötigten Vorräte – Lebensmittel, Kaffee, Zucker, Branntwein, Lichter, Schießpulver, Munition, Farben, Papier, Bücher und Artikel zum Tauschhandel mit den Indianern – wurden angeschafft und an Bord des Dampfers „Yellow-Stone" gebracht.

Der durch seine große Reise berühmte General Clarke hatte die Freundlichkeit, mich mit seinem Rate zu unterstützen.

Zu meinen Reisebegleitern zählten außer Herrn McKenzie zwei erfahrene Indianerkenner: Major Bean, Agent für Sioux (oder Dacotas) und Puncas und der schon erwähnte Major Dougherty, der uns nur kurz begleiten würde. Er wollte schon nach einigen Tagen bei seinem Agentschaftsposten „Bellevue" am Missouri-Ufer aussteigen und die ihm anvertrauten Indianer-Stämme inspizieren.

Das Bleichgesicht trug einen Skalp am Gürtel

Am 10. April 1833 gegen 11 Uhr morgens setzte man die Dampfmaschine des „Yellow-Stone" in Bewegung. Unter Salutschüssen fuhr das Schiff den Missouri flußaufwärts.

Die Bemannung des „Yellow-Stone" bestand aus etwa hundert Personen, größtenteils sogenannten Engagés oder Voyageurs, welche dem Whisky hinlänglich zugesprochen hatten und auf dem Verdecke versammelt waren, wo sie zum Abschied aus ihren Flinten und Büchsen schossen.

Die Engagés oder Voyageurs bilden die unterste Klasse der Angestellten der Fur-Company. Sie sind meist französische Kanadier oder Abkömmlinge französischer Ansiedler am Mississippi und Missouri, welche als Jäger und Trapper sowohl verschiedene Pelztiere jagen und in Fallen fangen als auch im Notfalle die Pflichten von Soldaten übernehmen müssen. Sie sind auf gewisse Zeit in Sold genommen, sämtliche wohl bewaffnet, eine rohe Meschenklasse, kräftig und genügsam, an die Strapazen und Entbehrungen des Lebens unter den Indianern gewöhnt. Durch Abhärtung allein sind sie fähig, diese Lebensweise zu ertragen.

Alle Voyageurs trugen in ihren Gürteln breite Messer wie die Indianer; Pulverhörner und Ladetaschen hingen über ihren Schultern. Ein Engagé zeichnete sich durch einen indianischen Skalp aus, den er am Gürtel aufgehängt trug. Dieses Siegeszeichen hatte er einem im Kampf besiegten Black-foot-Indianer vom Kopfe gezogen. Er selbst war dabei verwundet worden.

Als wir die Mündung des Missouri erreichten und in den Strom einliefen, dem wir uns für geraume Zeit geweiht hatten, schossen die Kanadier mit ihren Flinten wieder Salut.

Nun stieß unser Dampfer mehrmals an Stämme, die im Wasser gefährlich trieben, allein der „Yellow-Stone" war für dergleichen Reisen absichtlich sehr stark gebaut.

Die am Ufer abgelagerten Treibholzstämme boten im weiteren Flußverlauf eine Szene wilder Zerstörung. Teils türmten sich die Stämme zu Bergen mit Höhlen auf. Zwischen diesen Treibholzablagerungen und dem Ufer-Walde befand sich ein Saum von Weiden und Pappeln, der früher den Hinterhalt der Indianer bildete, wenn sie vorbeikommende Schiffe angriffen.

Am 21. April erreichten wir nach großen Schwierigkeiten die Mündung des Konza-Rivers, eines sehr seichten Flusses. Dort, an der Landspitze zwischen dem Konza und dem Missouri, verläuft die Grenze, welche die Vereinigten Staaten von dem Gebiete der freien Indianer trennt.

Mit weit größerem Interesse als bisher betrachteten wir nun jene Wälder, weil wir erwarten durften, die Bewohner des freien Indianer-Landes nun in ihrer ganzen natürlichen Wildheit zu sehen. Indessen erblickten wir mitten in der Wildnis am Ufer – ein Schildhäuschen mit einem unformierten, weißen Wachposten.

Ich war äußerst überrascht. Meine Reisegefährten klärten mich jedoch bald auf, daß dies der Landeplatz des Cantonment Leavenworth sei, eines Militärpostens, wo vier Kompanien des 6. Linien-Infanterie-Regiments unter Major Riley zum Schutz der indianischen Linien stationiert seien. Ihnen waren noch 100 Rangers beigegeben, berittene und bewaffnete Milizen, welche der indianischen Kriegslisten kundig sind.

Wir mußten am Landeplatz anlegen, und das Schiff wurde nach Branntwein visitiert, der nicht in das Indianische Gebiet eingeführt werden durfte. Das Branntwein-Verbot war im Congress am 9. Juli 1832 erlassen worden, um die Indianer nicht der Gefährdung des

Alkohols auszusetzen. Verschiedentlich hatten weiße Pioniere – teils mit viel Erfolg – die Rothäute betrunken gemacht und in diesem Zustande zu vertraglichen Landabtretungen veranlaßt.
Dieses Gesetz wurde so streng befolgt, daß es großer Mühe bedurfte, um eine kleine Portion Spiritus zu erhalten, die ich zur Konservierung von Reptilien dringend benötigte.
Totz dieser Maßnahmen kommen die Rothäute bedauerlicherweise doch zu ihrem „Feuerwasser". Weiße Ansiedler nämlich bauen hinter der Grenze auf indianischem Territorium Korn an, brennen daraus heimlich Whisky, vertauschen ihn gegen Felle oder Decken an die Indianer und leisten damit ihren Beitrag zur Vernichtung der roten Rasse.
Wie gefährlich Indianer im Alkoholrausch sein konnten, sollten wir bald erleben.

FREIES INDIANERLAND

Feuerwasser macht sie zu Mördern

Kaum hatten wir am 22. April gegen fünf Uhr abends das Cantonement Leavenworth verlassen, um mit unserem Schiff zu Major Doughertys Agentschaftsposten (Agency) Bellevue zu fahren, da erhielten wir die Nachricht von einer indianischen Grausamkeit: Einige Engagés, die weiter westlich am Flußufer in einem Tradinghous (Handelsposten) der American-Fur-Company lebten, kamen in einem Canoe zu unserem Dampfschiff gerudert und verlangten nach Major Dougherty.
Sie berichteten ihm, daß zehn friedliche Omaha-Indianer, unter ihnen eine Frau und ein Kind, den Agentschaftsposten Bellevue besucht und nach Erledigung verschiedener Besorgungen wieder heimwärts gezogen seien.
Auf dem Heimweg waren sie von einer Streifpartie betrunkener Ayowä-Indianer überfallen worden. Unter dem Einfluß des Feuerwassers hatten die Ayowäs mindestens sechs Omaha-Männer niedergemacht und ausgeplündert. Ihre Leichen wurde inzwischen gefunden. Zwei Männer, eine Frau und ein Kind seien verschwunden, wahrscheinlich entführt, ihr Schicksal sei gänzlich ungewiß.
Major Dougherty war in begreiflicher Aufregung, da die Omahas und Ayowäs zu seinem Agentschaftsposten gehörten und er für ihr Wohl verantwortlich war. Er wußte, daß sich die Dörfer der Ayowäs in der Nähe des Tradinghous befanden und ging unverzüglich an Land, um die Gefangenen zu retten. Major Bean – ein erfahrener Indianer-Kenner – und unser Maler Carl Bodmer begleiteten ihn bei seinem gefährlichen Unternehmen.
Die drei Männer blieben einige Stunden lang aus, und erst um 11 Uhr nachts kehrten sie zurück. Sie berichteten, daß ihr Unternehmen erfolglos geblieben war. Sie hätten keine Gefangenen gefun-

den, aber die Ayowä-Indianer in hoffnungslos betrunkenem Zustand angetroffen.

Major Dougherty, der die indianische Mentalität gut kannte, rechnete damit, daß die Angehörigen der überfallenen Omahas nun einen Rachefeldzug gegen die Ayowäs unternehmen würden. Um ihre Blutrache abzuwenden, wollte er die Omaha-Indianer unverzüglich besuchen. Ihre Dörfer befanden sich in der Nähe seines Agentschaftspostens Bellevue, der am schnellsten mit dem Schiff zu erreichen war. Dougherty zeigte sich daher sehr daran interessiert, unverzüglich seine Agency zu erreichen.

Allein die Fahrt verzögerte sich nun beträchtlich. Besonders an einer Engstelle des Flusses, welche von den Indianern mit dem Namen Wassobä-Wakandagä bezeichnet wird, schien unsere Durchfahrt problematisch. Gleichzeitig ging ein Gewitter über uns nieder. In den Morgenstunden drang ein großer Ast eines im Wasser liegenden Baumes in meine Kajüte, nahm einen Teil der Türfassung weg und brach alsdann ab, indem er in dem Zimmer liegenblieb.

Nach diesem Ereignis, bei dem ich im Bette aufgespießt werden hätte können, passierten wir die Eng-Stelle und erreichten Cow-Island (die Kuh-Insel).

Wir kamen zügig weiter, doch dann ergaben sich neue Widrigkeiten: Bei der Mündung des Nemawhaw-Flusses, wo der Missouri sehr seicht war, gerieten wir auf eine Sandbank, und man mußte Canoes zum Sondieren der Wassertiefe aussenden.

Der Wind, der aus der offenen Prärie aus Südwesten immer heftiger wurde, trieb uns tiefer in die Bank hinein. Seine Heftigkeit stieg mit jeder Minute, schon legte sich das Schiff etwas auf die Seite und man mußte – um ein Kentern zu verhindern – es mit starken Seilen an die im Wasser liegenden Baumstämme befestigen.

Nach dem Mittagessen nahm der Sturm dergestalt zu, daß man für das Schiff in Besorgnis geriet. Der eine unserer Schornsteine wurde niedergerissen, und man fürchtete um das Verdeck. Die dort befindlichen großen Käfige, in welchen lebende Hühner eingeschlossen waren, wurden über Bord geblasen. Als wir einige dieser Käfige wieder herausfischten, waren die meisten Hühner schon ertrunken.

Regen fiel und die Luft war mit aufgetriebenem Sande angefüllt. Krähen umflogen uns kreischend. Major Doughertys Geduld wurde einer starken Probe ausgesetzt. Wir lagen die ganze Nacht fest und erst am Morgen stieg infolge des Regens der Wasserspiegel des Missouri dergestalt, daß wir wieder flottkamen.
Am nächsten Tage schon setzten wir erneut auf eine Sandbank auf. Da ein weiteres Ansteigen des Flusses nicht zu erwarten war, mußten wir Brennholz und andere schwere Gegenstände von Bord bringen. Trotz dieser Erleichterung kamen wir nicht voran.
Am nächsten Tage erst gelang es dem Kapitän, das Schiff rückwärts aus der Sandbank herauszumanövrieren und die Fahrt fortzusetzen. Ein Gewitter übergoß uns mit einem wahren Sturzregen.
Nachdem wir einige Tage lang, gefährdet von Treibholz und Sandbänken, im Donner und Regen immer wieder heraufziehender Gewitter flußaufwärts gefahren waren, erblickten wir am 3. Mai bei aufklarender Witterung Major Doughertys Agentschaftsposten „Bellevue" auf einer grün bewaldeten Hügelkette. Überall flogen wilde Gänse herum und einige weiße Vögel mit schwarzen Schwungfedern, wahrscheinlich Kraniche oder Pelikane, stolzierten über die vielen Sandbänke.
Wir gingen an Land.
„Bellevue" hat eine angenehme Lage auf den Hügeln. Unten am Ufer liegen einige Hütten, wo gegenwärtig ein Sub-Agent, Major Beauchamp, ein Schmied und einige andere Angestellte mit ihren Familien wohnten, welche die Pflanzungen und die Geschäfte der Agentschaft zu besorgen haben.
Diese weißen Männer waren meist mit indianischen Weibern von den Stämmen der Otos und Omahas verheiratet. Die Weiber kamen bei unserer Landung sofort ans Ufer. Sie trugen Tuchkleider nach indianischen Schnitten, rot oder blau, mit weißen Borten besetzt. Ihre Gesichter waren breit und plump, die Köpfe dick und rund, ihre Brüste herabhängend, die Zähne schön und weiß, Hände und Füße klein und zierlich. Ihre Kinder hatten dunkelbraune Haare und angenehme Züge.
Major Dougherty nahm nach der Landung unverzüglich Abschied

von uns, um sich von hier zu den Omahas zu begeben und die zu erwartende Blutrache abzuwenden. Besonders bedrückend war für ihn, daß er vom Schicksal der geraubten Frau und ihres Kindes nichts wußte.

Wir verließen gegen fünf Uhr abends „Bellevue" und reisten mit dem Dampfer den Missouri aufwärts.

Nach kurzer Zeit schon erblickten wir zu unserer Überraschung am Ufer einige indianische Gestalten, welche langsam einher schlichen. Sie waren in Bisonfelle gehüllt und trugen Bogen und Köcher von Fellen auf den Rücken. Um Nase und Augen waren sie weiß angestrichen.

Wir sandten unverzüglich mehrere Boote an Land, und es stellte sich heraus, daß es Omahas waren, zwei Männer, eine Frau und ein Kind – die Überlebenden des Überfalles!

An Bord gekommen, erzählten sie, daß sie nach dem Überfall von den Feinden irrtümlich für tot gehalten und verwundet liegengelassen worden waren. Seither hatten sie sich auf Irrwegen in der Wildnis befunden. Wir brachten die Überlebenden unverzüglich zum Agentschaftsposten „Bellevue" zurück, damit ihre Verletzungen versorgt werden konnten.

Allgemein wurde es mit Verwunderung und Erstaunen registriert, daß die vier irrtümlich für tot gehaltenen Omaha-Indianer nicht skalpiert worden waren. Es gehört nämlich zu den indianischen Gepflogenheiten, besiegten Feinden die Kopfhaut abzuschneiden und als Trophäe mitzunehmen. Die vier Geretteten trugen jedoch glücklicherweise noch ihre Skalps.

Die Todes-Wette um zwei Skalps

Hier unterbreche ich die Schilderung über den Fortgang unserer Reise kurz, um den für zivilisierte Menschen so abscheuerregenden Kriegsbrauch des Skalpierens zu erklären. Ich wurde später gelegentlich eines Überfalls der Assiniboin-Indianer selbst Augenzeuge einer solchen Grausamkeit, doch vorher schon, in Europa noch, habe ich mich aus Büchern über die völkerkundlichen Eigentümlichkeiten des Skalpierens informiert. So schreibt beispielsweise John Long in seinen „See- und Landreisen", die 1791 als deutsche Übersetzung von einem Hamburger Verlag herausgegeben wurden, folgendes:

„Das Skalpieren ist eine den Indianern eigentümliche Tortur. Hat ein Indianer jemanden mit einem Streitkolben niedergeschlagen, so setzt der Sieger ihm blitzschnell sein Knie auf die Brust, faßt mit einer Hand in seine Haare, dreht sie sehr dicht zusammen, zieht mit der anderen Hand das Skalpmesser aus der Scheide, schneidet die Haut rund um die Stirn durch und reißt sie mit seinen Zähnen ab. Weil er sehr geschickt darin ist, so ist die Operation gewöhnlich sehr schnell geschehen.

Es kommt aber auch vor, daß der Niedergeschlagene noch lebt, und so ist er einer schrecklichen Qual ausgesetzt.

Nicht jeder Skalpierte stirbt. Es gibt Leute, die, nachdem sie skalpiert worden sind, eine silberne oder blecherne Platte auf dem Scheitel tragen, um ihn vor Kälte zu schützen. Diese Leute sind dabei ganz gesund.

Der erbeutete Skalp wird über drei Reifen ausgespannt, an der Sonne getrocknet und mit Mennig eingerieben. Es ist auch üblich, daß Skalps bezahlt werden, als Lohn für die Tötung eines Feindes. Wenn sie jemanden von ihrem eignen Volke skalpieren, so machen sie sich seinen toten Körper zunutze, indem sie ihn aufputzen und mit Mennig bemalen. Dann stellen sie den Toten an einen Baum, mit Waffen in der Hand, um so beim Feinde den Eindruck zu erwecken, als stünde ein lebender Wächter da. Rund um seinen Körper aber stecken sie Speere so in die Erde, daß diese kaum bemerkt werden können. Sehen nun die feindlichen Indianer den vermeintlichen Wächter, so sind sie begierig, ihn zum Gefangenen zu machen. Sie stürzen auf ihn zu und fallen in die Spitze der Speere. Auf diese Art werden sie selbst zu Gefangenen gemacht.

Ehe ich den Gegenstand schließe, will ich die wahre Geschichte von zwei Wilden erzählen:

Ein Mohawk-Indianer namens Skunnionsa und ein Chippaway-Indianer namens Kaek prahlten gelegentlich eines Kriegsrates mit ihren Verdiensten. Dabei rühmten sie ihre vorzügliche Geschicklichkeit im Skalpieren.
Der Mohawk behauptete, er könne einen größeren Skalp nehmen als der Chippaway. Dieser fand sich dadurch beleidigt und forderte den anderen zu einer Wette heraus. Wer den größeren und schöneren Skalp beim nächsten Kriegsrate bringen könne, würde gewinnen.
Sie reisten ab, und beide nahmen verschiedene Wege. Zur festgesetzten Zeit fanden sie sich beim nächsten Kriegsrat wieder ein.
Der Mohawk legte zuerst seinen Skalp nieder, welcher die Haut von dem Kopf und dem Nacken eines Mannes war. Der Skalp war mit feinem Moos ausgestopft und mit Hirschsehnen zusammengenäht, auch waren die Augen darin festgemacht. Die Häuptlinge gaben ihm ihren Beifall und bezeichneten ihn als einen großen und braven Krieger.
Daraufhin erhob sich der Chippaway. Indem er den Mohawk ernsthaft ansah, behauptete er, daß dieser Skalp nur ein Weiberskalp sei, also ein großer Schimpf.
Nun befahl er seinen Söhnen, den von ihm erbeuteten Skalp herzubringen, und sogleich erschienen sie mit der ganzen Kopfhaut eines Mannes, die mit Federn ausgestopft und mit Tiersehnen zugenäht war.
Die Häuptlinge überhäuften ihn mit Lobsprüchen und erkannten einmütig seinen Vorzug an. Der Mohawk-Krieger, durch diese Demütigung aufgebracht, begab sich aus der Versammlung und dachte an Rache.
Sobald er den Chippaway herauskommen sah, verfolgte er ihn, wartete auf eine bequeme Gelegenheit, fertigte ihn mit seinem Streitkolben ab und skalpierte ihn, voll Freude darüber, daß er sich, wenngleich auf niederträchtige Art, doch von einem siegreichen Nebenbuhler befreit hatte".
Soweit die Schilderung des John Long.

Der Giftmörder

Von dem Agentschaftsposten „Bellevue" aus, wo wir die geretteten Omaha-Indianer abgeliefert hatten, schifften wir unverzüglich flußaufwärts weiter. Schon nach einigen Stunden steuerten wir die weißen Gebäude eines Handelspostens an, in dem Herr Cabanné lebte, ein Direktor und Teilhaber der American-Fur-Company.
Bei dem Landungsplatz sahen wir zu unserer Freude eine Menge von Omaha-, Oto- und Ayowä-Indianern. Sie schienen von dem Überfall und der Stammesfehde noch nichts gehört zu haben, denn sie waren freundlich und friedlich untereinander.
Herr Bodmer schickte sich an, den Knaben eines Omaha-Indianers zu zeichnen. Der Vater wollte, daß sein Sohn für diesen Zweck besonders schön sei. Er nahm deshalb Zinnober in die flache Hand, vermischte ihn mit Speichel und rieb dann diese angenehme Farbe dem Kinde in das Gesicht.
Unser Aufenthalt verschaffte uns einen sehr interessanten Abend bei Herrn Cabanné. Auf sein Verlangen versammelten sich etwa 20 Omaha-Indianer vor dem Hause, um einen Tanz aufzuführen, den wir vom Balkon aus betrachten konnten.
Der Haupttänzer, ein großer, langer Mann, trug auf dem Kopfe eine kolossale Federhaube. Er hielt Pfeil und Bogen in der Hand. Sein Oberkörper war nackt, bis auf ein weißliches Fell, welches ihm die rechte Schulter und Brust bedeckte und ebenfalls mit Bündeln von Federn verziert war. Seine Arme, das Gesicht und die entblößten Körperteile waren mit weißen Streifen und Flecken bemalt. Er sah wild und malerisch aus.
Ein anderer, jüngerer Mann, mit sehr muskulösem Körper, zum Teil ebenfalls weiß bemalt, trug in der Hand eine weiß angestrichene Kriegskeule mit einem Stinktierfell am Handgriff.
Diese beiden Männer bildeten zusammen mit jüngeren Leuten und Knaben eine Linie, in deren Mitte mit schnellem Takte eine Trommel geschlagen wurde. Mehrere Männer rüttelten im Trommeltakte ihre mit Schellen behangenen Kriegskeulen, und die ganze Gesellschaft sang dazu: „hei !hei! hei! " oder „heh! heh! heh!", dazwi-

schen zuweilen laut aufjauchzend. Der Tanz bestand darin, daß man bei vorgebeugtem Oberkörper mit beiden Füßen zugleich in die Höhe sprang, ohne sich weit vom Boden zu entfernen.

Der Anblick des Tanzes war besonders malerisch, wenn man ihn in Verbindung mit der herrlichen Abendszene am Missouri betrachtete: Der helle Mondschein erleuchtete die weite Wildnis, vor uns das Getöse der grotesken Gruppe, dazu der laute Ruf der Nachtschwalbe.

Die Indianer sprangen mit großer Anstrengung etwa eine Stunde lang herum, bis man ihnen einen Haufen Tabakstangen auf den Boden schüttete, welche bei solchen Gelegenheiten das gewöhnliche Geschenk sind.

Erst spät in der Nacht kehrten wir auf unsere schwimmende Arche zurück.

Am nächsten Tag legten wir wieder ab. Wir durchfuhren glücklich eine gefährliche Engstelle des Missouri, die man Devils-Raceground (Teufels-Rennbahn) nennt.

An beiden Ufern wird diese Gegend von den Omaha-Indianern bejagt. Sie sind vom Aussterben bedroht. Durch Blattern und ihre Feinde – Sioux, Sakis und Foxes – vermindert, können sie heute nur mehr 300 bis 400 Krieger stellen.

Vor wenigen Jahren noch waren die Omahas ein stolzes und reiches Volk gewesen, unter der Führung ihres Häuptlings Waschinga-Sahba (Der schwarze Vogel). Sein Grab konnten wir am Ufer sehen: eine kleine kegelförmige Erhöhung auf einem Hügel.

Waschinga-Sahba war ein merkwürdiger, mächtiger, den Weißen zugetaner Chef, der den Ruf eines Zauberers genoß, weil seine Rivalen stets zu einer für ihn günstigen Zeit starben. Heute weiß man, daß er ihnen heimlich Arsenik ins Getränk geschüttet hatte.

Er war so sehr gefürchtet, daß es niemand wagte, ihn aus dem Schlaf zu wecken. Wenn es unbedingt sein mußte, dann wurde er mit einer Feder in der Nase gekitzelt – von einem besonders flinken Krieger, der sich schnell aus dem Staube machte, bevor der Häuptling gänzlich erwachte.

Eine Blattern-Epidemie raffte ihn und den Großteil seines Volkes

hinweg. Sterbend noch gab er den Befehl, man soll ihn am Missouri-Ufer auf einem lebenden Maultier sitzend in aufrechter Stellung begraben: – auf jenem Hügel dort am Ufer.
Nach seinem Tode wurden die Überlebenden der Blattern-Epidemie von den Sioux, Sakis und Foxes dergestalt bekriegt, daß sie heute bedeutungslos und zur Ohnmacht herabgesunken sind.
Der jetzige Chef der Omaha-Nation ist Ongpa-Tanga (Der große Elch).
In der Nähe des Häuptlings-Grabes legten wir an. Man sah überall die Spuren der Wölfe und Hirsche. Vergeblich schlichen wir auf den von Omaha-Indianern ausgetretenen Pfaden herum, um die Tiere zu bejagen. Doch wir bekamen keinen Wolf und keinen Hirsch vor die Flinte. Herr Bodmer verfolgte einen Truthahn, verirrte sich fast und mußte dann die Jagd abbrechen. Lediglich Herrn Bodmers Hund hatte Jagdglück. Er brachte eine Gans ein.
Unsere Schiffsreise führte uns dann an wild verwüstetem Ufer hin, an zerklüftetem Gestein mit wilden Kehlen und Schluchten, in deren dunklen Schatten kein Blick fiel.

Nur beim Pfeifenstein herrscht ewiger Friede

Im weiteren Verlauf des Flusses, bei der Mündung des Jacques-Rivers, verfärbten sich die Felsen und Schluchten gelblich und rötlich. Diese steilen Uferwände werden Calumet-Bluffs genannt, weil aus ihnen der Ton für die Köpfe der Indianischen Pfeifen (Calumet) gewonnen wird.
Diese Steinbrüche sind für die Indianer heilige Stätten, und selbst feindlich gesinnte Indianerstämme behandeln sich an den Brüchen des Pfeifensteins friedlich, solange sie Ton suchen. Doch sie bekriegen sich sofort wieder, wenn sie den Bannkreis der Steinbrüche verlassen haben.
Die Calumet-Bluffs, die Pfeifen, der Tabak und das Rauchen sind für die Indianer „Medizin".

Hier muß ich diesen Begriff kurz erklären:

Der Sprachgebrauch weißer Einwanderer hat das irreführende Wort „Medizin" als Sammelbegriff für alles Übernatürliche, Göttliche, das Heilige oder das mit höheren Mächten in Verbindung Stehende geprägt. In den Indianerdialekten wird dieses Übernatürliche Wakan, Choppenih, Chupuahs, Maschkape oder Nemaschkwa genannt.
Die Gottheit wird bei den Algonkin-Völkern mit dem Wort Manitu bezeichnet. Die Dakota-Stämme haben dafür den Ausdruck Wakanda.
„Medizin" ist ein vielfältig anwendbares Wort: Es bezeichnet beispielsweise rituelle Handlungen wie Tänze, Marterfeste und das Zeremoniell des Pfeifenrauchens.
Es bezeichnet auch Symbole, Amulette, Talismane, Glücksbringer oder Reliquien und andere Gegenstände verschiedener Art (– wie zum Beispiel Pfeifen und Tabak –) denen der Besitzer eine besondere, übernatürliche Bedeutung beimißt. Auch heilige Orte sind „Medizin" – wie die Calumet-Bluffs.
Nachdem wir die heiligen Steinbrüche hinter uns liegen gelassen haben, kamen wir weiter flußaufwärts ins Gebiet der Punca-Indianer.
Am Ufer legten wir an, um auf die Jagd zu gehen, und als wir zurückkehrten, fanden wir drei Indianer an Bord. Am auffallendsten unter ihnen war Häuptling Schudegacheh, Chef der Puncas, offensichtlich ein starker Raucher, denn sein Name bedeutet in der Übersetzung: „Der welcher raucht". Mit ihm waren sein Bruder Passitopa und der Indianer Hä-Cha-Gä gekommen.
Sie waren ansehnliche, starke Männer, groß und wohl gestaltet, mit stark ausgeprägten Zügen, hohen Backenknochen, stark gebogenen Nasen, feurigen, dunkel schwarz-braunen Augen und malerischer Kleidung. Sie wirkten sehr stolz und kriegerisch.
Umso mehr wunderte mich der Grund ihres Besuches: Sie waren an Bord gekommen, um Major Bean – den Agenten der Puncas –zu

bitten, er möge ihnen Gerätschaften zum Ackerbau zukommen lassen.

Der Häuptling trug seine Bitte voll Anstand vor, mit sparsamer Gestik seiner Hände. Sein männliches Gesicht hatte dabei viel Ausdruck. Major Bean versprach, die Ackerbau-Geräte zu liefern und beschenkte im Namen der Regierung die Indianer mit Tabak, Pulver und Blei.

Anschließend baten uns die drei Indianer, wir sollten sie flußaufwärts bis zu ihren Dörfern mitnehmen. Wir lichteten den Anker und fuhren ab. Dabei entwickelte der „Yellow-Stone"-Dampfer eine derartige Schnelligkeit, daß die Indianer zu schwindeln begannen und sich auf den Boden setzen mußten.

Nach 20 Minuten erreichten wir den Uferstreifen, an dem sich die Zelte der Punca-Indianer befanden. Sie lagen gleich weißlichen zugespitzten Kegeln in einem schattigen Walde, und vor ihnen dehnte sich im Flusse eine Sandbank aus, die durch einen schmalen Wasserkanal vom Land getrennt war.

Auf dem Rande der Sandbank befanden sich die Dorfbewohner versammelt, und es war unterhaltend anzusehen, wie sie zusammenliefen, teils nackt, teils in braune Bisonfelle oder weiße und rote Wolldecken gehüllt.

Die kleinen Kinder mit ihren dicken Bäuchen und dünnen Beinchen, dunkelbraun, ihre Bogen und Pfeile in der Hand, liefen auf dem Strande oder kauerten auf dem Boden wie kleine Affen. Die Männer schritten gravitätisch einher, ihre Waffen in den Händen. Man brachte unseren indianischen Besuch an Land. Dann setzten wir unsere Reise fort.

Toten-Ritus

Da der Brennstoff für die Dampfmaschinen bald ausging, mußten wir in freier Wildnis am Ufer anlegen, um Holz schlagen zu lassen.

Unsere Holzhauer verteilten sich kletternd an den Steilwänden einer Schlucht, wo sie die mit schwarzen Beeren bedeckten Zedern niederhieben, deren Holz einen sehr aromatischen Geruch verbreitete.
Die Dampfschiffer brennen dieses Holz sehr gern, da es viel Dampf gibt. Und die Beere wird, wie man behauptet, von den Indianerinnen genossen, wenn sie Schwangerschaft vermeiden wollen.
Unser nächstes Ziel sollte das Fort Lookout sein, wo sich die Sioux Agency befindet.
Am 25. Mai trafen wir dort ein.
Der „Yellow-Stone"-Dampfer begrüßte den Posten mit mehreren Kanonen-Schüssen, während er stolz in einem Bogen an das Ufer lief. Sein Willkomm-Gruß wurde in dem Fort mit Kanonen-Schüssen, Gewehr-Salven und dem Aufziehen der Flagge beantwortet.
Etwa 50 Menschen, meist Sioux-Indianer, standen am Ufer.
Die Sioux oder Dacotas sind der volkreichste Stamm nordamerikanischer Indianer. Man schätzt sie auf etwa 28 000 Seelen und über 7000 Krieger. Rechnet man die ursprünglich zu ihrem Stamme gehörenden, verbündeten Assiniboins dazu, so würde eine Seelenzahl von 56 100 herauskommen.
Sie könnten zusammen über 14 000 Krieger stellen. – Eine bedrohliche Zahl, wenn man bedenkt, daß die Sioux früher als besonders gnadenlose Kämpfer galten und verschiedentlich als „blutdürstige Wilde" bezeichnet wurden. –
Doch jetzt sind sie, von einigen Ausnahmen abgesehen, den Weißen zugetan. Einer ihrer angesehendsten Häuptlinge ist Wahktägeli (Der große Soldat), ein Freund der Weißen.
Dieser berühmte, ungewöhnlich große und etwa 60 Jahre alte Mann begrüßte uns gleich nach der Landung. Sein Gesicht war mit Zinnober rot gefärbt, mit kurzen, schwarzen, parallelen Querstreifen auf den Backen. Auf dem Kopfe trug er lange Raubvogelfedern kreuz und quer durcheinander. An seinen Ohren hingen lange Schnüre von blauen Glasperlen.
Seine Beinkleider (Leggings) waren bemalt und an der Außenseite mit einem breiten Streifen von gelben, roten und himmelblauen

Stachelschweinstacheln verziert. Seine Bisonrobe war weiß gegerbt, und in der Hand trug er seine Streitaxt.

Herr Bodmer begann ihn sofort zu zeichnen. Wahktägeli schien sehr gern als Modell zu stehen und behielt unausgesetzt den ganzen Tag seine vorgeschriebene Stellung bei, was den Indianern im allgemeinen sehr schwer fällt.

Nachdem Herr Bodmer sein Gemälde vollendet hatte, wurden wir von Wahktägeli in sein Zelt eingeladen. Das Einkriechen in den engen niedrigen Eingang war beschwerlich. Das Innere der Hütte erwies sich als überaus hell und hatte etwa zehn Schritt im Durchmesser. Rundum waren Bisonfelle auf dem Boden ausgebreitet, auf den wir uns setzten. Hinter uns rundum an der Wand lagen allerhand Gerätschaften wie Säcke, Kästchen, Sattelzeug, Waffen und dergleichen.

Ernst und pathetisch ließ Wahktägeli sogleich die Tabakspfeife zirkulieren, dabei schlürfte er mit langen Zügen den Rauch.

Unser Gespräch beschäftigte sich mit einer Besonderheit, die für einige Indianerstämme dieser Gegend charakteristisch ist: mit der Art, die Toten zu bestatten.

Wenn ein Indianer stirbt, wird er bemalt, gekleidet, mit Waffen versehen, in eine Decke gehüllt und auf der Plattform eines etwa drei bis vier Meter hohen Stangengerüstes niedergelegt, bis er verwest. Sehr oft legt man die Toten auch auf Bäume, und man sah hier in der Nähe eine Eiche, auf welcher sich drei in Felle eingehüllte Leichen befanden.

Die Indianer sagen selbst, daß dieses Brauchtum unhygienisch und der Gesundheit des Dorfes abträglich sei, trotzdem gehen sie davon nicht ab. Gewöhnlich sieht man auch Raben auf diesen Gerüsten und Bäumen sitzen. Die Indianer lieben das Fleisch dieses Vogels nicht, weil er die Leichen ihrer Anverwandten frißt.

Es ist üblich, einen Toten zu betrauern, und in der Nähe von Wahktägelis Zelt sahen wir unter einem Baum, auf dem drei Leichen gelegt waren, einige Menschen, die daselbst klagend und weinend zubrachten. Oft wiederholen sie diese Trauerzeremonie mehrmals täglich.

Zum Zeichen der Trauer schneiden die Hinterbliebenen ihre Haare ab. Sie beschmieren sich mit weißem Ton und verschenken alle guten Kleidungsstücke, so daß sie recht ärmlich aussehen.
Während unserer Anwesenheit befand sich ein junger Sioux-Häuptling namens Tukan-Haton gerade mit seiner Familie in Trauer. Wir konnten ihn aus nächster Nähe betrachten, weil er bei unserer Abreise einige Familienangehörige an Bord brachte. Sie sollten mit uns nach Fort Pierre fahren.
Er trug keine Federn auf dem Kopf, sondern bloß einen roten Tuchstreifen, war weiß bemalt, ohne Waffen und schäbig gekleidet.
Nachdem unser Dampfer abgelegt hatte, stand der Häuptling schweigend am Ufer, bis wir ihn nicht mehr sehen konnten. Seine Angehörigen, die ebenfalls schmucklos und unbemalt waren, bekamen durch die schnelle Fahrt des Dampfers Schwindelgefühle und legten sich nieder.
Als wir bei unserem nächsten Reiseziel – Fort Pierre – anlangten, gab es die übliche Begrüßung. Wir zogen die Flagge auf und schossen Salut, welches auf der Seite des Forts durch ein Lauffeuer aus kleinen Gewehren beantwortet wurde, und nun folgte auf unserem Verdeck ein heftiges Gewehrfeuer. Vom Fluß aus sahen wir bereits die charakteristischen Totengerüste in die Höhe ragen.
Bei unserer Landung wurden wir von vielen Indianern willkommen geheißen. Ihre Hände waren vom Pulverschmauch des Gewehrfeuers beschmutzt. Das Händedrücken nahm kein Ende. Fort Pierre ist eine der ansehnlichsten Niederlassungen der American-Fur-Company, ausgerüstet mit Kanonen und Blockhäusern, aus deren Schießscharten Gewehrfeuer abgegeben werden kann.
Die Indianer von Fort Pierre waren sehr zutraulich, drängten sich stets um uns und blockierten unsere Vorbereitungen für die Weiterreise, die nun nicht mehr mit dem „Yellow-Stone"-Dampfer vonstatten gehen sollte.
Wir mußten unser Gepäck auf den "Assiniboin"-Dampfer umladen, der ebenfalls der American-Fur-Company gehörte. Er war leichter als der „Yellow-Stone" und sollte in dem nun seichter werdenden Flußgebiet besser vorankommen.

Während der „Yellow-Stone", mit etwa 7000 Bisonroben und anderem Pelzwerk beladen, flußabwärts fuhr, legte der „Assiniboin"-Dampfer von Fort Pierre ab. Er sollte uns nun in die unheimlichsten Gründe des Wilden Westens bringen.
Das nächste Ziel war Fort Clarke.

IM WILDEN WESTEN

Die Schreckensnachricht

Eine äußerst beschwerliche Schiffahrt, bedroht von Treibstämmen und Sandbänken, brachte uns langsam flußabwärts. Plötzlich kam Bewegung in die eintönige und öde Landschaft:
Wir erblickten ein Canoe, in dem vier Männer saßen, die eilig den Fluß herunterruderten. Die Herren McKenzie und Sanford bewaffneten sich unverzüglich und warfen sich in ein Boot, um dem Canoe den Weg abzuschneiden. Sie vermuteten, daß es sich um desertierte Engagés der American-Fur-Company handelte.
Die vier Männer wurden an Bord geholt und erzählten, sie befänden sich auf den Flucht vor einem kriegerischen Trupp der Arikkara-Indianer, die weiter flußaufwärts drei Biberjäger ermordet hatten, unter ihnen einen gewissen Glass, einen alten, in der Gegend wohlbekannten Mann. Die drei ermordeten Männer waren Angehörige der American-Fur-Company gewesen.
Da es sich bei den Arikkaras, deren Jagdgründe wir gleich erreichen sollten, um die gefährlichsten und blutrünstigsten Indianer der Missouri-Gegend handelte, wurden alle Kanonen an Bord und die Flinten der Jäger geladen.
Kurze Zeit später erhielten wir eine zweite Hiobsbotschaft. Es kam nämlich ein Biberjäger namens May zu unserem Schiff gerudert. An Deck gekommen, bestätigte er die Nachricht vom Tod der drei Männer: er wußte auch zu berichten, daß die Arikkaras nach ihrem Mord an den drei Männern einen Überfall auf den weithin bekannten Pelzjäger Gardener versucht hätten.
Dabei seien sie aber blutig abgeschlagen worden. Genaueres wisse er nicht.
Genaueres erfuhr ich erst viel später, als ich durch Zufall die Be-

kanntschaft dieses berühmten Gardener machte. Was er mir darüber erzählte, will ich bereits hier im aktuellen Zusammenhange schildern: Gardener hat etwa gleichzeitig wie wir von der Ermordung des ihm persönlich bekannten Glass gehört. Er befand sich zu dieser Zeit unweit von unserem Schiff, am Missouri-Ufer auf der Prärie, mit einem Trupp von 20 Pelzjägern, einigen Indianerfrauen und 30 Pferden.

Als sein Trupp nachts lagerte und ein wärmendes Feuer entfachte, tauchten aus der Dunkelheit etwa 30 Indianer auf. Sie begrüßten ihn in der Mönnitarri-Sprache, umringten das Feuer und trockneten die Schuhe.

Gardener, ein im Umgang mit Indianern erfahrener Mann, befürchtete eine List und ließ alle seine Leute die Waffen bereithalten. Sein Verdacht, es könnte sich um die Mörder der drei Biberjäger handeln, bestätigte sich, als er bei einem von ihnen die ihm wohlbekannte Büchse des Glass erkannte. Außerdem flüsterte ihm eine bei seinen Jägern befindliche Indianerin vom Mönnitarri-Stamm zu, sie würde am Dialekt der Fremden erkennen, daß es sich um keine Mönnitarris handle. Die fremden Indianer würden sich verstellen. Sie seien in Wirklichkeit Arikkaras.

Gardener nahm an, daß die Indianer beabsichtigten, die dreißig Pferde seiner Truppe zu stehlen. Er wußte, wie die Indianer den Pferdediebstahl durchzuführen pflegten: Sie springen auf ein Zeichen ihres Anführers hin plötzlich hoch, versprengen die Pferde, flüchten und fangen dann die Tiere wieder ein.

Da dieses Gardener vorhersah, so bewachte man die Feinde genau, und als auf das gegebene Zeichen hin wirklich alle Indianer aufsprangen und schnellstens sich entfernten, ergriff man drei von ihnen, warf sie nieder und knebelte sie. Die Pferde stoben davon, vom Tumult erschreckt.

Da Gardener drei Geiseln gefangen hielt, kehrten die Pferdediebe wieder zurück und baten um die gefangenen Kameraden. Allein Gardener erklärte ihnen, wenn sie nicht sogleich alle Pferde herausgeben würden, so müßten die Gefangenen sterben.

Die Indianer baten lange um die Kameraden. In dieser Zeit gelang es einem der Gefangenen, seine Fesseln zu durchschneiden und in die Wildnis zu entweichen. Umso besser und unerbittlicher wurden nun die beiden anderen bewacht.

Die Arikkaras zogen sich zurück, kamen dann wieder und boten drei der versprengten Pferde zum Tausch gegen die Geiseln an, von denen einer ein ganz besonders berühmter Krieger war. Gardener aber erklärte, er gäbe die Gefangenen nur gegen alle gestohlenen Pferde heraus.

Die Pferde wurden indessen nicht zurückgebracht, und als die beiden gefesselten Indianer ihre Hinrichtung vorhersahen, so stimmten sie ihren Todesgesang an.

Zuletzt versuchten sie noch mit einer List zu entkommen. Sie gaben ein Bedürfnis vor, und so führte man sie in ein dichtes Gebüsch. Dort versuchten sie zu entspringen, wobei man einen sogleich erstach und auf den anderen mehrere Schüsse abgab. Er stürzte nieder und wurde mit dem Messer vollends getötet und skalpiert.

Nachdem die beiden Geiseln getötet waren, hatte Gardener beträchtliche Sorge, daß die Arikkaras Rache üben würden. Er ließ noch nachts ein Bollwerk aus Baumstämmen zimmern, in dessen Schutz seine Truppe übernachtete. Die Wachen wurden verdoppelt. Doch die Nacht verstrich ruhig, und man stellte am Morgen fest, daß die Arikkaras ihre Gefangenen aufgegeben und dafür die Pferde erbeutet hatten.

Beritten trieben sie sich in jener Gegend herum, die wir gerade mit unserem Dampfschiff bereisten.

Als wir nach dem Ufer ausspähten, um Anzeichen der gefährlichen Arikkaras zu entdecken, erblickten wir plötzlich ein mit zwei Männern besetztes Canoe, das an einer Sandbank landete. Man sandte ein Boot aus, das die zwei Fremden einholte. Sie waren die Herren Lamont – Teilhaber der American-Fur-Company – und Major Mitchill, Direktor des Fort McKenzie hoch oben in der Nähe der Rocky Mountains, der letzten Bastion des weißen Mannes im Wilden Westen.

Die beiden befanden sich auf der Reise nach St. Louis, wurden aber überredet, wieder mit uns umzukehren, da die Gefahren für ein

kleines Boot in diesem Gebiet äußerst groß seien. Außerdem war man froh, mit Major Mitchill einen der besen Indianer-Kenner an Bord zu wissen.
Major Mitchill war ein Westmann von legendärem Ruf, der das nach Herrrn McKenzie benannte Fort erbaut hatte, dort von Indianern überfallen und belagert worden war. Mehrfach hatte er sich in Todesgefahr befunden, zuletzt vor einem Jahr erst, als ein kriegerischer Indianer bereits zum tödlichen Lanzenstoß gegen ihn ausgeholt hatte. Major Mitchill war damals von dem berühmten alten Oberhäuptling der Piekann-Indianer, Stomick-Sosack, in letzter Sekunde gerettet worden. Die Indianer fürchteten Major Mitchill wegen seiner Strenge und nannten ihn Kristikum-Siksinam (Der schwarze Donner).
Major Mitchill erwies sich als ein äußerst nützlicher Reisegefährte, denn er war ein guter Kenner der kriegerischen Arikkaras, in deren Gebiet wir uns gegenwärtig befanden.
Er und die indianische Frau unseres Dolmetschers Lachapelle — eine Arikkara-Squaw, die sich ebenfalls auf unserem Dampfer befand — gaben mir über diese gefährliche und sonderbare Indianer-Nation höchst wertvolle Informationen, die ich hier einschalten möchte:

Mörder, Gaukler, Zauberer

Die Arikkaras waren früher — während der Entdeckungsreise des Generals Clarke noch — friedliche Freunde der Weißen gewesen. Entstandene Mißhelligkeiten aber gaben bald dem Verkehr mit den Bleichgesichtern eine andere Wendung, und diese Indianer töteten alle weißen Kaufleute, die sich in ihr Gebiet wagten. Sie haben mehr Bleichgesichter ermordet und an Marterpfähle gebunden, als alle anderen Indianer-Nationen.
Im Jahre 1822 begannen sie ihre Serie von Überfällen, als sie die Keelboats des General Ashley angriffen, 18 Mann der Besatzung

töteten und einen großen Teil verwundeten. Daraufhin wurde Colonel Leavenworth im Sommer dieses Jahres beauftragt, mit einer bedeutenden Truppenzahl, Kanonen und einem Hilfscorps verbündeter Sioux-Indianer die Arikkara-Dörfer am Missouri anzugreifen und das Volk zu bestrafen.
Die Bewohner des Missouri-Ufers behaupten heute, daß man damals bei diesem Unternehmen mit zu wenig Energie zu Werke ging. Colonel Leavenworth zog von den feindlichen Dörfern ab, ohne sie zu zerstören oder ihren Bewohnern bedeutenden Schaden zuzufügen, worüber die alliierten Indianer besonders laut murrten.
Die Arikkaras dagegen wurden höchst übermütig und töteten jeden Weißen, der ihnen in die Hände fiel. Sie gelten heute als die blutrünstigsten Wilden Nordamerikas. Ihre Häuptlinge sind schlimme Mord-Gesellen. Der Oberhäuptling heißt Stanapat (Der Kleine Habicht mit der blutigen Hand).
Ihm zur Seite stehen:
Pachkunohoch (Der alte Kopf)
Chatschisch-Schauata (Das weiße Pferd)
Neschahni-Sanach (Der närrische Chef)
Waruch-Thahka (Das weiße Haar) und
Honnihtatta-Kahrach (Der schlechte Tapfere).
Die Arikkaras nennen sich in ihrer eigenen Sprache Sahnisch.
Sie sind starke, ungewöhnlich große Männer. Ihre Frauen sollen die schönsten, aber auch die ausschweifendsten in ganz Nordamerika sein.
Ihre Kinderzucht ist strenger als bei den anderen Indianern. Wenn ihre Kinder ungezogen sind, erhalten sie tüchtige Schläge. Ist ein junger Mann träge und will er nicht auf die Jagd gehen, so hat man gesehen, daß ihn der Vater eine Meile weit fortprügelte und ihm dann bedeutete, er würde noch härter bestraft werden, wenn er mit leeren Händen zurückkehre.
Zu den auffälligen Besonderheiten der Arikkaras gehören ihre verblüffenden, abenteuerlichen Gaukelspiele, Maskeraden und Taschenspieler-Tricks.
Woher sie das haben, ist ungewiß, es heißt, daß einmal ein berühm-

ter Jongleur unter ihnen gewesen sei, der sie diese Kunststücke gelehrt hat.

Diese Komödien werden bei ihren Medizin-Festen aufgeführt. Da spielt zum Beispiel einer die Rolle des Bären, indem er eine Bärenhaut mit Kopf und Tatzen überstülpt. Er ahmt die Bewegungen und Stimmen des Tiers so genau nach, daß man glaubt, einen Bären vor sich zu sehen. Er wird erschossen, man sieht deutlich die Schußwunde, das Blut fließt, er fällt nieder, stirbt, man zieht ihm die Haut ab, und endlich kommt der Mann unverletzt hervor.

Bei einer anderen Vorstellung haut man einem Menschen mit einem Säbel den Kopf ab. Diese kopflose Gestalt tanzt nun lustig umher. Dann setzt man den abgehauenen Kopf verkehrt an seine Stelle, der Mensch tanzt weiter, aber bald ist der Kopf wieder an seiner richtigen Stelle und der Geköpfte tanzt nun völlig hergestellt herum.

Ein dritter wird mit einer Lanze durchstochen, die man wieder zurückzieht. Man reibt die stark blutende Wunde mit der Hand, sie verschwindet und alles ist wieder in der alten Ordnung. Man schießt Menschen nieder, das Blut fließt, man reibt die Wunden und sie leben wieder auf.

Alle diese Szenen sollen die Arikkaras im höchsten Grade täuschend darstellen, so daß die meisten französischen Canadier an alle diese Wunder glauben.

Dieses verrufene und von Geheimnissen umwitterte Volk hat praktisch keine Freunde. Es lebt in Feindschaft mit allen umliegenden Nationen und mit den Weißen, die sie bei jeder Gelegenheit überfallen, martern, töten und skalpieren und deren Rache sie fürchten. Da sie sich immer verfolgt sehen und auf der Flucht befinden, sollen sie auch ihre am Missouri gelegenen, durch einen Bach getrennten Dörfer Nahokahta und Hohka-Wiratt verlassen haben und mit ihren Zelten räubernd durch die Gegend streichen.

Das Gebiet, wo die Arikkara-Dörfer lagen, erreichten wir bald mit dem Dampfschiff „Assiniboin". Wir legten am westlichen Ufer des Missouri an und begaben uns vorsichtig auf die Suche nach den – angeblich verlassenen – Dörfern des kriegerischen Stammes.

Von den Indianern noch kürzlich betretene, gangbare Pfade führten überall am Fluß entlang. Kurz darauf erreichten wir die beiden Arikkara-Dörfer. Sie lagen, durch einen kleinen Bach getrennt, in einer sanft nach dem Fluß abfallenden Prärie und bestanden aus einem großen Haufen oben abgerundeter Hütten von Erde, vorne mit einem viereckigen Eingang, und das Ganze war mit einem Zaune von Schanz-Pfählen (Palisaden) umgeben, welcher jetzt sehr verfallen, an vielen Stellen umgestürzt und unterbrochen war. Weit und breit fanden sich keine Anzeichen von Bewohnern.

Diese Dörfer waren offensichtlich sei etwa einem Jahr gänzlich verlassen. Damit bestätigte sich die Nachricht, daß die Arikkaras die Auswanderung vorgezogen hatten, um einer ernstlichen Züchtigung durch die Vereinigten Staaten aus dem Wege zu gehen. Wir zogen uns aufs Schiff zurück, ohne einen Indianer getroffen zu haben.

Als wir weiter flußaufwärts erneut landeten und Holzhauer in den Wald geschickt wurden, kehrte plötzlich eilig ein Bote von ihnen zurück und berichtete, man habe feindliche Indianer im Walde bemerkt, und die Arbeiter hätten sich geweigert, ihre Geschäfte zu beginnen.

Um ihnen Mut zu machen und sie während der Arbeit zu beschützen, bewaffneten sich auf dem Schiffe alle, die abkommen konnten, unter ihnen Major Mitchill, der Indianeragent Sanford, Herr Bodmer und mein Jäger Dreidoppel. Die Büchsen wurden scharf geladen und die Schützen stießen sogleich zum Lande ab. Sie bildeten im Wald eine Vorpostenlinie, in deren Schutz die Holzhauer dann arbeiteten. Allein, es blieb alles ruhig. Entweder hatten sich die Indianer davongeschlichen oder alles war ein falscher Alarm gewesen.

Der weitere Verlauf unserer Reise führte uns an einer Schlucht vorbei, wo vor einigen Jahren von den Arikkaras fünf Weiße erschossen worden waren, welche ein beladenes Boot gegen die Strömung vom Ufer aus gezogen hatten.

Wir kamen dann mit unserem Schiff in die Jagdgründe der Mandan-Indianer. Zu diesem Zeitpunkt befanden wir uns von unserem nächsten Reiseziel – Fort Clarke – noch eine Tagereise weit entfernt.

Geisterhafte Gestalten im Dunkeln

Gegen Abend liefen wir mit dem „Assiniboin"-Dampfer an einer großen Weidendickung des östlichen Ufers hin, als plötzlich vor uns Schüsse knallten, deren Blitze in der Dämmerung hell leuchteten. Herr McKenzie befürchtete sogleich die Anwesenheit einer indianischen Kriegspartei, welcher man immer gerne ausweicht, da ihr nie viel Gutes zuzutrauen ist. Man beratschlagte, was zu tun sei.
Nun fielen am Ufer weitere Schüsse, welche ungewöhnlich hell aufblitzten und heftig knallten. Und dann bemerkten wir in den dunklen Gebüschen sonderbare geisterartige Gestalten in weiß angestrichenen Bisonroben: Indianer!
Niemand kannte die Absicht dieser Leute, daher sah man der Zusammenkunft mit gespannter Erwartung entgegen. Die Indianer traten ans Ufer und riefen uns zu, daß sie in friedlicher Absicht hier seien und an Bord zu kommen wünschten.
Der Dolmetscher Ortubize teilte uns mit, daß die Sioux-Indianer vom Stamme der Yanktonans seien. Die Yanktonans werden als die treulosesten aller Sioux angesehen, und sie sollen schon öfters Weiße, besonders Engländer, in jenen Gegenden getötet haben. Major Mitchill war der Auffassung, daß man sie an Bord kommen lasse könne – allerdings unter größten Vorsichtsmaßnahmen.
Es wurde eine Brücke aus Brettern gebaut, über die etwa zwanzig meist große, starke Männer an Bord kletterten. Sie hatten wilde, lang herabhängende Haare, in denen Federn steckten. Am Oberleibe waren sie meist nackt, ein Teil von ihnen trug weiß bemalte Bisonfelle, einige wollene Decken.
Der Häuptling hieß Tatanka-Kta (Der tote Bison), er war ein Mann mit sehr derbem Gesicht und trug seine Haare in einem Knoten über der Stirn zusammengebunden. Sein Anzug war eine rote

Tuch-Uniform mit blauen Aufschlägen und silbernen Tressen, wie sie die Kaufleute den von ihnen ausgezeichneten Chefs zu schenken oder zu verkaufen pflegten. In der Hand führte dieser Mann einen Adlerflügel, um sich damit Kühlung zuzufächeln.

An Bord gekommen, setzte sich Häuptling Tatanka-Kta zusammen mit seinen Kriegern sogleich zu Boden. Unsere Männer hielten ihre scharf geladenen Büchsen in Bereitschaft.

Nachdem wir mit ihnen die Pfeife in der Runde geraucht hatten, leerte Tatanka-Kta vor Herrn McKenzie als Geschenk einen Beutel mit altem, übelriechendem Pemmikan (pulverisiertes, getrocknetes Fleisch) aus. Dann stand er auf, um eine Rede zu halten.

Mit vielen Gestikulationen erklärte er, kurz und abgehackt sprechend, daß er mit seinen Kriegern zufällig am Ufer gelagert hätte, als das Schiff des „großen Vaters" McKenzie vorbeigekommen sei. Es sei darüber sehr glücklich, weil er eine Bitte vorzutragen habe: Sein Volk nämlich, so erklärte er, habe früher mit den benachbarten Mandan-Indianern in friedlichem Einvernehmen gelebt, sei aber seit einem Jahr wegen eines Mordes, verübt von einem Sioux, mit ihnen entzweit. Sie wünschten nun, mit den Mandans Frieden zu schließen, um am Missouri frei und ungefährdet jagen und der American-Fur-Company mehr Biberfelle verschaffen zu können. Er, Häuptling Tatanka-Kta, sei nun auf dem Wege zu den Mandan-Indianern und habe als Friedensgeschenk die Haut einer jungen weißen Bisonkuh mitgenommen. Tatanka-Kta schloß mit den Worten, daß er Herrn McKenzie bitte, sich bei den Friedensverhandlungen für die Yanktonans einzusetzen.

Herr McKenzie nahm einige bedächtige Züge aus der Pfeife und sagte dann: „Wenn der Häuptling Tatanka-Kta mir verspricht, in Zukunft sich gut aufzuführen und nie wieder Weiße zu töten, so werde ich versuchen, den Frieden wieder herzustellen". Er lehnte es jedoch ab, die Yanktonans auf dem Schiff nach Fort Clarke mitzunehmen, weil er nicht wußte, wie die Mandans dies auffassen würden. Seinem Befehl entsprechend kletterten die Yanktonans wieder ans Ufer zurück, um den Weg zu den Mandan-Dörfern zu Fuß zurückzulegen.

Am nächsten Tag schifften wir weiter flußaufwärts und konnten die bunten, malerischen Gestalten der Yanktonan-Indianer am Ufer neben uns wandern sehen.
Alsbald erreichten wir Fort Clarke, an dessen Turm die amerikanische Flagge flatterte. Knapp neben den Palisaden des Forts lag das Dorf Mih-Tutta-Hangkusch der Mandan-Indianer, das teils aus Lederzelten, teils aber auch aus Erdhütten bestand. Zufälligerweise lagerte dort auch ein Trupp der Crow-Indianer, die zum Fort gekommen waren, um mit der American-Fur-Company Geschäfte abzuschließen.
Von allen Seiten eilten malerische Indianergestalten ans Ufer. Üblicherweise schossen sie zur Begrüßung ihre Gewehre ab.
Der „Assiniboin"-Dampfer legte vor dem Fort an einem ziemlich hohen, oft abgeböschten Ufer an, wo mehr als 600 Indianer unser harrten.

Mato-Tope, der berühmte Häuptling

Unmittelbar am Strand erwarteten uns die vier Häuptlinge der Mandan-Indianer, unter ihnen der berühmte Mato-Tope (Die vier Bären), eine der einflußreichsten Persönlichkeiten des Wilden Westens; mit ihm sollte ich später eine herzliche Freundschaft schließen. Ihm zur Seite standen Charata-Numakschi (Der Wolfs-Chef), Dipäuch (Der zerbrochene Arm) Berock-Itainu (Der Stier-Hals) und Pehriska-Ruhpa (Die beiden Raben). Sie waren sämtliche mit ihren schönsten Anzügen bekleidet, um uns ihre Ehre zu erweisen. Sobald das Schiff verankert war, traten sie an Bord und nahmen in der hinteren Kajüte Platz. Sie gaben uns sämtliche die Hand und die Pfeife zirkulierte. Mit Hilfe des Herrn Kipp – Direktor von Fort Clarke – und dem alten Dolmetscher Charbonneau begann dann die Unterhaltung.
Herr McKenzie trug den Mandans das Anliegen der Yanktonans vor und bat darum, daß die beiden Stämme Frieden schließen wür-

den. Die vier Indianer-Häuptlinge beratschlagten lange untereinander, leise und flüsternd, und erwiderten schließlich, man könne den Friedens-Antrag unmöglich annehmen, da die Yanktonans viel zu treulos wären. Man wolle ihnen aber in diesem Augenblick kein Leid zufügen und man erlaube es ihnen, sich unangefochten zurückzuziehen.

Wir gingen an Land und teilten den Yanktonans diesen Beschluß mit. Sie machten sich unverzüglich aus dem Staube.

Die Prärie rings um Fort Clarke bot einen höchst interessanten Anblick. Viele besonders schöne Pferde weideten überall, Indianer in malerischer Kleidung wanderten herum, kamen auf uns zu, schüttelten uns die Hände und versuchten mit uns Geschäfte zu machen. Ein junger Krieger erwies sich dabei als besonders lästig. Er zog mir den Taschenkompaß, welchen ich an einem Bande um den Hals trug, aus dem Hemd hervor und gab zu verstehen, daß er ihn besitzen möchte, um ihn als Zierat um den Hals zu tragen. Ich schlug ihm die Bitte ab, allein er wurde immer dringender, je mehr ich bei meiner Weigerung beharrte. Er bot mit ein schönes Pferd für meinen Kompaß, endlich alle seine schönen Kleider und Waffen noch dazu. Als ich dieses auch ausschlug, wurde er zornig. Nur mit der Hilfe des alten Charbonneau entging ich einem unangenehmen, vielleicht sogar gewaltsamen Auftritt.

Im weiteren Verlauf unseres Rundganges stießen wir auf die Lederzelte der Crow-Indianer, die hier gerade lagerten. Der Indianer-Agent Sanford machte uns mit ihrem Chef Eripuass bekannt, einem großen, ansehnlichen Mann von gutmütigem Gesichtsausdruck. Er war mit seinem schlechtesten Anzug bekleidet, hatte das Haar kurz geschnitten und war mit grauem Ton bestrichen, da er Trauer trug. Herr Sanford hing ihm eine Medaille des Präsidenten der Vereinigten Staaten um den Hals und schenkte ihm im Namen der Regierung eine ansehnliche Menge von Tuch, Pulver, Kugeln und Tabak. Der stolze Mann nahm diese Geschenke ohne das mindeste Zeichen von Erkenntlichkeit an. Herr Sanford erklärte mir später, daß ein Häuptling vom Schlag Eripuass solche Geschenke als einen schuldigen Tribut und als Beweis der Schwäche empfinde.

*Der Tapfere bekommt nach seinem Tode
viele Frauen*

Bei starkem Wind und dunkel bedecktem Himmel verließen wir am 19. Juni Fort Clarke, um mit dem Dampfschiff „Assiniboin" weiter den Missouri flußaufwärts zu reisen. Die Landschaft am Ufer schien uns dort einige Ähnlichkeit mit manchen Rheingegenden zu haben. Schon nach wenigen Stunden erreichten wir die Erdhütten eines Dorfes, in dem Mönnitarri*-Indianer wohnten.
Die Mönnitarri-Indianer sind wohl die größten und wohlgebildetsten Wilden des ganzen Missouri-Laufes, auch ihre Kleidung war von unübertrefflicher Eleganz. Die Gesichter hatten diese Indianer meist zinnoberrot bemalt, und von ihren schwarzen Haaren hingen neben den Augen lange Schnüre mit weißen und himmelblauen Korallen herab – sogenannte „Wampum-Schnüre".
Wir machten die Bekanntschaft der Mönnitarri-Häuptlinge Addi-Hiddisch (Der, welcher den Weg macht) und Lachpitzi-Sihrisch (Der gelbe Bär). Zu meiner Freude sah ich auch den berühmten Mandan-Häuptling Mato-Tope wieder, der offenbar zu mir eine große Zuneigung gefaßt hatte und während unserer Dampferreise zu Pferde hierhergeritten war, um mich nocheinmal zu sehen. Auf meine Bitte hin verkaufte er mir seine bemalte Bison-Robe. Das war eine sehr großherzige Geste, denn diese Robe galt ihm als Andenken an seinen vom Feinde erschossenen Bruder. Sie hatte für ihn großen symbolischen Wert – sie war für ihn „Medizin" gewesen!
Als wir zum Aufbruch rüsteten, kamen zwei Schwarzfuß-Indianer und baten, nach Fort Union – unserem nächsten Reiseziel – mitgenommen zu werden. Major Mitchill äußerte zunächst Bedenken, denn Fort Union lag in den Jagdgründen der Indianer vom Stamme der Assiniboin und der Krih oder Cree – den Todfeinden der Schwarzfuß-Indianer! Er befürchtete Komplikationen, trotzdem wurden die beiden an Bord gelassen.
Einer von ihnen war jung und sympathisch. Er hieß Matsukui (Das

---

* Anm: Die Mönnitarris werden bei meisten anderen Forschern auch „Hidatsa" genannt.

lange Haar) und zeichnete sich in der Tat durch Haare aus, die ihm bis auf den Fußboden herabhingen. Der andere hieß Kiasax.

Beide ließen ihre Familien in dem Mönnitarri-Dorf zurück. Als unser Dampfer ablegte, gab es viele Tränen des Abschieds. Kiasax hatte eine lange, tönerne Flöte bei sich, auf der er zum Abschied eine jämmerliche Melodie anstimmte.

Während der Dampfschiffreise wollte unser Maler, Herr Bodmer, die beiden Indianer zeichnen. Kiasax erklärte sich sofort bereit; Matsukui aber, dessen langes Haar zu zeichnen Herr Bodmer besonders interessiert war, lehnte ab. Er meinte abergläubisch, daß er sterben müsse, wenn er gezeichnet werde.

Tatsächlich aber hat die Zukunft gezeigt, daß gerade er – Matsukui – bald ermordet werden würde, während Kiasax unversehrt zu seinen Freunden zurückkehren sollte!

Am 24. Juni erblickten wir das Fort Union auf einer grünen Ebene, wo die bunte amerikanische Fahne von den letzten Strahlen der Abendsonne vergoldet unter dem blauen Himmel wehte.

Als das Dampfschiff sich näherte, donnerten die Kanonen von Fort Union, und es entspann sich ein rollendes Gewehrfeuer des Willkomms, welches wir von unserem Schiff ebenfalls mit Kanonen und Gewehren beantworteten. Kurz darauf ließen wir den Anker vor Fort Union fallen. Es war der 75. Tag seit unserer Abreise von St. Louis.

Fort Union ist einer der wichtigsten Posten der Pelzhandels-Company, weil es als Zentralpunkt aller umliegenden Niederlassungen gilt. Jährlich werden von Fort Union aus die Pelze von etwa 25 000 Bibern, 300 Ottern, 600 Mardern, 2000 Luchsen, 2000 roten Füchsen, 200 Kreuzfüchsen, 30 Silberfüchsen und 100 000 Moschusratten geliefert, außerdem die Felle von 30 000 Hirschen und 50 000 Bisonkühen.

Das Fort ist als uneinnehmbare Festung gebaut, mit einem hohen Palisadenzaun umgeben und mit vielen Kanonen bestückt. Eine schwere Kanone steht im Hofraum, mit der Mündung gegen das Tor gerichtet, um einen kriegerischen Einfall abwehren zu können.

Die Besatzung des Forts besteht zum größten Teil aus Engagés und

Voyageurs, niederen Angestellten, die meist mit indianischen Weibern verheiratet sind. Sie verlassen Frau und Kinder ohne Umstände, wenn sie an einen anderen Ort versetzt werden. Diese Männer leben sehr gefährlich, denn sie werden oft zu unberechenbaren Indianer-Nationen geschickt. Auf ihren Jagdzügen werden viele getötet, wobei sich die Indianer der Waffen bedienen, die sie von den Engagés oder Voyageurs im Tausch gegen Felle erhalten haben.
In den Präries und den Wildnissen um Fort Union leben noch einzelne Biber-und Pelzjäger – sogenannte Trapper – auf eigene Rechnung. Sie streifen heimatlos durch die Wälder, sind höchst unternehmende, kräftige Menschen, vortreffliche Büchsenschützen, durch ihr rohes Leben zu den größten Entbehrungen abgehärtet und mit den Techniken des Indianerkampfes wohl vertraut.
Die Assiniboin-Indianer, die in diesem Gebiet leben, gehören zu der Sioux-Nation und können etwa 7000 Krieger stellen.
Auffallend sind ihre Flinten, die sie am Schafte mit eingeschlagenen blanken gelben und silbernen Nägeln verzieren.
Sie sind Pferdediebe und ziemlich unzuverläßlich, und wenn man ihnen allein in der Prärie begegnet, so ist niemand sicher vor ihrer Raubsucht. Im Gefecht sind sie sehr kühn, und es kam wiederholt vor, daß sie in die Dörfer ihrer Feinde – der Mandans, der Mönnitarris und der Schwarzfuß-Indianer – nachts einschleichen, die schlafenden Leute in den Hütten niedermetzeln und die Pferde hinwegstehlen.
Ihre Tapferkeit ist in ihrer Religion begründet. Wer gut und tapfer war, so glauben sie, würde nach seinem Tode in ein sonniges Land des Südens gehen, wo er viele Weiber und Bisonherden findet. Die Bösen und Feigen aber würden auf einer Insel zusammengepfercht werden, wo sie alle Freuden des Lebens entbehren müssen.

Mord im Fort

Bei unserer Ankunft in Fort Union waren zunächst keine Assiniboin-Indianer da, wohl aber einige Jäger von Stamme der Krih. Sie un-

terscheiden sich weder im Äußeren noch durch ihr Brauchtum von den Assiniboins. Auch sind diese beiden Stämme sehr befreundet. Von den Krihs erfuhren wir, daß für den 26. Juni eine große Anzahl von Assiniboin-Banden zu erwarten sei.
Da der Dampfer, der uns herbrachte, am 25. Juni zurückfuhr, entschloß sich einer der beiden Schwarzfuß-Indianer, die wir mitgenommen hatten, aus Vorsichtsgründen zur Rückkehr. Es war Kiasax, der sich wieder an Bord begab und heimkehrte.
Matsukui (Das lange Haar) blieb bei uns und hielt sich innerhalb des Forts auf. Dort fühlte er sich sicher – zu Unrecht, wie sich bald herausstellen sollte.
Am 26. Juni kamen in der Tat die Assiniboin-Indianer. Ihre Ankunft wurde mit vielen Büchsenschüssen signalisiert. Wir begaben uns vor das Fort und wurden Zeugen einer höchst interessanten Szene:
Die ganze Prärie war von heranrückenden Indianern, Frauen und Kindern übersät. Die Krieger hatten sich in einer Reihe formiert und rückten raschen Schritts gegen das Fort zu. Der ganze Haufen dieser Wilden stimmte einen originellen Gesang an, der auch die schrillen Kriegsschreie enthielt.
Alle Indianer waren bewaffnet, in Bisonroben gehüllt und auf höchst phantastische Weise aufgeputzt. Ihre Gesichter waren gänzlich mit Zinnober angestrichen. Einige hatten Mützen von Wolfsfell. In den Armen trugen sie Flinten, auf dem Rücken Pfeil und Bogen. Dumpfer Trommelwirbel begleitete den Aufmarsch der Indianer. Sie rückten in einer Front bis auf 60 Schritte heran, dann traten ihre Häuptlinge hervor. Offensichtlich erwarteten sie, daß wir sie willkommen heißen würden.
Herr McKenzie sandte ihnen zwei Dolmetscher entgegen, die den Häuptlingen die Hände drückten und sie zum Tor des Forts führten. Die Wachen hatten Auftrag, nicht zu viele Indianer gleichzeitig einzulassen, da man ihnen nie richtig trauen darf. Diesmal erlaubten sie nur den Häuptlingen und dreißig Kriegern den Besuch des Forts. Die malerischen Gestalten traten ein und ließen sich ohne Umstände auf den Boden nieder. Herr McKenzie und einige Ange-

stellte setzten sich zu ihnen. Dann wurden Geschenke ausgetauscht und über Pelzpreise verhandelt.

In der Zwischenzeit beobachtete ich außerhalb des Forts den Aufbau eines Indianer-Lagers: Während die Männer am Missouri-Ufer im Schatten lagerten und sich am Wasser labten, errichteten die Frauen mit Stangen, Fellen und Zweigen provisorische Zelte, in denen schnell Feuer angebrannt wurde.

Am 30. Juni trafen weitere Banden der Assiniboin-Indianer ein, und an den nächsten Tagen sahen wir aus der Ferne neue Kriegertrupps der Assiniboins heranrücken. Sie versammelten sich alle vor dem Fort und gruppierten sich zu großen Haufen. Immer wieder erscholl der Kriegsruf.

Major Mitchill konnte sich diese Invasion zunächst nicht erklären, doch dann erfuhr er von einem der Häuptlinge, daß die Assiniboins sich für ein Kriegsunternehmen gegen die Mandans und Mönnitarris vereinigten. Tatsächlich zogen sie noch am selben Tage in Richtung der Mandan- und Mönnitarri-Dörfer davon.

Am nächsten Tage gab es höchste Aufregung im Fort. Wir bekamen die Meldung, daß innerhalb der Palisaden der Schwarzfuß-Indianer Matsukui, den wir von Fort Clarke mitgenommen hatten, nachts erschossen worden sei. Der Leichnam unseres armen Reisegefährten lag, aus einer Schußwunde blutend, im Fort. Sein Mörder hatte offensichtlich sehr rasch fliehen müssen, denn der Tote war seines Skalps nicht beraubt. Die langen Haare, die ihm seinen Namen gegeben hatten, lockten sich um seinen Leichnam auf dem Boden. Später wurde er in einem schnell gezimmerten Sarg außerhalb der Palisaden begraben.

Über den Mord wurde zunächst nichts bekannt.

In den indianischen Lagern herrschte dumpfe Stille. Offenbar fürchtete man eine Racheaktion des weißen Mannes, in dessen Schutz sich der Schwarzfuß-Indianer befunden hatte.

Gegen Mittag kam eine Prozession von Indianern, angeführt von zwei Assiniboin-Häuptlingen, mit lautem Gesang zum Fort und begehrte Einlaß. Herr McKenzie empfing sie mit düsterer Miene.

Es stellte sich heraus, daß sie sich wegen des Mordes entschuldigen

wollten. Sie brachten ein Pferd und mehrere sehr schöne mit Federn und Pferdehaaren verzierte Pfeifen als Geschenk.
Nachdem zur Begrüßung geraucht worden war, hielt einer der Häuptlinge eine Rede. Er sagte, daß die Assiniboins unschuldig am Tode des Schwarzfuß-Indianers seien. Ein Krih-Indianer hätte die Tat begangen und sei unverzüglich geflohen. Man habe ihm nachgesetzt, allein man habe ihn nicht mehr ergreifen können.
McKenzie zuckte die Schultern. Er konnte das Gegenteil nicht beweisen, nahm die Entschuldigung an und damit war der Tod des Indianers, den man „Das lange Haar" nannte, für alle Zeiten erledigt.

Die Beschwörung der Medizin-Männer

Wir wollten unsere weitere Reise in einem Keelboat unternehmen, das jedoch noch nicht eingetroffen war. Deshalb nützten wir die Zeit, um uns in dem Indianerlager umzusehen. Am Nachmittage hörten wir dumpfen Trommelwirbel und lautes Geschrei aus einem der Zelte. Wir gingen hin und erfuhren, daß ein Mann erkrankt sei und die Medizinmänner einen Genesungs-Zauber veranstalteten. Als wir mit Vorsicht durch die Ritzen des Zeltes blickten, sahen wir den Kranken auf dem Boden sitzen. Um ihn herum kauerten die Medizinmänner im Kreise. Zwei der Zauberer schlugen auf Trommeln rasche Takte, und ein dritter lärmte mit einer Rassel. Die übrigen Medizinmänner sangen mit großer Lautstärke und Anstrengung, sie transpirierten heftig. Zuweilen beugten sie sich zu dem Kranken nieder und bespuckten ihn und saugten an seinem Körper – um ihm die Krankheitsstoffe damit zu entfernen.
Dergleichen Beschwörungen werden von den Kranken sehr gut bezahlt, und die Medizinmänner werden reichlich bewirtet. Obgleich solche Heilkünste für uns Europäer unverständlich sein mögen, sollen diese Medizinmänner mit ihren Beschwörungen erstaunliche Erfolge erzielen.
Bei einem weiteren Rundgang fanden wir einen Baum, auf dem

mehrere Assiniboin-Leichname aufgebahrt waren und den Geiern zum Fraße dienten. Die wollenen Decken, welche die Leichen einhüllten, waren zerrissen und blutig. Auch die Äste und der Stamm des Baumes trug diese Farbe. Ein Leichnam war herabgefallen und von den Wölfen zerrissen und verzehrt worden, eine eben nicht sehr einladende Szene.

Mein Jäger Dreidoppel hob einen völlig abgenagten, skelettierten Schädel auf – und stellte fest, daß in den Augenhöhlen eine Maus das Nest für ihre Jungen gelegt hatte.

Herr Bodmer nahm eine genaue Zeichnung jenes Baumes auf, unter welchem sich ein dichtes Gebüsch von blühenden Rosen befand, ein wahrer Rosengarten, dessen wohlriechende Blüten bestimmt schienen, diese traurige Szene menschlicher Vergänglichkeit und Torheiten zu verschleiern.

Als wir abends zum Fort zurückkehrten, fanden wir das frische Grab des ermordeten Schwarzfuß-Indianers Matsukui von zwei bewaffneten Engagés bewacht. Unsere Frage nach dem Grund dieser Bewachung wurde dahingehend beschieden, daß einige Krih-Indianer gedroht hätten, sie würden den Leichnam ihres Feindes ausgraben und nachträglich noch skalpieren.

Am 5. Juli traf unser Keelboat ein, eine etwa 18 Meter lange, 5 Meter breite, mit einem Verdeck, Masten und Segeln versehene Schaluppe, die uns nach Fort McKenzie bringen sollte – der letzten Niederlassung des weißen Mannes hoch droben im Gebiet der Rocky Mountains.

Herr McKenzie, der „König des Missouri", nach dem das Fort an unserem Reiseziel benannt war, blieb in Fort Union zurück.

Jagd auf den Grizzly-Bären

Unsere Reise begann am 6. Juli unter größten Vorsichtsmaßnahmen. Da uns der Wind nicht günstig war, mußte das Keelboat von der Besatzung mit Seilen vom Ufer aus gezogen werden. Einige

Scharfschützen hielten die Bootzieher von Bord aus ständig im Auge, um ihnen bei einem Angriff feindlicher Indianer Feuerschutz geben zu können.
Nachts mußten jeweils zwei Mann Bordwache halten. Major Mitchill verbot ihnen bei einer Strafe von fünf Dollar das überflüssige Abfeuern ihrer Flinten, weil sie damit leicht indianische Kriegsparteien anziehen konnten.
Wir unterbrachen unsere Reise gelegentlich, um an Land Elche und Bisons zu jagen. Beim Essen des Wildbrets hatte ich Gelegenheit, die unglaubliche Roheit der Engagés zu beobachten. Sie sind oft wilder als die Indianer selbst. In ihrem Heißhunger stürzen sie sich über die erlegten Tiere, essen sie zum Teil roh, und man sieht sie das ungeboren Kalb aus dem Leibe der Mutter herausschneiden und sogleich mit der Placenta und allen Häuten in einen Kessel werfen, kochen und essen. Oft essen sie die Nasen und Füße der ungeborenen Kälber und die äußeren Geschlechtsteile der Bisonkuh im rohen Zustand. Eine besondere Delikatesse ist für sie die rohe Leber, die sie mit dem Inhalt der Urinblase übergießen und sogleich verzehren.
Später kam günstiger Wind auf, so daß wir segeln konnten. Nach einer Wendung des Flusses erblickten wir zu unserer Freude auf einer Sandbank mehrere Grizzly-Bären, welche abwechselnd hin und herliefen, in ein Weidengebüsch verschwanden und dann wieder hervortraten. Einer von ihnen warf sich auf eine tote, im Schlamm halb versunkene Bisonkuh, um sie zu fressen. Die anderen Bären entwichen bei unserem Anblick.
Sogleich wurde eine Bärenjagd organisiert. Major Mitchill, Herr Bodmer, Dreidoppel und der halbindianische Jäger Dechamp kletterten in ein Boot und ruderten zu dem gierig fressenden Tier. Mit Ungeduld beobachteten wir an Deck des Keelboates die Jagd.
Zunächst wurde Dechamp, ein kühner, erfahrener Jäger und vortrefflicher Schütze an Land gesetzt. Er kroch, von dem Bären unbeobachtet, über den Sand bis hinter einen Treibholzstamm. Dort sollte er warten und eventuell dem Bären die Flucht zu den Weidensträuchern abschneiden.

Der Bär hob zuweilen seinen kolossalen Kopf, blickte umher und fraß dann ruhig weiter. Der Wind trieb ihm die Witterung seiner Jäger nicht zu.

Inzwischen war das Boot mit Major Mitchill, Herrn Bodmer und Dreidoppel im Schutz von Ufergebüschen bis auf 50 Schritte an den Bären herangekommen. Major Mitchill gab den ersten Schuß ab, die übrigen Schüsse folgten schnell, worauf der Bär überrollte, grimmige Töne von sich gab, etwa zehn Schritte weit rollte, mit seinen Tatzen wütend seine Wunden kratzend und öfters über und über stürzte. In diesem Augenblick war auch Dechamp schon da und gab ihm den vollends tödlichen Schuß auf den Kopf.

Das stolze Tier lag nun ausgestreckt da. Man befestigte es mit Strikken an das Boot und schleppte es im Triumph an das Schiff, wo es ausgemessen und abgezeichnet wurde.

Dieser Grizzly-Bär, den man auch „grauen Bären" nennt, war von der Nase bis zur Schwanzspitze fast zwei Meter groß und gehörte damit nicht zu den mächtigsten Exemplaren seiner Gattung.

Ein Grizzly kann bis zu 2,50 Meter groß werden. Er ist das gefährlichste Raubtier des Wilden Westens. Angeschossen greift er seine Jäger häufig an. Auch unverwundet ist er unberechenbar. Beinahe alle Jäger der Prärie erzählen von Abenteuern, die sie mit diesem Bären bestanden hatten, und man könne Bände mit solchen Geschichten füllen. Gewiß ist, daß viele Weiße und Indianer von so einem gefährlichen Tier zerrissen worden sind.

Major Mitchill und fünf seiner Jäger waren im vorigen Jahr mit knapper Not einem angreifenden Bären entgangen, indem sie sich in den Missouri warfen und schwimmend davonkamen. Klettern kann diese Bärenart nicht gut, daher ist ein benachbarter Baum ein gutes Hilfsmittel, um sich seinem Angriff zu entziehen.

Der Grizzly-Bär hat lange Krallen – etwa von der Größe menschlicher Finger – die ihm dazu dienen, Tierkadaver zu zerreißen und auch Beeren und Wurzeln auszugraben, die er sehr liebt. Bärenjäger pflegen diese Krallen an einer Schnur um den Hals zu tragen.

Bereits am nächsten Tage entdeckten unsere Wachen an Bord wieder einen Bären, ein riesiges Tier, das einen am Fluß liegenden Bison-Kadaver fraß. In ihrer Jagdleidenschaft erwiesen sich die Wachen als zu hitzig. Sie schossen zu früh und vertrieben das mächtige Tier, ohne es verwundet zu haben. Major Mitchill untersagte ihnen daraufhin jeden weiteren Schuß und gab Anweisung, bei Erscheinen eines weiteren Bären die Jäger zu alarmieren.

Kurze Zeit später erscholl der Ruf: ,,Bären in unmittelbarer Nähe". Wir kamen aus unseren Kajüten geeilt und erblickten am Ufer eine Bärin mit zwei Jungen. Ich ging mit Major Mitchill und Dechamp sofort an Land.

Es gelang uns, die Bärin und einen jungen Bären zu erlegen.

Das übriggebliebene Bärenjunge gebärdete sich unbändig und schrie in einem rauhen Tone.

Ich beschloß, dieses Tier mitzunehmen und ließ zu diesem Zwecke einen Käfig zimmern. Mein Wunsch war es, den Bären heim nach Deutschland zu bringen und einem Zoo zu schenken.

Indessen war meine Mühe vergeblich. Ich schleppte diesen Bären zwar den größten Teil der Reise mit, allein er starb, bevor wir uns nach Europa einschiffen konnten.

Seltsames Tausch-Angebot: Frauen gegen Schnaps

Der weitere Verlauf unserer Reise führte in eine merkwürdige Gegend. Am südlichen Ufer glaubten wir nämlich zwei weiße Bergschlösser zu sehen.

Daß dies nur eine Laune der Natur war, erkannten wir, als wir uns diesen seltsamen Felsgebirgen näherten. Es handelte sich um weißen Sandstein, der von Regen und Gewässer dermaßen bearbeitet war, daß er die Gestalt von Gebäuden mit Dächern bildete. An der Vorderseite sah man kleine Furchen, welche aus großer Entfernung scheinbar Fenster darstellten. Major Mitchill sagte, daß die europäischen Einwanderer diesen Felsformen den Namen ,,white Castles" (weiße Schlösser) gegeben haben.

Weiter flußaufwärts fand man am Ufer des Missouri dann überall

Fels- und Gesteinstrümmer, ein Beweis, daß wir uns festeren Gebirgsarten näherten.

Am 26. Juli erblickten wir dann ferne Gebirgszüge, die Vorläufer der Rocky Mountains, so daß man an die Vorberge der Schweiz erinnert wurde. In dieser Gegend finden sich einige verstreute Indianer-Banden vom Stamme der Gros Ventres, die in diesem Teil ihrer Jagdgründe als besonders grausam, hinterlistig und raublustig gelten. Vor einigen Jahren war von ihnen ein Fort an der Grenze von Kanada gänzlich demoliert worden.

Major Mitchill hatte im vergangenen Jahr erst einen ihrer Häuptlinge namens Mexkemaustan (Das Eisen, welches sich bewegt) aus dem Fort McKenzie gewaltsam hinauswerfen lassen müssen, um einem persönlichen Zweikampf mit diesem randalierenden Indianer zu entgehen.

Wir waren daher besorgt, als sich plötzlich am Ufer etwa 800 Krieger der Gros Ventres zeigten.

Vom Boot aus erkannte Major Mitchill seinen ehemaligen Widersacher, den gedemütigten Häuptling Mexkemaustan. Er und andere Häuptlinge bedeuteten durch Zurufe und Gesten, daß sie an Bord kommen wollten.

Da nur mäßiger Wind den Missouri bestrich, war eine Flucht mit unserem Boot nicht möglich. Es blieb uns nichts anderes übrig, als die Indianer unter größten Vorsichtsmaßnahmen an Bord zu bitten. Zunächst erschienen acht Häuptlinge, unter ihnen Mexkemaustan, ein Wilder mit äußerst verschlagenem Gesichtsausdruck. Wir hatten allen Grund, die Rache dieses Mannes zu fürchten.

Zu unserem Erstaunen war er höchst freundlich. Er drückte uns die Hand, rauchte die Pfeife und deutete an, daß er an Geschenken interessiert sei.

Während der Gespräche an Bord sah man von allen Orten des Ufers eine Menge von Männern durch den Fluß schwimmen oder ihn in ihren Booten übersetzen. Sie umkreisten das Schiff, und ehe wir uns versahen, hatten sie es von allen Seiten bestiegen.

Major Mitchill forderte die Häuptlinge mit Nachdruck auf, dafür zu sorgen, daß die Krieger das Boot unverzüglich verlassen würden.

Die Häuptlinge gaben entsprechende Befehle, mit der Folge, daß die Indianer ins Wasser sprangen, um an einer anderen Stelle das Schiff wieder zu erklettern. Das Schiff war bald mit Kriegern überladen, so daß es tief im Wasser ging und fast zu versinken drohte. Unsere Lage war nichts weniger als angenehm. Major Mitchill sah sich daher genötigt, den Häuptlingen alle Geschenke zu übergeben. Lediglich ihrer Bitte nach Branntwein widersetzte er sich mit Erfolg. Die Indianer waren nach dem Feuerwasser so begierig, daß sie sogar ihre eigenen Weiber dafür zum Tausche anboten. Erst gegen Abend zogen sich die Häuptlinge zurück, und mit ihnen verschwanden auch die anderen Krieger von unserem Schiff. Wir stellten fest, daß viele Gegenstände gestohlen worden waren. Dennoch waren wir froh, der gefährlichen Lage glücklich entkommen zu sein.

Auf nächtlichen Schleichwegen

Nachdem wir mit gutem Wind flott vorangekommen waren, erblickten wir ein Boot mit drei Menschen, welches bald an unserem Schiff anlegte.
Es befanden sich darin der halbindianische Dolmetscher Doucette und zwei Engagés. Sie kamen von Fort McKenzie und berichteten Major Mitchill, daß ein kriegerischer Haufen von etwa 500 Schwarzfuß-Indianern vor den Palisaden lagerten und bereits einen Streit mit der Fort-Besatzung angezettelt hatten.
Major Mitchill zeigte sich von dieser Nachricht sehr beunruhigt, denn es mußte befürchtet werden, daß die Schwarzfuß-Indianer von der Ermordung ihres Stammesmitglieds Matsukui (Das lange Haar) bereits vernommen hatten. Matsukui hatte sich im Schutze des Forts befunden, als er erschossen worden war – mithin konnten wir Weißen für seinen Tod verantwortlich gemacht werden!
Sehr befremdend war nach Meinung von Major Mitchill auch, daß es am Ufer völlig ruhig war. Üblicherweise kommen die Schwarzfuß-Indianer einem nahenden Schiff zur Begrüßung entgegen.

Diesmal nahm niemand von der programmgemäß bevorstehenden Landung Notiz.
Alle diese Beobachtungen erregten bei Major Mitchill, der die Unzuverlässigkeit des indianischen Charakters vollkommen kannte, Besorgnis wegen der Sicherheit des Forts und unserer Expedition. Deshalb entschloß sich Major Mitchill, unser Keelboat 13 Meilen vor dem Fort vorläufig in der Mitte des Missouri zu verankern und das Indianer-Lager heimlich zu erkunden. Er ordnete eine starke Bewachung des Schiffes an und ging nachts in einem Kahn ans Ufer, zusammen mit dem Dolmetscher Doucette und drei erfahrenen Jägern, unter ihnen Dechamp. Bei hellem Mondschein sahen wir, wie sie das Ufer erreichten und lautlos in der Wildnis verschwanden. Stundenlang hörten wir die fernen Trommeln der Indianer, die vor dem Fort lagerten.
Gegen Mitternacht kehrten die Kundschafter zurück. Sie hatten sich auf ihren nächtlichen Schleichwegen verirrt, das Fort verfehlt und konnten keinerlei Nachrichten geben. Es blieb uns nichts anderes übrig, als auf dem Keelboat die Nacht zu verbringen. Weiter vorzurücken, schien uns vorerst nicht angebracht.
Am nächsten Tage sahen wir fünf weiße Reiter dahersprengen. Es waren Herr Patton, Sekretär der Company im Fort McKenzie und einige seiner Leute. Sie ritten ans Ufer, banden ihre Pferde fest und wurden in einem Kahn an Bord geholt. Patton berichtete, daß es zwar Streit und Mißhelligkeiten mit den Schwarzfuß-Indianern gegeben habe, daß aber eine ernstliche Auseinandersetzung nicht zu erwarten sei.
Nach dieser günstigen Nachricht verabschiedeten wir die fünf Männer, die sich ans Ufer begaben und auf ihre Pferde schwangen, um nach Haus zu galoppieren und unsere Ankunft vorzubereiten.
Gegen Mittag des 9. August erblickten wir das Fort, wo die amerikanische Flagge im Winde wehte. Viele indianische Zelte waren in der Ebene aufgeschlagen, und die ganze Prärie war mit Frauen und Kindern bedeckt.
Vor dem Fort hatten sich etwa 500 Krieger der Schwarzfuß-Indianer zur Begrüßung aufgestellt, wie ein wohlgeordnetes Bataillon.

Sie bildeten eine lange, dunkelbraune Linie. In ihrer Mitte standen die Häuptlinge. Major Mitchill erkannte vom Boot aus unter ihnen Ninoch-Kiaiu (Der Bärenhäuptling) und teilte uns erleichtert mit, daß wir nichts zu befürchten hätten. Ninoch-Kiaiu sei sein Freund und einer der verläßlichsten Häuptlinge, die er kenne.
Aufatmend betraten wir das Ufer. – Nicht ahnend, daß wir bald in eine sehr bedrohliche Lage kommen würden.

Bird, der Doppelagent

Fort McKenzie liegt 120 Schritte vom nördlichen Ufer des Missouri entfernt. Man rechnet von hier bis zu der höchsten Kette der Rocky Mountains etwa 100 Meilen. Weiter westlich gibt es keine Niederlassung der Weißen mehr.
Der Bau ist mit größten Schwierigkeiten verbunden gewesen. Major Mitchill und seine Arbeiter waren wiederholt überfallen und belagert worden.
Ein Indianer hatte einmal bereits seine Lanze erhoben, um Major Mitchill zu töten. Nur das schnelle Eingreifen des Häuptlings Stomick-Sosack hatte diesen Mord verhindert.
Das Fort ist wegen dieser vielen Schwierigkeiten schlechter und flüchtiger errichtet als die anderen Niederlassungen, jedoch mit vielen Kanonen und baulichen Sicherheitsmaßnahmen gegen Angriffe gut ausgerüstet. Beispielsweise ist das Tor doppelt, nach Art einer Schleuse gebaut. Wenn Indianer ins Fort kommen, darf zunächst nur das äußere Tor geöffnet werden. Das innere Tor wird erst aufgetan, wenn das äußere verschlossen ist.
Die Besatzung besteht aus 27 Weißen, die meist mit indianischen Weibern dort leben. Das Fort liegt im Gebiet der Schwarzfuß-Indianer, die in drei Stämme zerfallen. Diese Stämme sind:
Die Siksekai
die Blood-Indianer (Blut-Indianer)
die Piekanns.
Alle zusammen können 5000 bis 6000 Krieger stellen und zählen zusammen mit Frauen, Greisen und Kindern etwa 20 000 Seelen.

Die Stämme sind untereinander nicht freundlich gesinnt und befehden sich öfters blutig. Sie vereinen sich nur, wenn es gilt, einen gemeinsamen Feind anzugreifen oder abzuwehren.
Der Pelzhandel ist hier problematisch, weil die Nähe der kanadischen Hudsonbay-Company eine Konkurrenz-Situation schafft.
Viele indianische Jäger arbeiten für beide Pelzhandels-Gesellschaften und haben sehr wohl begriffen, daß sie auf diese Weise die Preise hochtreiben können. Besonders ein Halbindianer namens Bird versteht es mit viel Schlauheit, die beiden Pelzhandels-Companien gegenseitig auszuspielen. Er ist selbst kein Jäger, sondern nur Vermittler und verdient an den Gewinnspannen, die er durch seine Intrigen heraushandelt. Seine Rolle ist die eines Doppelagenten. Einesteils erklärt er ständig seine Treue zur American-Fur-Company, anderseits weiß man, daß er die Blackfoots aufstachelt, ihre Pelze auch der Hudsonbay-Company zu verkaufen, wenn die Zeit für einen Preis-Auftrieb günstig ist. Da er bei den Indianern großen Einfluß hat, ist ihm nicht beizukommen.
Die American-Fur-Company versucht nun, die Pelzjäger unter den Indianern gänzlich auf ihre Seite zu ziehen, indem sie die treuen Häuptlinge fürstlich belohnt und die anderen mit Verachtung straft. Einer der Häuptlinge, die sowohl für die American-Fur-Company als auch für die Hudsonbay-Company arbeiten, ist der Piekann-Indianer Mehkskehme-Sukahs (Das eiserne Hemd). Dieser Häuptling lud Major Mitchill und mich in sein Zelt. Es war groß und geräumig. Nie hatten wir ein größeres und schöneres gesehen. Es hatte wohl 15 Schritte im Durchmesser und war höchst sauber und nett aufgeputzt.
Obwohl wir großzügig bewirtet und beschenkt wurden, behandelte Major Mitchill den Gastgeber mit betonter Zurückhaltung. Er bat ihn zwar für den nächsten Tag in das Fort, jedoch war diese Einladung als Demütigung gedacht. Gleichzeitig mit Mehkskehme-Sukahs wurde nämlich noch Ninoch-Kiaiu (Der Bärenhäuptling) eingeladen, ebenfalls ein Anführer der Piekann-Indianer, ein Freund Major Mitchills, der als treu ergebener Pelzlieferant der American-Fur-Company galt.

Der zweite Mord

Schon die Begrüßung war unterschiedlich. Mehkskehme-Sukahs wurde mit einem Kanonenschuß empfangen, als jedoch Ninoch-Kiaiu eintraf, feuerten die Wachen zwei Kanonen als Begrüßungs-Salut ab.

Dann nahm Major Mitchill den Bärenhäuptling in sein Zimmer und schenkte ihm einen ganz neuen Uniformrock mit grünen und roten Aufschlägen und silbernen Tressen, einen roten Filzhut mit vielen Federbüschen und eine neue Percussions-Doppelflinte. Damit wollte er diesen Mann besonders auszeichnen, weil er zum Handel noch nie nach Norden zur Hudsonbay-Company gegangen war.

Als Ninoch-Kiaiu mit seinem prachtvollen Anzug – etwa 150 Dollar an Wert – wieder zurückkehrte, bemerkte man sogleich, daß sich Mehkskehme-Sukahs tief gedemütigt fühlte. Er hatte noch kein Geschenk erhalten. Er senkte den Kopf.

Nun sagte Major Mitchill:,,Hier siehst du nun, Mehkskehme-Sukahs, wie die American-Fur-Company ihre treuen Freunde auszeichnet. Wenn du hinfort deine Felle und Pelze nur noch der American-Fur-Company verkaufst, wirst auch du ein solches Geschenk erhalten".

Anschließend ließ man Ninoch-Kiaiu einen Schimmel besteigen, damit er sich auch außerhalb des Forts in seinem neuen Aufzuge zeigen möge. Vor den Palisaden hielt er eine Anrede an die versammelten Krieger, um sie für die American-Fur-Company zu gewinnen.

Einige Blood-Indianer, die unter dem Einfluß des listigen Doppelagenten Bird standen und die zweigleisige Geschäfte betrieben, neideten Ninoch-Kiaiu seine schöne Uniform. Sie gerieten in Zorn, waren beleidigt und sagten, daß sie Ninoch-Kiaiu erschießen wollten.

Während Ninoch-Kiaiu ins Fort zurückkehrte, sprach sich draußen im Lager der Indianer diese Ehrung schnell herum. Die roten Krieger erregten sich über alle Maßen. Der Doppelagent Bird, der sich unter ihnen befand, schürte die kriegerische Stimmung, und man

hörte, daß die Blood-Indianer das Fort angreifen und alle Weißen umbringen würden. Unsere Lage wurde immer bedrohlicher. Wir verstärkten die Wachen.
Am späten Nachmittag stahlen Blood-Indianer einige zum Bestand des Forts gehörende Pferde, die draußen auf einer Weide grasten. Ein Trupp Engagés setzte ihnen nach und jagte ihnen die Beute wieder ab. Schließlich wurden alle Pferde ins Fort getrieben.
Ninoch-Kiaiu, der im Lager bedroht worden war, erschien im Fort und bat um Schutz.
Vor Einbruch der Dunkelheit plötzlich hörten wir in einem Nebenzimmer des Forts einen Schuß und bemerkten augenblicklich den Auflauf einer Menschenmenge. Es stellte sich heraus, daß ein junger Blood-Indianer unbeobachtet ins Fort eingedrungen war und einen unserer Leute, den Engagé Martin, mit einer Pistole erschossen hatte. Der Täter behauptete später, die Pistole sei ihm durch Zufall losgegangen.

Der dritte Mord

Viele unserer Engagés forderten sofort seinen Tod, allein Major Mitchill entschied für Mäßigung, indem er das Ereignis als unglücklichen Zufall betrachtete. Für ihn war die Situation etwas schwierig, weil es sich bei dem Täter um den Sohn von Stomick-Sosack handelte, jenes Häuptlings, der ihm vor einem Jahr das Leben gerettet hatte.
Er verbot den Engagés alle Gewalttätigkeiten gegen den jungen Indianer.
Ninoch-Kiaiu, noch immer in seiner farbenprächtigen Uniform, ließ sich jedoch nicht beschwichtigen. Er wollte den Täter sofort erschießen. Da man ihn jedoch hinderte, so mißhandelte er den Täter mit dem Kolben seines Gewehres und trieb ihn mit Stößen zum Fort hinaus.
Am nächsten Tage sollte sich bereits diese Handlungsweise rächen.

Als wir nämlich einen Ritt durch die Umgebung unternahmen, kamen einige Piekann-Indianer auf ihren Mustangs angesprengt und berichteten atemlos, daß der Neffe von Ninoch-Kiaiu von Blood-Indianern ermordet worden sei.
Ninoch-Kiaiu lasse uns ausrichten, daß er die Blood-Indianer unverzüglich angreifen werde, er rate uns deshalb möglichst schnell zurückzukehren.
Wir ritten unverzüglich zum Fort und erfuhren, daß die Blood-Indianer ein Pferd aus dem Besitz des Häuptlings Ninoch-Kiaiu gestohlen hatten. Sein Neffe, ein guter und stiller Indianer, war ausgeritten, um das gestohlene Pferd zu suchen. Dabei hatten ihm die Blood-Indianer einen Hinterhalt gestellt, ihn überfallen und mit Flintenschüssen, Messerstichen und Streitkolben ermordet.
Ninoch-Kiaiu war wütend! Er hatte sogleich den Mördern nachgesetzt. Es war ihnen jedoch gelungen, über den Fluß zu entkommen. Nun wollte Ninoch-Kiaiu mit Major Mitchill beratschlagen, was zu tun sei. Ein älterer Indianer mischte sich in die Debatte ein und empfahl, diesen Mord nicht zur Sache des ganzen Stammes zu machen, sondern sie als Privatstreitigkeit zu behandeln. Man sollte also ruhig eine Gelegenheit abwarten, bis man Rache an irgendeinem Mitglied der Blood-Indianer werde nehmen können.

Geschenk für Major Mitchill: Eine Leiche

Der Bärenhäuptling aber war voll ungestümem Rachedurst. Er sagte Major Mitchill: „Ich will meinen Neffen rächen und hinter den Feinden herziehen. Damit aber die Leiche in gute Hände kommt, werde ich sie meinem Freund Major Mitchill zum Geschenk machen".
Major Mitchill kannte die indianische Mentalität gut und wußte, daß er dieses ehrenvolle Geschenk nicht ablehnen konnte.
Am nächsten Tag vernahm man das Geheul und Klagen der Indianer, und kurz darauf brachte ein Trupp unter feierlichen Gesängen

den Ermordeten ins Fort. Er war in Bisonroben eingeschnürt und wurde von einem Pferde gezogen.

Ein alter Mann sowie eine Menge von Weibern und Kindern der Verwandtschaft folgten heulend und weinend der Leiche.

Eine bejahrte Frau des Gefolges hatte sich zum Zeichen des Schmerzes ein Glied des kleinen Fingers abgeschnitten und hielt den stark blutenden Stummel in der Hand voll Wermuthblätter verborgen.

Wir ließen die Trauergemeinschaft ein, und ein Krieger – der Bruder des Bärenchefs – hielt eine Rede, indem er sagte:,,Was klagt ihr und weinet? Seht, ich weine nicht. Er ist in das andere Land gegangen, und wir können ihn nicht wieder aufwecken. Aber wir können ihn rächen. Mindestens zwei Blood-Indianer müssen ihn auf seinem Weg in das andere Land begleiten und ihm dienen".

Da die Leiche des Indianers lange der freien Luft und der Sonne ausgesetzt gelegen hatte, so mußte man sie eilends begraben. Ein Dolmetscher erhielt die Aufgabe, sie zu bemalen, ihr nach indianischer Art die besten Kleider anzuziehen und sie aufzuputzen.

Im Fort wurde eine Grube ausgehoben und mit Brettern ausgelegt. In diese Gruft versenkte man dann die Leiche. Waffen, Zaumzeug und Peitsche wurden ihr mitgegeben. Major Mitchill schenkte noch eine bunte Decke, die über den Leichnam gebreitet wurde. Anschließend warf man Erde drauf.

Kurz darauf kehrte Ninoch-Kiaiu zurück und berichtete, daß die Mörder seines Neffen jenseits des Flusses lagerten und ihn verhöhnten. Er und sein Bruder – der die Trauerrede gehalten hatte – bestürmten Major Mitchill, er möge ihnen ein Schiff geben und sie mit den Pferden über den Fluß setzen lassen.

Major Mitchill antwortete ihnen jedoch sehr ruhig, daß er nicht behilflich sei, wenn sie die Absicht hätten, jemanden zu töten. Daraufhin bestieg der Bruder des Bärenchefs mit dem Ausdruck heftigster Gemütsbewegung sein Pferd und erklärte mit wildem Geschrei, daß er nun irgendeinen Blood-Indianer töten werde, um sein Herz zu beruhigen. Später werde er die eigentlichen Mörder erschießen. Damit galoppierte er davon.

Ninoch-Kiaiu blieb zurück. Irgendwoher bekam er Branntwein. Er betrank sich und schritt weinend im Indianer-Lager herum.

Die Lage war äußerst gefährlich. Denn unter den Schwarzfuß-Indianern drohte eine ernste Stammesfehde auszubrechen. Jeden Augenblick befürchteten wir, Nachricht von einer blutigen Auseinandersetzung zu bekommen.

Indessen ergab sich plötzlich eine Situation, die dazu führte, daß sich die verfehdeten Stämme der Schwarzfuß-Indianer unverzüglich verbündeten. In den Morgenstunden nämlich wurden ihre Zelte von feindlichen Kriegern angegriffen.

Überfall im Morgengrauen

Als der Tag anbrach, wurden wir von Flintenschüssen geweckt. Gleichzeitig schrie der Dolmetscher Doucette durch das Fort: „Überfall – auf, zu den Waffen!"

Wir sprangen sofort auf, warfen uns in die Kleider und luden unsere Jagdgewehre mit den Kugeln. Die Engagés kletterten blitzschnell auf die Palisaden und auf das Dach des Forts und begannen mit einem wilden Trommelfeuer.

Wir erstiegen ebenfalls das Dach und sahen die ganze Prärie mit indianischen Fußkämpfern und Reitern bedeckt, die nach dem Fort schossen. Auf den Höhenzügen befanden sich geschlossene Truppen, zum Angriff formiert.

Es war ein Überfall, verübt von etwa 600 Assiniboin- und Krih-Indianern. Der Angriff galt den Schwarzfuß-Indianern, die vor dem Fort in Zelten lagerten. Die Assiniboins kamen immer näher an das Fort heran. Im Zeltlager entspannen sich blutige Zweikämpfe. Die Zelte wurden mit den Messern zerfetzt, und die Angreifer töteten Männer, Frauen und Kinder. Einige Indianer lagen niedergestochen und skalpiert vor den Zelten.

Die Überfallenen waren völlig überrascht worden. Sie benötigten einige Zeit, um sich von dem Schreck zu erholen.

Die meisten setzten sich zur Wehr, einige flüchteten zum Tor des Forts, wo man sie sofort einließ. Sie erkletterten das Dach und feuerten auf die Feinde.

Zur selben Zeit galoppierten einige Schwarzfuß-Indianer von ihrem Zeltlager davon. Es handelte sich nicht um flüchtende Feiglinge, sondern um berittene Boten, die von den Häuptlingen ausgesandt wurden, um in dem etwa 12 Meilen entfernten Hauptlager ihrer Nation Alarm zu schlagen und Hilfe herbeizurufen.

Im Fort selbst war große Unordnung. Engagés und Indianer kamen sich gegenseitig in die Quere. Alle Pferde, die man wegen der Stammesfehde zur Sicherheit in das Fort gebracht hatte, rissen sich los und stoben, vom Tumult erschreckt, zwischen den Palisaden herum.

Die Verteidiger des Forts kamen in Bedrängnis, weil die Engagés in den Tagen vorher auf unerlaubte Weise Flinten, Pulver und Munition an die Indianer in eigener Rechnung verkauft hatten und nun erst aus den Arsenalen mit neuen Waffen versorgt werden mußten.

Inzwischen kamen die Assiniboins immer näher. Während die Schwarzfuß-Indianer, meist Frauen und Kinder, durch das Tor eingelassen wurden, versuchten berittene Angreifer das Fort zu stürmen. Ein feindlicher Reiter erschien unmittelbar vor dem Tor und rief dem dort stehenden Major Mitchill zu: „Weißer Mann, mach Platz, ich will diese Feinde erschießen." Diese Äußerung zeigte, daß der Angriff eigentlich nicht gegen die Weißen und das Fort, sondern bloß gegen die Schwarzfuß-Indianer gerichtet war.

Major Mitchill gab daraufhin seinen Leuten Anweisung, das Feuer einzustellen und nur zu schießen, falls das Fort gestürmt werden sollte.

Trotz dieses Befehls ließen sich die meisten Engagés nicht daran hindern, auf die Angreifer zu feuern. Einige unserer Leute, unter ihnen der Halbindianer Doucette, waren von dem Kampfhandlungen derart mitgerissen, daß sie einen Ausfall machten, das Fort verließen und in der Reihe der draußen kämpfenden Schwarzfuß-Indianer den Feind angriffen. Loretto, ein Jäger aus dem Fort, erschoß dabei den Sohn des Assiniboin-Häuptlings Minohanne (Der

Linkshänder). Des Häuptlings toter Sohn blieb auf der Prärie liegen. Die Assiniboins versuchten seine Leiche zu bergen – es gelang ihnen jedoch nicht.

Sie zogen sich etwa 300 Schritte weit zurück und formierten sich zum neuen Angriff. Man konnte sehen, daß ihre Übermacht groß war und die Schwarzfuß-Indianer bei einer neuen Attacke wenig Chancen hatten.

Retter jagen heran

Doch die Verstärkung kam in letzter Sekunde. Die reitenden Boten hatten inzwischen in schnellstem Galopp das Hauptlager erreicht und alle verfügbaren Krieger zusammengetrommelt.

Nun jagten die Retter heran. Sie stoben im schnellsten Ritt über die Prärie, einzeln und in kleineren und größeren Gruppen. Ihre Pferde waren vom Schaum bedeckt, und die Reiter peitschten und schlugen auf die Tiere ein, um sie zu schnellster Gangart anzufeuern. Dabei stießen sie ununterbrochen den schrillen Kriegsruf aus. Zwischendurch jauchzten und sangen sie.

Die Krieger der Verstärkung waren mit Waffen und Talismanen beladen. Bogen und Köcher trugen sie auf dem Rücken, die Flinten hielten sie in der Rechten, den verzierten Schild in der Linken. Die Federn auf dem Kopfe flatterten im Winde. Viele trugen die lang herabhängende Federhaube. Ihr Oberleib war meist nackt, nur mit langen Streifen von Wolfsfellen bedeckt. Als Sättel hatten sie rot unterlegte Pantherdecken.

Die wild heranreitenden Schwarzfuß-Indianer stürzten sich sogleich ohne irgendwelche strategische Vorbereitung in den Haufen der Assiniboins.

Einige Indianer mußten vorher zum Fort kommen und sich mit Waffen, Pulver und Blei versehen lassen. Trotzdem gelang es nicht, die Assiniboins abzuschlagen. Im Gegenteil: Die Assiniboins versuchten erbittert das inzwischen fast vernichtete, von Leichen und

Verletzten bedeckte Zeltlager der Schwarzfuß-Indianer erneut zu stürmen, vermutlich auch deshalb, um die Leiche des Häuptlingssohnes zu bergen.

Während des Gefechts erschien Ninoch-Kiaiu im Fort und forderte Major Mitchill – der sich bisher neutral verhalten hat – zur tätigen Mithilfe auf. Ninoch-Kiaiu hielt eine lange, heftige Rede und machte Major Mitchill Vorwürfe. Er sagte: „Weißer Mann, du bist mein Freund. Du darfst nicht nur kämpfen, um das Fort zu verteidigen. Wenn es dir ernst ist mit der Freundschaft zu den Schwarzfuß-Indianern, dann mußt du uns helfen und unsere Feinde auch außerhalb des Forts in der Prärie bekämpfen". Er schloß mit beleidigenden Äußerungen über den angeblich mangelnden Mut der Weißen. Diese Vorwürfe trafen Major Mitchill hart.

Er beschloß den Indianern zu zeigen, daß es den Weißen nicht an Mut fehle. Unverzüglich ließ er die besten Jäger und Büchsenschützen aufsitzen, um außerhalb des Forts zu kämpfen.

Wir reden ihm zu, von einer Beteiligung am Kampfe abzusehen, da dies eine unpolitische Maßregel sei – schließlich mache die American-Fur-Companie auch mit den Assiniboins ihre Pelzgeschäfte.

Major Mitchill jedoch wollte den Vorwurf der Feigheit nicht auf sich sitzen lassen.

Durchs geöffnete Tor sprengte er mit seinen Reitern hinaus, um sich zugunsten der Schwarzfuß-Indianer am Gefecht zu beteiligen. Dabei war es schwierig, Freund und Feind auseinander zu halten, da die Indianer meist im Zweikampf befindlich waren.

Sein Eingreifen hatte große Wirkung, die Assiniboins wichen zurück, setzten den nachdrängenden Kriegern jedoch heftigen Widerstand entgegen.

Major Mitchills Pferd wurde bei einer Kavallerie-Attacke in den Widerrist getroffen und brach zusammen. Mitchill überschlug sich, verletzte den rechten Arm erheblich und mußte schließlich zu Fuß weiterkämpfen.

Inzwischen war es einem Häuptling der Assiniboins gelungen, seine Krieger neu zu formieren und einen neuerlichen Angriff vorzutragen. Dabei zeigten sich die Schwarzfuß-Indianer in der Umgebung

von Major Mitchill als feige. Major Mitchill kam unberitten in arge Bedrängnis und rief den Schwarzfuß-Indianern zu: „Warum bleibt ihr zurück? Ihr habt uns Feigheit vorgeworfen, nun kämpfen wir für euch. Jetzt sehen wir, wer von uns der feigere Teil ist".
Solchermaßen aufgestachelt, eilten die Schwarzfuß-Indianer dem Major zu Hilfe. Die Schlacht wogte hin und her. Noch war eine Entscheidung nicht abzusehen.
Während in der Ferne die Schüsse fielen und der Schlachtlärm tobte, ließen zurückgebliebene Schwarzfuß-Indianer ihre Wut an dem vor dem Fort liegenden toten Häuptlingssohn aus. Ich persönlich war sehr daran interessiert, seinen Schädel zu bekommen und für ein deutsches Museum erhalten zu können, doch hatte man den Leichnam inzwischen schon des Skalpes beraubt und verstümmelt. Die Männer feuerten ununterbrochen ihre Flinten auf den Toten ab. Kinder und Weiber schlugen ihn mit Prügeln und bewarfen ihn mit Steinen, besonders tobten sie ihren Unmut an seinen Geschlechtsteilen aus. Jeder zurückkehrende Indianer begab sich unverzüglich zu der Leiche und schoß eine Kugel auf sie ab. Schließlich war der Häuptlingssohn bis zur Unkenntlichkeit entstellt, durchlöchert und vom Pulverschmauch verbrannt. Von dem Kopf, den ich zu erhalten wünschte, war nichts mehr zu sehen.

Zaubergesänge gegen Todesdämonen

Neben dieser grauenhaften Szene beweinte und beklagte ein alter Indianer namens Haisikate (Der steife Fuß) seine erwachsene Tochter, die sich während der Schlacht in einem Gebüsch verborgen gehalten hatte, dabei von unserem Jäger Dechamp für eine kriegerische Rothaut gehalten und irrtümlicherweise erschossen worden war.
In den Hofraum des Forts hatte man verwundete Männer, Weiber und Kinder gebracht. Sie wurden von ihren Angehörigen jedoch nicht gebettet, sondern umhergezerrt und herumgeführt. Angeblich sollte dies der Genesung günstig sein.

Der Häuptling „Weißer Bison", der eine Wunde am Hinterkopf erhalten hatte, schritt ebenfalls, von seinen Angehörigen gestützt, im Fort herum, während man unmittelbar neben seinem Kopf mit Rasseln einen ohrenbetäubenden Lärm machte, damit die Dämonen nicht Herr über ihn werden könnten. Er selbst, obgleich fast ohnmächtig wegen seiner Verletzung und betrunken vom Branntwein, sang immerfort, um sich dem bösen Geiste nicht zu ergeben.
Ein anderer Indianer, Ohtsequä-Stomik, hatte eine Kugel durch das Knie erhalten, welche ihm seine Frau mit einem Messer herausschnitt, wobei er nicht das mindeste Zeichen des Schmerzes verriet. Anschließend humpelte auch er umher.
Wir versuchten mit europäischen Arzneien zu helfen, mit Wundbalsam und Verbandmaterial, allein es war hier wenig zu tun, denn die Indianer vertrauten ihren Medinzinmännern mehr als uns. Anstatt die vom Blutverlust Ermatteten ruhen zu lassen, rasselten die Medizinmänner unaufhörlich mit ihren Schellen und stimmten lärmende Zaubergesänge gegen die Todesdämonen an.
Gegen ein Uhr mittag kehrte Major Mitchill mit den Jägern aus dem Fort zurück, erschöpft und staubbedeckt. Er berichtete, daß es schließlich doch gelungen sei, die Assiniboins abzuschlagen. Man müsse jedoch befürchten, daß sich die flüchtenden Truppen der feindlichen Indianer neu formieren und wieder angreifen würden.
Von der Fortbesatzung fehlte lediglich der brave Jäger Dechamp. Er hatte sich wacker gehalten und war von den Schwarzfuß-Indianern während der Schlacht gelobt worden: „Wir kennen dich, tapferer weißer Mann", hatten sie ihm wiederholt zugerufen. Dann aber war sein Pferd von einem Pfeil getroffen worden. Er stürzte, wurde verletzt und seither nicht mehr gesehen.
Etwas später jedoch erschien ein einsamer Reiter auf der Prärie. Es war Dechamp! Ein Schwarzfuß-Indianer hatte ihm sein Pferd geliehen, damit er sich eilig zur Wundbehandlung ins Fort begeben könne. Er wurde stürmisch begrüßt.

Indianischer Kriegs-Aberglaube

Die Indianerschlacht brachte für unseren Maler Bodmer einen unerwarteten Vorteil. Bisher hatten die Indianer es meist abgelehnt, sich von ihm zeichnen zu lassen, weil sie befürchteten, dabei ihr „Gesicht" – gemeint war damit ihre Seele – zu verlieren und bald sterben zu müssen. Wiederholt war es ihm nur mit Überredungskünsten und unter Einsatz seiner Spieluhr – in der sie einen guten Geist vermuteten – gelungen, den einen oder anderen Indianer für ein Portrait zu gewinnen.

Nun begab es sich, daß er zufälligerweise einen alten Indianer namens Pioch-Kiaiu am Tage vor dem Überfall gezeichnet hatte. Pioch-Kiaiu schritt nun durch das Lager der meist mehr oder weniger verletzten Schwarzfuß-Indianer und schrie überall herum: „Seht her, ich bin völlig unverletzt, weil mich der weiße Mann vor der Schlacht gezeichnet hat. Das war eine gute Medizin gegen den Tod".

Die Folge davon war, daß sich die Schwarzfuß-Indianer sogleich in höchst belästigender Weise um den Maler Bodmer drängten, damit er sie ebenfalls zeichne. Ihrem Aberglauben entsprechend glaubten sie, daß sie dadurch hieb-, stich- und kugelfest werden würden. Ihre Bitten waren umso drängender, als man den Feind noch in der Näher vermuten mußte und ein neuer Angriff zu befürchten war.

Erst am nächsten Tage kamen einige dem Feinde nachgesandte Späher zurück, die berichteten, daß sich die Assiniboins ohne Aufenthalt in Richtung ihrer heimatlichen Dörfer entfernten.

Kaum war die aktuelle Gefahr eines neuen Angriffs gebannt – da entzweiten sich die Schwarzfuß-Indianer wieder untereinander. Der Piekann-Häuptling Ninoch-Kiaiu besann sich darauf, daß die Blood-Indianer seinen Neffen erschossen hatten, kam zu Major Mitchill und sagte: „Weißer Mann, ich bin schon jetzt wieder geneigt, auf jene Leute zu schießen. Es wird gewiß zu blutigen Händeln kommen, wenn du jene Blood-Indianer zusammen mit meinen Piekann-Leuten zu den Pelzhandelsgeschäften in das Fort lädtst."

In der Folge dieser Protest-Aktion sandte Major Mitchill einen

Dolmetscher zu den Blood-Indianern, um ihnen die Lage zu erklären und ihnen zu bedeuten, daß sie ihren Handel so lange verschieben mögen, bis er die Pelzgeschäfte mit den Piekanns gemacht habe. Dann lud er die Piekann-Häuptlinge ins Fort und begrüßte sie mit Kanonenschüssen und einem Feuerwerk.
Die Indianer hatten sich trotz heftigem Regen mit ihren schönsten Anzügen bekleidet.
Der auffallendste Häuptling war Homachseh-Kakatohs (Der große Stern), der durch eine merkwürdige Hakennase auffiel. Er ließ sich sogleich von Herrn Bodmer zeichnen und hielt anschließend an Major Mitchill eine Rede, in dem er darum bat, seine Indianer bei dem beabsichtigten Pelzgeschäft „gut zu behandeln, damit sie nicht klagten und weinten, sondern froh seien und ihnen der Bauch immer angefüllt bleiben möge".
Ein anderer Häuptling sagte dann, es befremde ihn sehr, daß die Weißen immer in ihren gewöhnlichen schlechten Kleidern erscheinen, während sie, die Indianer, sich immer in ihrem größten Staate zeigten; man habe die schönen Kleider der Weißen noch gar nicht gesehen.
Major Mitchill antwortete daraufhin, er werde den Häuptlingen demnächst schöne Geschenke machen, im übrigen glaube er genug getan zu haben, indem er während der Schlacht eine Menge von Pulver und Blei ausgegeben und die Bedrängten im Fort aufgenommen habe. In Hinkunft werde er die Häuptlinge mit allen Ehren empfangen.
Nach dieser Rede begann der Tauschhandel.
Die vor dem Fort zurückgebliebenen Blood-Indianer wurden indessen unruhig. Sie befürchteten, daß sie durch ihre Aussperrung ins Hintertreffen geraten würden. Diese Stimmung nützte der unter ihnen befindliche Doppelagent Bird aus, um sie zu einer Geschäftsreise zur Hudsonbay-Company aufzustacheln.
Er redete indessen vergeblich. Die Blood-Indianer blieben in der Nähe des Forts.
Einige unter ihnen verloren die Geduld, sie versuchten ins Fort einzudringen. Ein Indianer hatte bereits das Messer gegen einen Tor-

wächter gezogen, und in letzter Sekunde gelang es, ihn hinauszudrängen.

Eine neuerliche Auseinandersetzung – diesmal innerhalb der verfehdeten Schwarzfuß-Stämme – drohte sich anzubahnen. Einige Piekann-Indianer erklommen die Palisaden und schossen auf die Blood-Indianer, die das Feuer erwiderten, so daß uns die Kugeln über die Köpfe flogen.

Wir waren bald wie Gefangene zu betrachten, denn am Tore war ein unglaubliches Gedränge der Indianer, welche sämtliche mit Gewalt einzudringen versuchten, sich balgten, kämpften und stritten. Zuweilen brach ein wütender Mensch mit Gewalt durch das Tor, schlug die Wachen mit Fäusten, und es dauerte eine Weile, bis man die Unholde wieder hinausgedrängt hatte.

Doch plötzlich war der Streit geschlichtet! – Die verfeindeten Brüderstämme verbündeten sich unverzüglich, weil ein Bote herangeritten kam und die Nachricht brachte, daß die Assiniboins im Anmarsch seien. Augenblicklich zogen sich die Blood-Indianer im Fort zurück, um sich in Schlachtenreihe zu formieren. Die im Fort befindlichen Piekann-Indianer richteten die Flinten in die Gegend, aus der die Feinde vermutet wurden.

Tatsächlich erschien ein Trupp berittener Indianer auf der Prärie. Es stellte sich jedoch bald heraus, daß sich die Späher geirrt hatten und die Alarmnachricht falsch gewesen war. Bei den Ankömmlingen handelte es sich nämlich um Schwarzfuß-Indianer vom Stamme der Siksekai, die zum Fort kamen, um Pelzhandelsgeschäfte zu machen.

Kaum war der Irrtum geklärt, flackerte der Streit zwischen den Blood-Indianern und den Piekanns wieder auf. Die Blood-Indianer drängten sich erneut ans Fort heran und schossen ihre Flinten ab. Major Mitschill befahl daraufhin, jeden Indianer zu erschießen, der versuchen würde, in das Fort einzudringen. Von diesem Befehl setzte er die Häuptlinge der Blood-Indianer in Kenntnis, damit sie ihre Leute entsprechend anweisen könnten. Solchermaßen bedroht, zogen sich die Blood-Indianer zurück. Man sah sie draußen zusammensitzen und beratschlagen.

Nach einiger Zeit erschien eine Häuptlings-Frau der Blood-Indianer im Fort und verlangte mit den Piekann-Häuptlingen zu sprechen. Sie bedauerte das Mißverständnis zwischen ihrem Stamm und den Piekanns und knüpfte Unterhandlungen an, um die Blutschuld – den Mord am Neffen von Ninoch-Kiaiu – durch Geschenke abzukaufen. Da wir hofften, daß sich die feindlichen Stämme durch dieses Angebot zu einem gütlichen Vergleiche wieder versöhnen würden, entließen wir die Piekann-Häuptlinge mit der Häuptlingsfrau aus dem Fort, wo sie gemeinsam verhandeln konnten.

Mord an Dolmetscher Doucette

Kurz darauf ließ Major Mitchill die Blood-Indianer ein, die sich sehr friedlich und zurückhaltend betrugen, offenbar in der Absicht, für die Pelzhandelsgeschäfte ein gutes Klima zu schaffen. Ihr Häuptling Stomick-Sosack, ein gütiger, alter Mann – der Lebensretter Major Mitchills vor einem Jahr – beklagte den Vorfall, bei dem sein Sohn den Engagé Martin erschossen hatte und behauptete, daß alles ein Zufall gewesen sei. Dann nannte er Major Mitchill „seinen Sohn" – eine ungewöhnlich hohe Auszeichnung.
Einer der Indianer zog alle seine Kleider aus und legte sie als Geschenk vor Major Mitchill nieder. Er scheute sich nicht, gänzlich nackt dazusitzen. Stomick-Sosack borgte ihm daraufhin seine eigene Robe, damit er sich bedecken könne.
Die Pelzgeschäfte mit den Blood-Indianern verliefen dann ohne viel Zwischenfälle.
Obwohl sich die Blood-Indianer gut verhielten, trugen sie die Rache doch noch im Herzen, wie man in der Zukunft an folgendem Vorfall sehen sollte:
Major Mitchill sandte nach diesen Verhandlungen eine Expedition zu dem tief im Wilden Westen lebenden Stamme der Kutanas ab. Sie war bestimmt, Handel mit diesem Volke aufzunehmen und besonders Felle der weißen Bergziege zu verschaffen. Anführer der

Expedition war der Dolmetscher Doucette, ein tapferer, Major Mitchill ergebener Mann. Er wurde, wie wir später erfuhren, von einem Blood-Indianer, der ihm nachgeschlichen war, erschossen. Das ganze Unternehmen mußte daraufhin abgebrochen werden.
Ich hatte die Absicht gehabt, den Winter in den Rocky-Mountains zu verbringen, und die Ausführung dieses Planes lag mir sehr am Herzen.
Allein sie war durch die jetzigen Umstände sehr erschwert, ja wohl unmöglich geworden.
Eine große Menge der gefährlichsten Indianer umgab uns von allen Seiten und hatte besonders die Gegend des Missouri besetzt, wohin uns unser Weg geführt haben würde. Man hätte sich zu den Rocky-Mountains durch die feindlichen Horden durchschleichen müssen. Ein Indianer-Häuptling warnte uns vor diesem Unternehmen, indem er sagte, „die Piekann-Indianer würden uns vielleicht nur berauben, aber nicht feindlich gegen uns handeln. Die Indianer anderer Stämme jedoch seien Narren, vor ihnen müsse man sich hüten".
Ich sah mich aus diesen Gründen leider genötigt, den Plan, in die Rocky-Mountains zu reisen, aufzugeben. Ich ersuchte Major Mitchill um ein Fahrzeug für die Rückreise den Fluß hinab, um die Mandans und Mönnitarris zu studieren. Dieser Plan war eine gute Ersatzlösung, denn einerseits freute ich mich auf das Wiedersehen mit Häuptling Mato-Tope, der zu mir offensichtlich eine herzliche Freundschaft gefaßt hatte. Außerdem sind die Mandans und Mönnitarris zwei Nationen die – nach Meinung von Major Mitchill – repräsentativ für die Indianer Nordamerikas schlechthin seien. Ihre Gebräuche, Mythen und Gewohnheiten würden im weitesten Sinne auch auf fast alle Indianerstämme zutreffen. Ich konnte also dort ein allgemein gültiges Bild von den Indianern gewinnen.
Major Mitchill erklärte mir, daß er zwar keines seiner Boote entbehren könne, versprach aber, ein neues bauen zu lassen.
Es wurden Bretter für das Boot geschnitten, und der Tischler machte sich im Hofraum des Forts sogleich an die Arbeit. Für meinen Bären wurde ein Käfig erbaut. Ich bestimmte den 14. September zur Abreise.

Bisonjäger als Wölfe verkleidet

Der Morgen des 14. September brach heiter und schön an und versprach uns eine angenehme Reise. Man belud das neue Boot, womit man gegen Mittag fertig wurde. Es erwies sich nun, daß wir nicht hinlänglich Raum im Fahrzeuge hatten. Der große Käfig mit dem lebenden Bären nahm uns viel Bewegungsfreiheit. Und es fand sich nicht mehr genügend Raum, um an Bord zu schlafen. – Ein ungüstiger Umstand, denn nun waren wir genötigt, für die Nacht immer am Ufer anzulegen.
Gegen ein Uhr mittag nahmen wir Abschied von unserem gütigen Wirt, Herrn Major Mitchill, und die ganze Bevölkerung des Forts gab uns das Geleit bis an den Fluß, an dessen Ufer eine Kanone aufgefahren war, mit der Salut geschossen wurde. Wir hatten so lange in dieser Wildnis zusammengelebt, so manches miteinander geteilt, daß uns der Abschied schmerzlich fiel.
Schnell glitt unser Boot dahin. In kurzer Zeit warfen wir den letzten Blick auf das Fort und seine Bewohner, welchen wir das letzte Lebewohl zuwinkten.
Gleichzeitig mit uns reiste der Jäger Dechamp ab. Er sollte auf dem Landwege zusammen mit einigen Reitern etliche Pferde nach Fort Union bringen, unserem nächsten Reiseziel. Dort wollten wir ihn wiedersehen.
Gegen Nachmittag zog ein Gewitter auf, der Donner ließ sich hören, der Himmel überzog sich gänzlich. Wir wurden durchnäßt und froren jämmerlich, da unser Boot kein Verdeck hatte. Bald bemerkten wir, daß unser neues Fahrzeug sehr viel Wasser machte, so daß der größte Teil des Gepäcks auch vom Boden her durchnäßt wurde.
Die erste Übernachtung an Land war unheimlich, da wir uns vor Indianern in acht nehmen mußten, besonders vor den Assiniboins, deren Rache wir fürchteten. Denn wir gehörten ja zu den weißen Männern der Fort-Besatzung, die ihnen bei dem Überfall auf die Schwarzfuß-Indianer eine Niederlage gebracht hatten. Ich vermißte nun den Rat des bewährten Indianer-Kenners Major Mitchill, des-

sen Umsicht und Erfahrung uns fehlte. Zudem gab mein Bär seine Unzufriedenheit in der Gefangenschaft durch klägliches Brüllen zu erkennen, das leicht einen feindlichen Besuch herbeiziehen konnte. Nach sehr beschwerlicher Reise, aber ohne Auseinandersetzung mit Indianern, erreichten wir am 28. September glücklich Fort Union, wo wir von dem dortigen Sekretär der American-Fur-Company, Herrn Chardon, einem lebhaften Manne, herzlich willkommen geheißen wurden.

Herr McKenzie, der „König des Missouri", befand sich leider auf einer Expedition, so daß wir ihn nicht sehen konnten.

Dechamp war mit seinen Reitern bereits eingetroffen und berichtete, daß er bei seiner Reise auf einige rachelustige Assiniboins gestoßen sei, die ihn als einen der weißen Männer der Indianerschlacht von Fort McKenzie erkannt hatten.

Sie hatten ihm zugerufen: „Nimm dich in acht, wir werden dich erschießen! Du hast viele unserer Leute wehrlos gemacht". Dechamp hatt ihnen erwidert: „Ich fürchte mich nicht. Seht euch vor. Ihr habt das Fort angegriffen, und jeder brave Mann hat sich wehren müssen". Nach einigen Wortwechseln seien die Assiniboins wieder abgezogen, wahrscheinlich deshalb, weil sie in der Minderzahl waren. Dechamp äußerte sich im Fort, daß man einen „meuchelmörderischen Angriff erwarten müsse."

Trotzdem entschlossen wir uns, eine Bisonjagd zu unternehmen, da im Fort das Fleisch ausgegangen war und die Besatzung Hunger litt. Am 11. Oktober setzten wir mit den Pferden in einer Barke über den Missouri. Wir landeten in einem großen Wald von Pappeln, Eschen und Ulmen.

Nachdem wir uns an einem Feuer gewärmt hatten, setzte sich unsere Jagdgesellschaft in Bewegung. Sie bestand aus einigen indianischen Bisonjägern, die mit Gewehren, aber auch mit Pfeil und Bogen ausgerüstet waren, einigen Engagés, dem Jäger Dechamp, dem Sekretär Chardon und mir.

Besonders Herr Chardon konnte mir während des Ritts in seiner lebhaften Art ein anschauliches Bild von der Bedeutung vermitteln, die der Bison in Nordamerika hat.

Er ist das größte jagdbare Wild Nordamerikas und lebt in unüberschaubaren Herden. Sie ziehen auf ein und demselben Weg durch das Land und hinterlassen ausgetretene Wege.

Für die Indianer ist der Bison lebenswichtig. Sein Fell dient für den Zeltbau und als Kleidung. Sein Fleisch wird entweder frisch gegessen oder zerstoßen, mit Fett und Beeren versetzt und in Lederbeuteln aufbewahrt. Man nennt es dann Pemmikan. Sein Knochenmark ist ebenfalls ein begehrtes Nahrungsmittel. Die Knochen werden als Waffen und Gerätschaften – Aalen, Nadeln und dergleichen – verarbeitet. Die Schulterblätter beispielsweise dienen als Schaufeln. Aus den Sehnen werden Seile gemacht. Der Pansen (Magensack) wird als Behälter für Flüssigkeiten verwendet.

Dieses lebenswichtige Wild droht jetzt auszusterben, weil organisierte Banden weißer Jäger die Bisons zu Tausenden erlegen und wahre Massacre anrichten.

Die Indianer hatten drei Arten, den Bison zu jagen.

Die eine Möglichkeit war, mit Feuerbränden in den Händen einen Teil der Herde abzusprengen und auf einen Abgrund zuzutreiben. Aus Furcht vor Rauch und Flammen stürzten sich die Bisons zu Tode.

Die zweite Art war eine indianische List: Die Jäger zogen sich ein Wolfsfell über den Kopf, schlichen sich in eine Herde ein, richteten sich dann plötzlich auf und schossen ihre Pfeile auf die Bisons ab. Ein verwundetes Tier griff dann seinen Jäger an. In diesem Falle warteten die Indianer, bis der Bison nahe herangekommen war, um ihn mit einem gezielten Schuß niederzustrecken. Traf der Schuß nicht, dann war es meist um den Jäger geschehen.

Die dritte Möglichkeit der Jagd – zu Pferde – sollte ich nun persönlich erleben.

Gefährliche Begegnung in der Schlucht

Bald sahen wir einige Bisons in der Ferne, doch wir hielten uns nicht auf. Wir waren an einer Herde interessiert und mußten daher noch etwa zwanzig Meilen reiten.

Unterwegs stießen wir auf einen Baum in der Prärie mit einem Kreis von Pfählen, die in die Erde eingerammt waren. In der Nähe waren mehrere Bisonschädel aufgehäuft. Herr Chardon sagte mir, es sei dies eine von den Indianern errichtete „Medizin" (Zaubersymbol), das angeblich die Bisonherden heranlocken sollte.

Gegen fünf Uhr nachmittags erreichten wir einige Hügel, wo man gewöhnlich Bisonherden findet. Ehe wir zum höchsten Punkt gelangten, durchritten wir eine kleine Schlucht, in der sich eine sehr kühle, reine Quelle befand, die uns erfrischte. Die Schlucht selbst war mit Eschen, Ulmen und Gebüschen bewachsen und von Waldreben durchrankt.

Auf der Höhe des Hügels angekommen, durchspähten wir die ausgedehnte Ebene mit dem Fernglase und erblickten einige kleine Trupps von Bison-Stieren. Die stärkste Herde beschlossen wir anzugreifen.

Wir ritten bis zu einer sanften Vertiefung zwischen mehreren Hügeln, wo wir die Tiere nicht weit entfernt zur Linken vor uns sahen. Nun formierten wir uns in einer Reihe und machten eine förmliche Kavallerie-Attacke auf die schweren Tiere, die beim Anblick der reitenden Jäger sich unglaublich schnell in Bewegung setzten und verteilten.

Die Reiter verteilten sich ebenfalls, und ich konnte ein interessantes Bild beobachten. Die indianischen Jäger hatten auf ihren Pferden eine beeindruckende Fertigkeit. Sie jagten ihr Pferd ganz nahe an die Bisonherden heran und schossen sie mit dem Pfeil nieder. Die toten Tiere ließen sie liegen, um sich sogleich anderen Opfern zuzuwenden.

Ebenso schnell waren die Indianer, die mit Gewehren schossen. Sie setzten dabei die Flinte nicht an die Schulter, sondern streckten beide Arme aus und schossen auf diese ungewöhnliche Art, sobald

sie dem Tier auf zehn bis fünfzehn Schritte nahegekommen waren. Sie schossen und luden unglaublich schnell, denn sie brauchten keinen Propf auf die Ladung zu setzen. Die Kugeln hielten sie nämlich im Mund, und jede solchermaßen angefeuchtete Kugel ließen sie sogleich auf das Pulver laufen, wo sie festklebte und augenblicklich fortgeschossen werden konnte.
Bei dieser schnellen Art zu schießen, richten die Prärie-Jäger wahre Niederlagen unter den Bisonherden an.
Im gegenwärtigen Fall hatte man neun Bisons in kürzester Zeit niedergeschossen. Einige verstreute Bisons, die sich noch auf der Flucht befanden, wurden verfolgt, und die Jäger hatten sich dergestalt verteilt, daß man in Verlegenheit kam, sich wieder zusammenzufinden.
Ich war einem angeschossenen Stier in die Schlucht gefolgt und schoß auf ihn. Er stellte sich mit drohender Gebärde, kam auch wohl zehn bis zwölf Schritte weit heran. Da ich in der Schlucht nicht ausweichen konnte, schoß ich wieder auf ihn. Das geängstigte Tier setzte sogleich die Flucht wieder fort.
Nachdem wohl zwanzig Schüsse auf es abgegeben worden waren, verlor es seine Kräfte und sank nieder.
Ich war von den anderen Reitern abgekommen und ritt über die sanften Höhen, um sie zu finden. Erst als es dämmerte, erblickte ich einen unserer Jäger, der einen Bison zerlegte. Hier traf ich auch auf Bodmer, der eine Skizze des erlegten Tieres entwarf.
Bei Einbruch der Dunkelheit fand sich die Jagdgesellschaft wieder zusammen. Es wurde ein Feuer aus Bisonmist gemacht, das nicht brannte sondern nur qualmte, um keine feindlichen Indianer durch den Flammenschein herbeizulocken. Das Fleisch für das Abendessen konnte daher nur notdürftig gebraten werden. Als wir uns zur Ruhe legten, stellte sich heraus, daß mein transportables Bett von Bisonfellen und wollenen Decken vergessen worden war, eben keine angenehme Feststellung bei dem kalten Wind, dem schlechten Feuer und dem jetzt fallenden Regen. Allein die an dergleichen Biwaks gewöhnten Jäger gaben mir einige ihrer Decken und wir schliefen vortrefflich.

Am nächsten Tage frühstückten wir gebratenes Fleisch und Bisonmark. Die Pferde wurden zusammengesucht, gesattelt und das Fleisch der erlegten Tiere sowie die Felle auf den Packpferden befestigt.

Der Heimritt ging gut vonstatten, und wir machten in dem Bette eines ausgetrockneten Baches Halt, um etwas zu ruhen und zu essen. Doch bald mußten wir wieder aufspringen. Einige unserer Indianer, die im Spurenlesen kundig waren, hatten Anzeichen dafür beobachtet, daß unsere Jagdexkursion von einer Kriegspartei – vermutlich der Assiniboins – entdeckt worden war. Augenscheinlich versuchten sie uns den Rückweg zum Fort abzuschneiden.

Wir schwangen uns unverzüglich auf die Pferde und legten einen Umweg – wo wir die feindlichen Indianer nicht zu treffen glaubten – in gestrecktem Galopp zurück, wodurch wir ziemlich außer Atem am Ufer gegenüber dem Fort ankamen und uns sogleich übersetzen ließen.

Beim abendlichen Kaminfeuer und einem Glas Punsch erfuhren wir, daß Assiniboin-Indianer in der Gegend waren. Ob es sich dabei um unsere Verfolger handelte, konnte nicht festgestellt werden.

Der berühmte Zauberer

Am nächsten Tage trafen im Fort einige Krih-Indianer ein, unter ihnen war der weithin berühmte Zauberer und Beschwörer Mähsette-Kuiuab, der als Medizinmann bei den Indianern in hohem Ansehen steht, weil seine Beschwörungen „besonders stark seien". Selbst viele Weiße glaubten an seine Gaukeleien.

Mähsette-Kuiuab war ein asketisch lebender Mann, der sehr an den Augen litt, seine Armut beklagte und ein Pferd verlangte, das er erst später bezahlen wollte.

Herr Bodmer versuchte ihn zu zeichnen, allerdings mit großer Mühe, da der Zauberer durchaus nicht stillsitzen konnte. Über ihn werden die merkwürdigsten Anekdoten erzählt. Demnach hat er öfters sich gefesselt und gänzlich eingewickelt in einem dicht verhangenen Zelt an einen Pfahl binden lassen. Nach einer Weile hörte man in dem Zelt Trommeln und Rasseln, das ganze Zelt fing an zu zittern und zu wanken, man vernahm Stimmen von Bären, Bisons und anderen Tieren, die Indianer glaubten, der böse Geist sei herabgekommen.

Öffnete man nachher das Zelt, so fand man den Beschwörer gebunden und befestigt wie zuvor, und er sagt aus, was er von den beschworenen Geistern für die Zukunft erfahren habe.

Nach den Versicherungen vieler Weißer und aller Indianer waren jene Prophezeiungen jedesmal richtig eingetroffen, und es war für uns völlig unmöglich, diese abergläubischen Menschen vom Gegenteil zu überzeugen.

Einst soll sich Mähsette-Kuiuab zu Fort Clarke befunden haben, wo alle Anwesenden Zeugen einer richtigen Prophezeiung wurden. Er sagte dort, es werde ein Reiter auf einem Schimmel kommen und getötet werden, und nicht lange nach dieser Äußerung erschien ein Schimmel-Reiter in friedlicher Absicht. Die Indianer von Fort Clarke fingen und töteten ihn.

Dieses Ereignis wird noch jetzt als ein Beweis angesehen, daß der Medizinmann Umgang mit überirdischen Mächten habe. Seine Medizin (Talisman), die er auf dem Kopfe trägt, ist die abgezogene Kopfhaut eines Bären.

Soviel ist gewiß, daß viele dieser indianischen Zauberer perfekte Gaukler und Taschenspieler sind, die mit Kunstgriffen und listigem Betrug die rohen Haufen zu täuschen wissen.

Am 20. Oktober trafen mehrere angesehene Männer der Assiniboins ein, unter ihnen der berühmte Häuptling Ajanjan, den man „General Jackson" nannte, außerdem Manto-Uikatt (Der verrückte Bär) und Huh-Jiob (Der verwundete Fuß), alle drei schöne, ansehnliche Männer. Wir sahen der Begegnung mit einiger Besorgnis entgegen, da die Assiniboins wissen mußten, daß wir uns zur Zeit ihrer Schlacht gegen die Schwarzfuß-Indianer im Fort McKenzie – somit auf Seite ihrer Gegner – befunden hatten. Doch sie erwiesen sich nicht als feindselig, und die Häuptlinge rauchten mit uns die Pfeife.

Dabei zeigte Ajanjan an seinem Körper mehrere geheilte Wunden, unter anderem auf der Brust die Narbe eines Pfeilschusses und am Arm die vernarbten Durchschuß-Stellen, die ihm eine Gewehrkugel zugefügt hatte.

Insgesamt waren mit den Häuptlingen 23 Assiniboin-Indianer im Fort. Offensichtlich hatten sie von irgendwoher Branntwein bekommen, denn sie waren ausgelassen und lustig.

Als ein Engagé des Forts Gefallen an einer jungen, hübschen Indianerin bekundete und 250 Dollar anbot, um sie als Frau zu behalten, wurde das merkwürdige Geschäft sofort getätigt, worüber die Indianer besonders glücklich waren. Bei lärmender Musik jubelten sie bis in die späte Nacht. Am nächsten Tage zogen sie fort, die gekaufte Braut ließen sie ohne viel Wehklagen zurück.

Zweikampf der Häuptlinge

Obwohl uns die ersten, bitter kalten Schneestürme verlockten, am wärmenden Kaminfeuer des Forts zu bleiben, brachen wir am 30. Oktober gegen 11 Uhr vormittag auf, um den Missouri abwärts nach Fort Clarke zu reisen, wo ich den Winter zu verbringen und die Indianer vom Stamme der Mandans und Mönnitarris einer ausführlichen völkerkundlichen Erforschung zu unterziehen gedachte.

Wir erreichten am 9. November Fort Clarke und wurden von dem Direktor, Herrn Kipp, herzlich begrüßt. Ganz in der Nähe lag das Hauptdorf der Mandan-Indianer, Mih-Tutta-Hangkusch, das mir in der Folgezeit als Studienort indianischer Gepflogenheiten dienen sollte.

Herr Kipp teilte mit, daß unsere Winterwohnung – ein einstöckiges Haus, dessen Bau Herr McKenzie freundlicherweise befohlen hatte – noch nicht vollendet sei. Es wurde während der nächsten, äußerst

kalten Tage in höchster Eile errichtet. Die Folge dieser raschen Bauweise war, daß die Wohnung der Kälte wenig Widerstand leistete. Die starken, zwischen dem Holz der Wände befindlichen Ritzen wurden in der Eile mit Ton bestrichen, den der Frost sogleich sprengte, so daß der kalte Wind überall eindrang.
Unser Haus bestand aus zwei Räumen. Ein jedes dieser Zimmer war mit einem gemauerten Kamin versehen, in welchem wir große Blöcke von grünem Pappelholz verbrannten.
Schon bald besuchte uns der berühmte Mandan-Häuptling Mato-Tope mit seiner Frau und seinem kleinen Sohn Matoa-Berocka (Der männliche Bär).
Da ich mit Mato-Tope in der Folgezeit eine herzliche Freundschaft schließen sollte, möchte ich hier einige Einzelheiten über diese ausgezeichnete indianische Persönlichkeit vorausschicken:
Er war nicht nur ein ausgezeichneter Krieger, sondern es lagen seinem Charakter auch edle Züge zu Grunde. Im Kriege hat er sich allzeit einen ausgezeichneten Ruf zu erhalten gewußt.
Mit eigener Lebensgefahr führte er einst zahlreiche Assiniboins, die, um Frieden zu schließen, zu den Mandans nach Mih-Tutta-Hangkusch gekommen waren, in das Fort Clarke ein. Seine eigenen Leute jedoch achteten die Friedensvorschläge nicht und eröffneten ein lebhaftes Feuer auf die Assiniboins. Mato-Tope versuchte alles in seinen Kräften Stehende, um diese Feindseligkeiten zu hintertreiben und führte dann persönlich die Assiniboins langsamen Schrittes zwischen den pfeifenden Kugeln und Pfeilen hindurch, indem er Entschuldigungen für dieses tadelhafte Benehmen seiner eigenen Leute machte.
Er hatte viele Feinde erlegt, unter ihnen fünf Häuptlinge. Einmal befand er sich mit einigen wenigen Mandans zu Fuß auf einem Kriegs-Streifzug, da begegneten sie vier berittenen Chayenne-Indianern – ihren erbittertsten Feinden.
Als der Chayenne-Häuptling sah, daß die Feinde zu Fuß waren, das Gefecht daher ungleich gewesen sein würde, stieg er ab. Beide Parteien gingen aufeinander los.
Es kam zu einem Zweikampf zwischen Mato-Tope und dem Chay-

enne-Häuptling. Sie schossen zunächst aufeinander, fehlten, warfen dann die Gewehre weg und griffen schnell zu der blanken Waffe. Der Chayenne-Häuptling, ein großer, starker Mann, zog sein Messer. Der leichtere, gewandtere Mato-Tope führte die Streitaxt. Eben wollte der Chayenne-Häuptling seinen Gegner Mato-Tope erstechen, als ihm dieser in das Messer griff, sich zwar stark an der Hand verwundete, aber dem Feinde die Waffe aus der Hand drehte und ihn damit erstach – worauf die anderen Chayenne-Indianer die Flucht ergriffen.
Mato-Tope hat diese Heldentat in einer eigenen Zeichnung dargestellt, auch findet sich ein Bild von diesem Vorfall links unten auf der Bisonrobe, die er mir verkauft hatte. Die anderen Zeichnungen auf der Bisonrobe verweisen auf ähnliche Heldentaten.
Auch an seinem Körper trug Mato-Tope verschiedene Hinweise auf seine kriegerische Vergangenheit:
Ein aus Holz geschnitztes, rot angemaltes, etwa handlanges Messer, das er quer in seinem Haar befestigt hatte, verweist auf den eben geschilderten Kampf mit dem Chayenne-Häuptling. Sechs hölzerne Stäbchen – rot, blau und gelb gefärbt – die er ebenfalls im Haar trug, bedeuten die Anzahl der Schußwunden, die er erlitten hat. Für eine Pfeilwunde, die ihm zugefügt worden war, hatte er am Hinterkopf die gespaltene Schwungfeder eines wilden Truthahns befestigt. Ein Bündel von gelb und rot gefärbten Uhufedern bedeutet seine Mitgliedschaft im ,,Bund der Hunde", über den ich später noch ausführlich berichten werde.
Mato-Tope trug auf den Armen von der Schulter abwärts insgesamt 17 gelbe Streifen aufgemalt – der Hinweis darauf, daß er sich 17 Heldentaten rühmen darf. Eine auf seiner Brust aufgemalte Hand in gelber Farbe bedeutete, daß er viele Gefangene gemacht hatte. Um den Hals trug er ein schönes Halsband von den Klauen des Grizzly-Bären – ein Beweis, daß er solche Tiere erlegt hatte, insgesamt vier, wie sein Name besagte (Mato-Tope bedeutet: Die vier Bären).
Der Aufputz, den ein Indianer betreibt, benötigt mehr Zeit als die Toilette einer eleganten Pariser Dame. Mato-Tope war wie alle In-

dianer sehr eitel. Er wechselte stets seine Kleidung, wenn er uns besuchte. Sein Aufzug war meist höchst abenteuerlich.
Einmal kam er mit einem Wolfsfell um den Kopf, dessen Haare strahlartig auseinanderstanden und das weit besser für eine alte Frau als für einen Krieger seiner Art gepaßt hätte. Dann erschien er wieder mit einer blauen Uniform mit roten Aufschlägen, die er von Kaufleuten erhalten hatte.
Herr Bodmer zeichnete ihn, als er ein schönes neues Hemd von Bishorn-Leder anhatte, auf dem Kopfe die große Federmütze (Mahchsi-Arkub-Haschka) trug und in der Hand eine lange mit Skalpen und Federn behangene Lanze hielt.
Mato-Tope erzählte oft vor unserem Kaminfeuer von seinen Heldentaten und indianischen Kriegsgewohnheiten. Wenn es zu spät wurde, dann legte er sich, während wir zu Bett gingen, vor das Kaminfeuer auf zwei Bisonfellen zu Boden, wo er sehr sanft schlief, ohne das Feuer zu unterhalten. Wenn er aufstand, reinigte er sich, ließ aber seine Bisonfelle auf dem Boden höchst sorglos liegen, wie dies alle Indianer tun, indem sie von den Weißen bedient sein wollen.
Ein weiterer Indianer von vorzüglichem Charakter, der uns zum Freunde wurde und dessen Erzählungen mir sehr nützlich waren, hieß Sih-Chidä (Die gelbe Feder). Er war ein großer, starker, junger Mann, der Sohn des verstorbenen Häuptlings Tope-Sinka (Die vier Männer). Fast täglich besuchte er uns.
Zu unseren ständigen Besuchern zählte der greise Dolmetscher Charbonneau, ein rüstiger Mann, der seit 37 Jahren unter den Indianern lebt, vorzügliches Ansehen genoß und uns wertvolle Einladungen zu rituellen Veranstaltungen verschaffte.
Von größtem Nutzen war mir Häuptling Dipäuch (Der zerbrochene Arm), ein in den Glaubenslehren wohl bewanderter alter Indianer, der klügste Mann seines Stammes, der mir in langen Winterabenden vor dem Kaminfeuer meiner Wohnung oder in seiner Hütte die Sagen und die Schöpfungsgeschichte der Indianer erzählte.
Er war unzertrennlich befreundet mit Barock-Itainu (Der Stierhals) einem schwerfälligen Manne, der ihm nie von der Seite wich.

BRAUCHTUM, MYTHEN UND MAGIE

Die indianische Schöpfungsgeschichte

Was mir der alte Dipäuch ernst und bedächtig über die indianische Glaubenslehre, über Zauber und Rituale berichtete, will ich nun mit seinen eigenen Worten niederschreiben.
Vorausschicken muß ich, daß die Mandans und ihre Nachbarn, die Mönnitarris, wie alle Indianer sehr abergläubisch sind und alle ihre bedeutenderen Handlungen von solchen Beweggründen geleitet werden. Sie haben abenteuerliche Ideen von der sie umgebenden Natur, glauben an eine Menge von verschiedenen Wesen in den Himmelskörpern, bringen denselben Opfer dar, rufen bei jeder Gelegenheit deren Beistand an, heulen, klagen, fasten und martern sich grausam, um jene Geister günstig zu stimmen. Besonders viel halten sie von Träumen.
Dipäuch erzählte mir, daß die Indianer an mehrere höhere Wesen glauben, von denen der Herr des Lebens, Ohmahank-Numakschi das erste, erhabenste und mächtigste ist, er hat die Erde, den Menschen und alles was denselben umgibt, geschaffen. Sie glauben, er sei geschwänzt und erscheine bald in der Gestalt eines alten, bald eines jungen Mannes. Sein Wohnsitz ist die Sonne.
Eine zweite Rolle spielt der erste Mensch, Numank-Machana, den der Herr des Lebens geschaffen hat, der aber ebenfalls göttlicher Natur ist. Der Herr des Lebens verlieh ihm große Macht.
Ein böser Geist ist Ohmahank-Chika, der Böse der Erde, der ebenfalls viel Gewalt über die Menschen ausübt, aber nicht so mächtig ist, wie der Herr des Lebens und der erste Mensch.
Das vierte Wesen ist Rokanka-Tauihanka, der in einem Stern lebt (Venus). Er ist es, der die Menschen auf der Erde beschützt; denn ohne seine Sorge würde ihr Geschlecht längst untergegangen sein.
Ein fünftes Wesen, aber ohne Gewalt, ist immer in Bewegung, im-

mer umherirrend, in menschlicher Gestalt. Sie nennen ihn den lügenhaften Prärie-Wolf (Schahacke).

Außer diesen ist noch ein sechstes Wesen da, der Ochkih-Häddä, von dem sie sagen, wer von ihm träume, müsse bald sterben. Er erscheint in ihren Sagen als eine Art Teufel. Sie sind bange vor ihm, opfern ihm und haben in ihren Dörfern eine häßliche Figur aufgestellt, welche eine Vorstellung von ihm sein soll.

Die Sonne beten sie an, weil sie dieselbe für den Wohnplatz des Herrn des Lebens halten. Alle ihre Medizinen oder Opfer sind vorzüglich an die Sonne, Mahap-Mihnang-gä gerichtet, also an den Herrn des Lebens.

In dem Monde sagen sie, lebe „die Alte, welche nie stirbt". Sie hat sechs Kinder, drei Söhne und drei Töchter, welche sämtlich in gewissen Sternen wohnen. Der älteste Sohn ist der Tag, (der erste Tag der Schöpfung); der zweite ist die Sonne, in welchem der Herr des Lebens wohnt. Der dritte Sohn ist die Nacht (Istuh-Hunsch). Die älteste Tochter ist der Stern, der im Osten aufgeht (der Morgenstern) und sie nennen sie „die Frau, welche den Federbusch trägt": Mihhä Uhanka. Die zweite Tochter, Kohpuska (der gestreifte Kürbis) genannt, ist ein Stern, der sich um den Nordstern dreht, und die dritte Tochter, Kohsedeha, ist der Abendstern, nahe dem Sonnen-Untergang.

Die Alte im Monde – so heißt es in einer Sage – wollte ihrem ältesten Sohne, – dem Tag – eine Frau geben, und führte ein Mädchen zum Mond hinauf, welches sie alsdann vor ihrer Tür warten ließ. Als die Alte hinausschickte, um das Mädchen kommen zu lassen, fand man an ihrer Stelle eine Kröte. Über diesen häßlichen Wechsel erbittert, kochte man die Kröte in einem Gefäß, um sie zu vernichten; allein sie war nicht zu zerstören, auch konnte man sie nicht essen, und sie wurde deshalb verwünscht, worauf sie für immer im Monde als Flecken sichtbar blieb.

Ihr zweiter Sohn – die Sonne – verheiratete sich mit einer Frau, welche man Pschihcha-Kschuka (den schmalblättrigen Wermuth) nennt.

Aus dieser Verbindung kam ein Sohn, der sehr viel versprach und zu einer großen Rolle bestimmt schien. In der Bearbeitung der Pfeile war er geschickt und erfahren in allen Arten von Jagd und dem Fange der Tiere. Für seine Mutter schoß er die Vögel. Obschon sie ihm das Schießen der Prärie-Lerche verboten hatte, schoß er dennoch alle seine Pfeile nach diesen Vögeln ab, konnte aber keinen einzigen töten, worauf ihm einer dieser Vögel zurief: „warum willst du mich töten, da ich doch verwandt mit dir bin?"

Er grub im Monde Früchte aus dem Boden aus, und die Mutter verwies ihm dieses, denn durch das Loch, welches er in den Boden gegraben hatte, konnte man unten auf der Erde die Indianer-Dörfer liegen sehen, und die Mutter sagte ihm: „Siehe alle jene Menschen sind unsere Verwandten, ich wollte noch nicht nach der Erde hinab, aber nun müssen wir dorthin reisen".

Daraufhin schoß der Sohn einen Bison. Er drehte sich aus den Sehnen einen Strick und ließ sich auf die Erde hinab. In der Nähe des jetzt sogenannten Little-Missouri (Mahtack-Schuka) kam er zur Erde; allein sein Strick reichte nur bis über die Spitzen der Bäume. Hätte er alle Sehnen des Bisons benutzt, so würden diese bis hinab gereicht haben, jetzt aber blieb er für immer hängen und schwankte hin und her.

Der erste Mensch

Die Schöpfungsgeschichte und die Entstehung des Stammes der Mandans erzählte der wohl unterrichtete Indianer Dipäuch auf folgende Art:

Als die Erde noch nicht existierte, sondern die Welt nur Wasser war, erschuf der Herr des Lebens den ersten Menschen (Numank-Machana). Dieser ging auf den Gewässern umher und traf eine Ente, welche abwechselnd auf und ab tauchte. Der Mensch sprach zu dem Vogel: „du tauchst so gut, so tauche denn hinab, und bringe mir etwas Erde herauf."

Der Vogel gehorchte und brachte bald etwas Erde, welche der erste Mensch nun auf dem Wasser ausstreute, wobei er Beschwörungsworte sagte, um das Land erscheinen zu machen, und es erschien. Das neue Land war nackt, kein Grashalm sproß darauf. Er wanderte nun umher und glaubte allein auf diesem Boden zu sein, als er plötzlich eine Kröte fand. „Ich glaubte allein hier zu sein" sagte er, „aber du bist hier? Ich kenne dich nicht, aber ich muß dir einen Namen geben. Du bist älter als ich; denn deine Haut ist rauh und schuppig, ich muß dich meine Großmutter nennen, weil du so sehr alt aussiehst."

Er ging nun weiter, fand ein Stück eines irdenen Topfes und sagte: „Ich dachte hier allein zu sein, doch es müssen vor mir schon Menschen hier gelebt haben". Daraufhin nahm er die Scherbe auf und sprach: „Auch dir will ich einen Namen geben und da du vor mir hier warst, muß ich dich ebenfalls meine Großmutter nennen."

Als er weiterging, fand er auch eine Maus. „Es ist klar, daß ich nicht das erste Wesen bin", sagte er bei sich selbst, „ich nenne auch dich meine Großmutter".

Etwas weiter fort traf er mit dem Herrn des Lebens zusammen. „Ach da ist ein Mensch wie ich!" rief er aus, und ging nahe zu ihm hin. „Wie geht er dir mein Sohn?" sagte der erste Mensch zu Ohmahank-Numakschi, dem Herrn des Lebens, allein dieser antwortete: „nicht ich bin dein Sohn, sondern du bist der meinige!"

Der erste Mensch antwortete jetzt „ich bestreite deine Worte", aber der Herr des Lebens erwiderte „nein du bist mein Sohn, und ich will es dir beweisen, wenn du mir nicht glauben willst. Wir wollen uns setzen und unsere Medizin-Stöcke, die wir in den Händen tragen, in den Boden stecken; derjenige von uns, welcher zuerst aufsteht, ist der jüngste von uns und der Sohn des anderen".

Sie setzten sich und sahen einander lange an, bis endlich der Herr des Lebens blaß wurde und sein Fleisch von den Knochen fiel.

Auf diese Art sahen sie sich 10 Jahre lang an, und als nach dieser Zeit die entblößten Knochen des Herrn des Lebens in einem verwitterten Zustande waren, stand der Mensch auf und sagte: „Ja nun ist er gewiß tot!".

Er nahm den Stock von Ohmahank-Numakschi und zog ihn aus der Erde; aber in demselben Augenblick stand der Herr des Lebens mit den Worten auf: „Siehe hier bin ich, dein Vater! und du bist mein Sohn!". Und der erste Mensch nannte ihn seinen Vater.

Als sie nun miteinander fortgingen, sagte der Herr des Lebens: „Dieses Land ist nicht gut gebildet, wir wollen es besser machen." Damals war der Bison schon auf der Erde. Der Herr des Lebens rief den Mink (Nerz) herbei, ließ ihn untertauchen und Gras heraufholen, welches geschah. Nun sandte er ihn wieder fort und ließ ihn Holz holen, welches er ebenfalls heraufbrachte. Er teilte Gras und Holz und gab dem ersten Menschen die Hälfte desselben. Dies geschah an der Mündung des Natka-Passahä (des heutigen Heart-River).

Der Herr des Lebens trug hierauf dem ersten Menschen auf, das nördliche Missouri-Ufer zu machen; er selbst bildete das schön mit Hügeln, kleinen Tälern, Holz und Gebüschen abwechselnde südwestliche Ufer.

Der Mensch – Numank-Machana – hingegen, machte das ganze Land eben und brachte darauf in geringer Entfernung schon viel Wald an.

Sie kamen alsdann wieder zusammen, und nachdem der Herr des Lebens das Werk des ersten Menschen gesehen hatte, sagte er kopfschüttelnd: „Du hast dies nicht gut gebildet, alles ist eben, so daß man weder Bisons noch Hirsche beschleichen und sich ihnen nicht unbemerkt nähern kann. Die Menschen werden da nicht leben können, sie werden sich in der Ebene aus zu großer Entfernung sehen, einander nicht ausweichen können, sich also untereinander aufreiben."

Dann führte er Numank-Machana an das andere Ufer des Flusses und sagte ihm: „Siehe hier habe ich Quellen und Bäche in hinlänglicher Menge und Hügel und Täler angebracht, alle Arten von Tieren und schönes Holz hineingesetzt, hier kann sich der Mensch von der Jagd und dem Fleische jener Tiere nähren."

Von hier gingen nun beide an die Mündung des Natka-Passahä, um nach den Worten des Herrn Medizin-Pfeifen zu verfertigen. Er selbst machte eine solche von Eschenholz, mit Stein ausgefüttert, der Mench hingegen die seinige von Box-Alder, einem weichen

Holze. Da sie nun die Pfeifen fertig hatten, sagte der Herr des Lebens: „Hier soll das Herz, der Mittelpunkt der Welt sein, und dieser Fluß soll der Herzfluß (Heart-River) heißen." Ein jeder von ihnen hatte nun seine Pfeife in der Hand und wenn ihnen irgendein Wesen begegnete, legte der Herr des Lebens die Pfeife vor ihm nieder. Als sie dasselbe vor einem Bison-Stier taten, sagte dieser, „dies sei nicht hinlänglich, man müsse auch etwas haben, was man in der Pfeife rauchen könne," und der Herr erwiderte „so schaffe denn etwas zum Rauchen!", worauf der Stier mit seinem Vorderfuße einen Platz reinigte, ihn mit seinem Urin an verschiedenen Stellen benetzte und sagte „wenn die Brunstzeit der Bisonten herankommt, so gehet hierher und ihr werdet was zu rauchen finden."
Der Herr des Lebens sandte auch wirklich zu dieser Zeit hierher, um Tabak holen zu lassen, allein dieser war noch nicht trocken und präpariert, er ließ daher den Bison rufen und dieser breitete die Blätter aus, trocknete sie und der Herr des Lebens rauchte, und er fand den Tabak gut.

Die drei heiligen Totenköpfe

Die Mandan-Indianer lebten zu dieser Zeit unter der Erde. Sie glauben, daß sich unterirdisch vier Stockwerke befinden, und über der Erde noch vier andere. Die ersten Mandans, die zur Erde emporgekommen sind, nennen sie Histopa (Die mit dem tätowierten Gesicht). Wie sie an die Erdoberfläche kamen, erzählt folgende Legende:
Die Mandans bemerkten eines Tages in der Höhe Licht und wünschten wohl dort oben zu sein. Sie sandten eine Maus hinauf, die sich oben umsah, zurückkam und berichtete, es sehe dort oben gerade so aus wie hier unten. Man schickte nun ein gewisses Tier hinauf, von ihnen Nahsi genannt, welches die Größe eines Nerz hatte, und durch schwarze Gesichtsstreifen kenntlich war.
Dieses Tier sagte bei seiner Rückkehr aus, es gefalle ihm oben bes-

ser als hier unten. Nun beorderte man den Dachs, eine größere Öffnung zu graben, da die jetzige noch zu klein war. Nach dem auch dieser sein Geschäft vollbracht, mußte der schwarzschwänzige Hirsch (Schumpsi) hinaufsteigen und die Öffnung mit seinem Geweihe erweitern. Er lief den ganzen Tag oben herum, fraß Beeren und kehrte abends zurück. Sein Schwanz war damals noch weiß; allein da dieser Hirsch mit Sonnen-Untergang zurückkehrte, und die Sonne in demselben Augenblick unterging, als nur sein Schwanz noch über der Oberfläche war, so wurde dieser für immer schwarz. Die Mandans beschlossen jetzt hinaufzusteigen. Ein Häuptling mit seiner Medizin und seiner Rassel in der Hand ging voraus. Sie kletterten einer nach dem andern an einer Weinranke in die Höhe, und als gerade die Hälfte von ihnen angekommen war und eine dicke Frau sich auf der Mitte der Ranke befand, brach diese und der Rest der Nation fiel zurück.
Diejenigen Leute, welche die Oberfläche erreicht hatten, gingen weiter, bis sie an den Missouri (Mantaha) kamen, den sie bei dem Monnih-Schott-Passahä (White-Earth-River) erreichten. Sie wanderten am Missouri aufwärts bis zu dem Waraschunt-Passahä (jetzt Moreau's River). In jener Zeit wußten sie noch nichts von Feinden. Als aber einst eine Mandan-Frau ein Fell schabte, kam ein Chayenne-Indianer und tötete sie. Die Mandans verfolgten die Spur dieser Feinde bis zu einem gewissen Flusse, an welchem sie alle, bis auf zwei (den Mann und den Bruder der Getöteten) wieder umkehrten. Die beiden Männer folgten bis zu dem Feinde, töteten einen davon, und nahmen dessen Skalp mit zurück.
Bevor sie zu ihrem Dorfe zurückkehrten, fanden sie weißen Ton, den sie noch nie gesehen hatten, und nahmen auch davon eine Portion mit. Als sie bei ihrem Häuptling eintrafen, gaben sie diesem die weiße Erde, und er machte Striche damit auf seine Rassel.
Der Name dieses Häuptlings war früher Mihti-Pihhä (der Rauch des Dorfes) gewesen, er hatte sich aber, als er oben auf der Erdoberfläche angekommen war, Mihti-Schi (das Fell mit schönem Haar) genannt.
Nachdem man ihm den weißen Ton und den Skalp übergeben hatte,

erteilte er allen seinen Leuten den Befehl, Bisons zu schießen, aber nur Stiere, davon den dicksten Teil der Felle zu nehmen und daraus Schilde (Wakihde) zu machen, welches sie taten. Als dies geschehen, fragten sie den Chef, was sie nun zu tun hätten, und er antwortete: „Malt eine niederhängende Sonnenblume auf diese Schilde" (als eine Art von Schutzzeichen), worauf die Schwester des Häuptlings sagte, „ihr seid Toren, malt eine Bohne darauf; denn was ist schlüpfriger, als die Bohne, um die Pfeile abzuwehren?".
Nachher zog er mit seinen Leuten in den Krieg gegen die Chayennes. Sie erreichten den Feind und legten alle ihre Roben auf einen Haufen zusammen. Der Häuptling trug eine Mütze von Luchsfell und seine Medizin-Pfeife im Arm. Er focht nicht mit, sondern saß während des Gefechtes auf dem Boden. Man focht beinahe den ganzen Tag, trieb den Feind in sein Dorf zurück und wurde zurückgetrieben, welches drei- bis viermal geschah und wobei einer der Mandans getötet wurde.
Als man dieses dem Häuptling hinterbrachte, befahl dieser, an den Fluß zu gehen und ihm eine junge Pappel mit großen Blättern zu bringen, welche er nahe vor den Feind in den Boden pflanzte und die Chayennes zum Angriffe herausforderte, allein diese antworteten, man wolle seinen Angriff erwarten.
Da er durchaus nicht zuerst angriff, so schossen die Feinde nach ihm, doch ihre Pfeile verletzten nur den Arm und die Robe. Er hielt hierauf die junge Pappel in die Höhe. Das Bäumchen wuchs plötzlich zu einem riesigen Stamme empor, wurde durch einen sich erhebenden starken Sturm unter die Feinde geworfen, zerschmetterte viele und trieb schließlich die Chayennes über den Missouri zurück.
Diese Legende hat dazu geführt, daß die Mandan-Indianer in ihrer Medizin-Tasche drei heilige Totenschädel aufbewahren. Einer gehört, der Überlieferung nach, dem Häuptling Mihti-Pihhä, der sie aus dem Erdinnern an die Oberfläche geführt hatte – die zwei anderen stammen vom Mann und Bruder der ersten Mandan-Frau, die von den Chayennes getötet worden war. Seither resultiert die Todfeindschaft zwischen Mandans und Chayennes.
Ein entscheidender Markstein in der Geschichte des Mandan-Vol-

kes ist die erste Begegnung mit ihren späteren Verbündeten, den Mönnitarri-Indianern. Darüber berichtete mir der alte Häuptling Dipäuch folgendes:
Nachdem die Mandans ihre unterirdische Behausung verlassen hatten, zogen sie den Missouri aufwärts, bis zum Heart-River.
Als ein alter Indianer ihres Stammes dort am Flusse fischte, erschienen am jenseitigen Ufer vier Männer. Da er ein gütiger alter Mann war, nahm er einen Maiskolben, steckte ihn auf einen Pfeil und schoß diesen zu den Fremden hinüber. Die vier fremden Männer kannten den Mais noch nicht, fanden ihn aber sehr wohlschmeckend und riefen dem Fischer zu, daß in vier Nächten viele Menschen ihres Stammes kommen würden, für die man diese Speise bereit halten möge.
Dann verschwanden sie.
Der indianische Fischer eilte zu seinem Stamme, den Mandans, die jene fremden Männer erwarteten. Sie kochten Mais und machten alles zu ihrem Empfange bereit, da jedoch der Besuch nach der vierten Nacht nicht ankam, so aß man die Speisen selbst.
Ein Jahr verging und die Fremden kamen nicht. Das zweite und das dritte ebenfalls.
Endlich, im vierten Frühjahr, wurden alle Hügel rot von Menschen. Es waren die erwarteten Gäste. Die vier Tage waren vier Jahre gewesen.
Die neu angekommenen Fremden setzten über den Fluß und erbauten ein Dorf in der Nähe der Mandans, und man nannte sie Mönnitarri (Die über das Wasser Gekommenen).
Die beiden Häuptlinge der Mandans und der Mönnitarris kamen jetzt zusammen und hatten eine Unterredung. Der Mönnitarri-Häuptling fragte, woher sie den wohlschmeckenden Mais hätten.
Ihm antwortete der Mandan-Häuptling, sie würden den Mais auf Feldern anbauen, aber da häufig Feinde einfallen und Frauen und Kinder während der Ernte töten, sei der Mais blutrot gefärbt. Daraufhin erklärte der Mönnitarri-Häuptling, sein Volk werde den Mandan-Indianern beistehen.
Am nächsten Tage schon kamen viele Chayenne-Indianer und töte-

ten eine Menge von Weibern in den Pflanzungen; die vereinten Stämme der Mandans und Mönnitarris griffen die Feinde an, töteten während des ganzen Tages sehr viele von ihnen und trieben sie bis an einen kleinen Fluß zurück.
Beide alliierte Völker blieben nun vereint, sie waren aber zu zahlreich und hatten nicht Lebensmittel genug; daher sagten die Mandans zu den Mönnitarris: „Unsere jungen Leute lieben die Weiber sehr, die euren auch, zieht daher den Missouri hinauf; diese ganze Gegend gehört uns, dort fließen der Mahtack-Schuka (der little Missouri), der Mihsi-Passahä (Yellow-Stone) und der Manhi-Pässahä (Knife River), an welchen ihr euch niederlassen könnt; aber geht nicht jenseits des letzteren; denn nur in diesem Falle werden wir gute Freunde bleiben. Geht ihr zu weit, so wird man sich streiten, bleibt ihr aber diesseits, so wird immer gute Freundschaft zwischen uns bestehen."
Die Mönnitarris zogen dorthin, erbauten aber eins ihrer Dörfer jenseits des Manhi-Passahä, wodurch öfters Uneinigkeit und Streit entstanden. Im allgemeinen aber hat sich das Bündnis zwischen Mandan- und Mönnitarri-Indianern, besonders in Krisenzeiten, gut bewährt.

Die Entstehung des weißen Mannes

Eine indianische Legende berichtet von der Entstehung des weißen Mannes:
Der Herr des Lebens – so heißt es – hatte einst dem ersten Menschen von den Gefahren der Wölfe erzählt, die sich jenseits des Flusses befinden. Er sagte, daß alle Mandans, die den Missouri überschreiten, von den Wölfen zerrissen werden würden.
Daraufhin ging der erste Mensch mit dem Herr des Lebens ans jenseitige Ufer und die beiden töteten alle alten Wölfe. Den jungen Wölfen befahlen sie, in Zukunft keine Menschen mehr zu fressen, sondern sich an die Bisons, Hirsche und anderes Wild zu halten.

Dann nahmen sie die alten Wölfe und warfen sie in das Nordmeer, wo sie verfaulten, und ihre Haare schwammen auf dem Wasser umher, aus welchen dann die weißen Menschen entstanden.

Über die erste Begegnung mit dem weißen Manne gibt es folgende Indianersage:

Einst befand sich der erste Mensch am Missouri, als eine tote Bisonkuh herabschwamm, der die Wölfe ein Loch in die Seite gefressen hatten.

Eine Frau vom Stamme der Mandans befand sich am Flusse und rief ihrer Tochter zu:

„Eile, ziehe dich aus, und bringe die Kuh an's Ufer". Der erste Mensch hörte dies und schaffte die Kuh dorthin. Das Mädchen aß von dem Fette und wurde schwanger.

Sich schämend sagte sie zu ihrer Mutter, sie wisse nicht wie sie in diesen Zustand gekommen sei, da sie mit keinem Manne Umgang gehabt habe und die Mutter schämte sich mit ihr.

Die Tochter brachte nachher einen Knaben zur Welt, welcher ungewöhnlich schnell heranwuchs und bald ein kräftiger junger Mann war. Er wurde sogleich der Häuptling (Numakschi) der Mandans, ein großer Anführer unter den Menschen.

Seine erste Handlung war, ein Canoe zu erbauen, welches verstand, was er ihm sagte. Er füllte das Canoe mit Menchen an, hieß es über den Fluß setzen und wiederkommen, und auf diese Art schickte er dasselbe öfters hinüber.

Unter diesem Volke ging nun die Sage, jenseits am Rande des großen Wassers (Mönnih-Karrah) oder des Meeres lebten weiße Menschen, welche Wampum-Muscheln besäßen. Man sandte mehrmals Trupps von fünfzehn bis zwanzig Männern dorthin ab, die aber alle getötet wurden.

Der Häuptling sagte hierauf: „Ich werde nun mein Canoe mit acht Mann dorthin senden, dies ist die richtige Zahl."

Und das Boot kam an der richtigen Stelle an und brachte den weißen Männern das rote Mäusehaar (Biberhaar), worauf sie sehr viel halten.

Sie wurden wohl empfangen, in den Wohnungen gespeist und er-

hielten zu rauchen. Man gab jedem von ihnen viele Wampum-Muscheln, und das Canoe lief schnell wieder zurück.
Jetzt ging dieses Boot zum zweitenmal mit elf Indianern ab, der erste Mensch begleitete sie. Er hatte sich ärmlich angezogen und ein großes ausgehöhltes Rohr mitgenommen.
Bei ihrer Ankunft gingen sie in ein Dorf der Weißen, nur der erste Mensch blieb bei dem Schiffe sitzen und höhlte ein tiefes Loch aus, über welches er sich setzte.
Die weißen Bewohner des Dorfes kamen überein, die fremden Indianer zu Tode zu füttern, weshalb man ihnen vollauf zu essen gab. Den Überfluß der Nahrungsmittel, welche die Indianer dem ersten Menschen brachten, ließ derselbe durch sein Rohr in die Grube fallen, und die Weißen waren erstaunt über die Menge der Speisen, welche sie angeblich zu sich nahmen.
Man kam nun überein, sie durch Rauchen zu töten, allein der erste Mensch ließ den Rauch durch sein Rohr gehen, und ihre Absicht war wieder vereitelt.
Nun ersann man das Mittel, sie durch Weiber zu töten, die man ihnen alle überließ, – doch auch dies mißlang.
Da sie die Fremden weder durch Essen, Rauchen, noch Weiber töten konnten, so gab man ihnen so wiele Wampum-Muscheln, als sie laden konnten und schickte sie fort. – Die Weißen hatten inzwischen gemerkt, daß das erwähnte Boot verstehe, was man ihm sage und so hießen sie es den Fluß hinab zu anderen weißen Leuten schiffen; es gehorchte und man hat es nie wieder gesehen. Nur der erste Mensch kehrte in die Heimat zurück.
Der erste Mensch sagte nun den Mandans, er werde sie verlassen, und nie wiederkommen, er gehe nach Westen, sie möchten sich aber in der Not an ihn wenden und er werde ihnen alsdann beistehen. Sie lebten am Natka-Passahä (Heart-River) in einem kleinen Dorfe, als Feinde sie umringten und zu vernichten drohten. In dieser großen Verlegenheit beschlossen sie, sich an ihren Beschützer zu wenden. Doch wie nun zu dem ersten Menschen gelangen?
Ein Mann schlug vor, man sollte einen Vogel an ihn absenden, jedoch der Vogel konnte so weit nicht fliegen.

Ein anderer meinte, der Blick des Auges müsse bis dahin reichen. Doch die Prärie-Hügel hemmten diesen Blick.

Endlich äußerte ein Dritter, daß Gedanken ohne Zweifel die sichersten Mittel sein würden, den ersten Menschen zu erreichen. Er wickelte sich in seine Robe und fiel nieder. Bald sagte er: „Ich denke. Ich habe gedacht. Du kommst zurück". Er warf die Robe ab und war über und über mit Schweiß bedeckt. „Der erste Mensch wird sogleich kommen", rief er aus, und siehe: der erste Mensch war bald da, stürmte gegen die Feinde an, vertrieb sie und verschwand sogleich wieder.

Vor seinem Verschwinden aber gab er den Indianern noch einen Rat: Er sagte, daß bald eine große Flut kommen und die Wasser sehr steigen würden, so daß aller Land überschwemmt werde. Um dem Tode zu entgehen, empfahl der erste Mensch den Mandans, ein schwimmendes Fort von Holz zu erbauen. Seitdem hat man den ersten Menschen nicht mehr gesehen.

Die Indianer folgten und erbauten am Ufer des Kanonenball-Flusses ein schwimmendes Fort – die Arche des ersten Menschen.

Ein Teil der Mandans wurde darin erhalten, während die anderen in den Fluten ihren Untergang fanden.

Zum Andenken an die gütige Fürsorge des ersten Menschen stellten sie in einem jeden ihrer Dörfer ein Modell jener Arche auf. Es wird Mah-Mönih-Tuchä genannt.

Aus Dankbarkeit für ihre damalige Errettung wird alljährlich das Fest „Okippe" gefeiert, bei dem sich die Indianer auf unbegreiflich grausame Weise freiwillig martern lassen. Darüber will ich jetzt berichten.

Das grausame Fest zu Ehren der Arche

Von den indianischen Medizin-Feiern ist das vier Tage andauernde Marter-Fest „Okippe" zu Ehren der Arche bei weitem das merkwürdigste.

Wenn die Dorfschaft die Zeit für diese Festlichkeit festgesetzt hat, so erwählen sie einen Indianer, einen Mann von Ansehen und Vertrauen, der sich an die Spitze stellen und die Feierlichkeiten leiten muß. Er wird Kauih-Sächka genannt.

Im Jahre meiner Anwesenheit war es Mato Tope. Dieser Mann läßt nun die Medizin-Hütte einrichten, reinigen, Holz herbeiholen und andere Voraussetzungen dafür schaffen, daß dies Fest gefeiert werden kann.

Erster Tag des Okippe: Der Kauih-Sächka geht in die Medizin-Hütte und fängt mit einer viertägigen Fastenkur an. Es finden sich mit ihm sechs Männer ein, welche die sogenannte „Schildkröte" schlagen müssen, ein Gefäß von Pergament, das mit Wasser angefüllt ist und dumpfe Töne von sich gibt. Dann kommen alle die Männer, die sich zu Ehren des ersten Menschen martern lassen wollen, zur Medizin-Hütte. Sie tragen ihre Roben mit den Haaren nach außen und dabei über den Kopf gezogen, so daß das Gesicht bedeckt ist und sie gänzlich eingewickelt erscheinen. In der Medizinhütte legen sie die Roben ab. Sie sind gänzlich nackt und mit weißem Ton bestrichen.

Am ersten Tage des Festes ziehen sie viermal aus der Hütte aus und tanzen um die auf dem Platz stehende Nachbildung der Arche herum.

Der Kauih-Sächka befindet sich währenddessen stets klagend an die Arche gelehnt.

Alles dies geschieht am Vormittage, am Nachmittage ist alles still. Am zweiten Tage erscheinen früh acht Männer, welche Bisons vorstellen. Sie sind nackt und tragen um die Hüften eine Schürze von blau und weiß gestreiftem wollenem Zeug. Ihre Körper sind schwarz bemalt.

Um die Vorderarme sind sie unten abwechselnd weiß und rot gestreift, über den Knöcheln ebenfalls. Sie tragen eine Bisonrobe, deren Kopf mit langen Stirnhaaren über das Gesicht herabhängt. Auf der Mitte der Robe ist ein Bisonhorn befestigt und von diesem sträubt sich ein Bündel grüner Weidenzweige.

In dieser sonderbaren Bekleidung tanzen die acht Bison-Stiere zu vier Paaren hintereinander in gebückter Stellung, indem sie die Roben zu beiden Seiten mit ihren Händen ausspannen.

Sie tanzen viermal am Vormittag und viermal am Nachmittag. Dazu wird ununterbrochen die Trommel geschlagen. Mehrere Männer singen gleichzeitig einen gewissen Gesang, welcher Worte eines Gebetes enthalten soll.

Der Kauih-Sächka steht wie immer gegen die Arche gelehnt, mit gesenktem Gesicht. Er läßt unaufhörlich einen Klagegesang erschallen.

Dritter Tag des Okippe: Die Bison-Stiere tanzen wieder, wobei sie weder essen noch trinken. Eine Menge von anderen Masken kommen nun noch hinzu:

Zwei Männer zum Beispiel, als Weiber verkleidet, welche in diesem Aufzuge mittanzen, indem sie sich zur Seite der acht Bison-Stiere halten. Sie tragen Kleider von Bighorn-Leder, Weiber-Beinkleider (Mitasses), die Robe mit den Haaren nach außen, bloß die Backen rot bemalt, das Kinn tätowiert, den Kopf nach Weiberart mit Glasperlen (Rassade) verziert.

Zwei andere Männer stellen ein Paar Schwäne vor. Sie sind nackt, tragen einen Schwanenschwanz in der Hand, sind über und über weiß angestrichen; bloß Nase, Mund und der untere Teil der Beine mit den Füßen sind schwarz.

Andere Männer wiederum stellen ein paar Klapperschlagen dar. Ihr Rücken ist, wie bei diesen Tieren, schwarz quergestreift, die Vorderseite gelblich, von jedem Auge läuft über den Backen hinab ein schwarzer Streifen und in jeder Hand tragen sie einen Büschel Wermuth.

Vom Teufel besessen

Ein Mann stellt den Ochkih-Häddä (Teufel) vor. Er wird von zwei Männern des Dorfes nach dem Flusse geführt, dort angezogen und bemalt. Man streicht ihm den ganzen Körper schwarz an und er redet nun kein Wort mehr. Auf den Kopf setzt man ihm eine Mütze mit einem schwarzen Hahnenkamme; vor das Gesicht erhält er eine Maske mit hölzernen weißen Ringen um die Augenöffnung. Man macht ihm große Zähne von Baumwolldocht, malt ihm eine Sonne auf den Magen, den halben Mond auf den Rücken, an Arme und Beine weiße Kreise, heftet ihm dann einen Bisonschwanz an und gibt ihm in die Hand einen kleinen Stock mit einer Kugel von Fell, woran ein unten rot angestrichener Skalp befestigt ist. Die Kugel soll den Kopf eines Feindes vorstellen.

Wenn dieses Ungetüm vollendet ist, läßt man es los, und es läuft nun wie toll in der ganzen Prärie umher und kommt in das Dorf, steigt auf die Hütten, von einer auf die andere und fährt in allen Winkeln umher, während die Bewohner ihm allerhand Dinge von Wert als Geschenke auswerfen.

Vor dem Ochkih-Häddä oder dem Teufel haben die Indianer große Furcht.

Diese Rolle kann man niemand zuteilen, wer sich dazu hergeben will, muß sich selbst melden. Seine Aufgabe ist nämlich gefährlich und kann krank machen. Bei einem früheren Okippe-Fest hat sich folgendes zugetragen: Als der Mann, der den Teufel spielen sollte, bemalt wurde, gab er große Unruhe zu erkennen; er verlangte, man solle ihn loslassen, und als dies geschah, war er wie vom bösen Geiste besessen, er rannte pfeilschnell auf die Hügel und in der Ebene umher. Den beiden Begleitern wurde bange und sie liefen nach dem Dorfe; allein der neue Ochkih-Häddä kam pfeilschnell bei ihnen vorbei, sprang über die hohe Umzäunung des Dorfes oben in die Hütten hinein und wieder hinaus, lief alsdann nach dem Flusse und man sah nach ihrer Meinung deutlich, daß er vom Teufel besessen war. Es kostete den Bewohnern viele Mühe, seiner habhaft zu werden und ihn abzuwaschen, er aber zitterte am ganzen Leibe, verhüllte sich in seine Robe und blieb sein ganzes Leben hindurch in einem ähnlichen Zustande, ohne je wieder ein Wort zu reden.

Während der Teufel beim Okippe-Fest umherspukt, tanzen die übrigen Masken beständig und handeln nach den Vorschriften ihrer

Rolle, indem sie die natürlichen Gebärden der von ihnen verkörperten Tiere nachzuahmen suchen.
Im weiteren Verlauf des Tanzes legen sich die Männer, die sich martern lassen wollen, um die Arche herum auf den Bauch nieder. Die Masken tanzen zu den Trommelschlägen, die auf der „Schildkröte" geschlagen werden, zwischen ihnen umher oder über sie hinweg. Während der Kauih-Sächka ununterbrochen an der Arche lehnt und klagt, beginnt man die Büßenden zu martern, indem man ihnen tiefe Wunden in das Fleisch schneidet.
Doch ist dies nur ein Vorspiel für die unbeschreiblichen Grausamkeiten, die am vierten Tage des Okippe vollzogen werden.

Die Leiden der Gemarterten

Ich zitiere hier einen Bericht des Malers Catlin, der ein Jahr vor mir bei den Mandans weilte und in der Zeitung „New York Spectator" folgende, an drastischer Schilderung nicht mehr zu überbietende Darstellung der Martern gab. Catlin schreibt:
„Am vierten Tag des Okippe beginnt eine Szene von gräßlicher Art, bei deren Erinnerung ich jedesmal Schauder empfinde. Schwach und abgemattet von vier Tagen und vier Nächten anhaltendem Fasten und Dursten schritt einer der armen Büßenden nach dem andern in den Mittelpunkt der Hütte, wo er knieend und mit gesenktem Haupte sich denjenigen hingab, welche bestimmt waren, ihm die grausamsten Martern anzutun.
Diese ziehen mit dem Daumen und Zeigefinger das Fleisch und die Haut mit einem Teil des Trapez-Muskels an der Rückseite beider Schultern in die Höhe und stoßen durch dieses Fleisch ein Messer, welches stumpf sein muß, um mehr Schmerz zu verursachen.
Nachdem das Messer aus der Wunde gezogen ist, werden Stücke Holz von der Dicke eines Daumens hindurchgesteckt. An diesem Holz werden von der Decke herabhängende Stränge befestigt, mit

deren Hilfe man nun den Büßenden in die Höhe zieht, bis seine Füße beinahe von dem Boden gelüftet sind; dann werden Holzstöcke auf dieselbe Weise durch das Fleisch des Arms unterhalb der Schulter, unterhalb des Ellenbogens, an den Schenkeln und unterhalb der Knie getrieben. An diesen Stöcken befestigt man die Bogen, Köcher, Schilde, Lanzen und Medizin-Bündel der Leidenden, zuweilen Büffelschädel mit ihren Hörnern.

Von diesem bedeutenden Gewichte beschwert, wird der Büßende allmählich in die Höhe gezogen, bis alle diese Anhängsel von der Erde gelüftet und der Gemarterte, an seinem eigenen Fleisch hängend, selbst zwei Meter hoch über dem Boden schwebt.

In diesem Zustande, wo das Blut in Strömen von seinen Händen und Füßen herabfließt, hängt er in höchster Marterangst, indem er die jämmerlichsten Seufzer und Klagen ausstößt, die, wie ich erfuhr, seine eifrigsten Gebete zum Allmächtigen sind, ihm das Leben zu fristen und seine Sünden zu vergeben, damit er tapfer und glücklich im Kriege sein und hinlänglich Bisons für seinen Unterhalt finden möge.

Sobald der eine der jungen Leute auf diese Art aufgehängt war, wurde dieselbe Operation an einem zweiten vollzogen, an einem dritten, vierten und sofort, bis mich das Wehklagen und Schreien der Geängstigten, so wie der blutige Anblick der Hütte, die einem menschlichen Schlachthause glich, an Herz und Magen krank machten.

Zuweilen waren sechs oder acht Menschen zugleich aufgehängt, einige am Rücken, andere an den Brustmuskeln.

Die Zeit, während welcher sie in dieser Lage blieben, betrug zuweilen eine halbe, auch wohl eine ganze Stunde. Keiner wurde herabgelassen, bevor er ohnmächtig war und kein Lebenszeichen mehr von sich gab. Dann erst ließ man ihn allmählich wieder herab und er blieb hilflos liegen, ohne allen Beistand, bis er von selbst wieder aufzustehen fähig war.

Dann ging er zu einem anderen Teil der Hütte, wo er einen, zwei oder drei Finger opferte, indem er dieselben auf einen Bisonschädel legte und mit einem Beile abhauen ließ.

Sobald diese Behandlung überstanden ist, werden die Gemarterten vor die Hütte geführt, indem sie das ganze oben genannte Gewicht nachschleifen und wo ihrer nun in dem inneren runden Platze des Dorfes eine neue schreckliche Marter harrt:
Rund um die Arche bilden wohl hundert oder mehr junge, nackte, mit allen Farben und zum Teil auf sonderbare Art bemalte Männer einen Kreis, indem sie sich bei den Händen fassen. Diese bewegen sich nun in größter Schnelligkeit im Kreise umher, indem sie durchdringendes Geschrei und Klagen hören lassen.
Außerhalb dieses Kreises werden die Büßenden von athletischen Männern an ledernen, um das Handgelenk befestigten Riemen geführt, und diese fangen nun ebenfalls an, um den Kreis herum zu laufen und die Gemarterten mit größter Schnelligkeit fortzureißen, bis sie von Schwäche und Ermattung überwältigt zu straucheln beginnen und niederfallen, wo man sie noch fort schleift, bis sie leblos scheinen und alle anhängenden Lasten ausgerissen liegengeblieben sind. Oft ist es nötig, mit dem ganzen Gewicht auf diese Gegenstände zu springen, damit sie abreißen. Man läßt die Gemarterten alsdann anscheinend leblos liegen, bis sie von selbst aufstehen und fortgehen können. Während sie daliegen, werden mancherlei schöne Geschenke, wie Roben, Flinten, Pferde für sie in ihre Nähe gebracht, welche ihre Weiber in Empfang nehmen und nach Hause tragen."
So weit die Schilderung Catlins im „New York Spectator".
Mir bleibt noch hinzuzufügen, daß die bei dieser Gelegenheit verursachten Wunden als aufgeschwollene Narben ein Leben lang voller Stolz getragen werden.
Die Bisonschädel, welche diese Indianer unter Schmerzen nachgeschleift haben, heben sie nachher auf. Entweder stellen sie diese Schädel auf dem Dach ihrer Hütte auf, oder sie bewahren sie im Inneren ihrer Behausungen, damit sie sich vom Vater auf die Kinder forterben sollen. Solche Bison-Köpfe sind ihnen „Medizin".
Andere, ebenfalls sehr merkwürdige Medizin-Feste gelten der Jagd und dem Ackerbau. Ihre Rituale sollen die Bisonherden anziehen und den Mais günstig wachsen lassen.

Der alte Dolmetscher Charbonneau, ein überall angesehener Mann, verschaffte uns eine Einladung zu zwei solchen Festen, die in einem benachbarten Mönnitarri-Dorf gerade begangen wurden. Wir waren sehr daran interessiert und beschlossen, trotz Schnee und Eis und der Gefährdung durch feindliche Indianerstämme den Weg zu wagen, um diese interessanten Medizin-Feste zu erleben.

Tanz der Bison-Stiere

Wir hatten für unsere Reise schönes Wetter und hellen Himmel. Um neun Uhr früh verließen Bodmer, Charbonneau und ich das Fort zu Fuße, mit unseren Doppelgewehren und dem nötigen Schießbedarf ausgerüstet. Ein junger Mönnitarri-Krieger begleitete uns.
Wir mußten den vereisten Missouri überschreiten. Charbonneau ging voran und wir folgten ihm. Das Eis war in der Mitte des Flusses zu flachen Schollen mit erhöhtem Schneerande zusammengefroren, in Ufernähe fanden sich glatte Spiegelflächen.
Vorsichtig mit den Gewehrkolben das Eis untersuchend, nehmen wir unseren gefahrvollen Weg. Am anderen Ufer betraten wir ein dichtes Weidengebüsch, durch das uns ein Pfad in mancherlei Windungen hindurchführte.
Erst bei starker Abenddämmerung erreichten wir in unausgesetztem Marsche unser Ziel, das Mönnitarri-Dorf, dessen Hütten so nahe beisammen erbaut waren, daß man kaum zwischen ihnen hindurchgehen konnte.
Wir begaben uns zu dem Medizin-Platz, wo ein Fest stattfand, mit dessen Ritual Bison-Herden angelockt werden sollten. Dieser Platz hatte die Form einer Ellipse von etwa 40 Schritten Breite. Es war mit einer drei Meter hohen, etwas nach innen überhängenden Wand von Schilf und Weidenästen umgeben.
An einer Seite hatten die angesehendsten Männer des Stammes Platz genommen, unter ihnen der Häuptling Lachspitzi-Sihrisch

(Der gelbe Bär). Er war im Gesicht an einigen Stellen rot bemalt und trug um den Kopf eine Binde von gelblichem Fell.
Man wies uns Plätze zu seiner Rechten an. Überall saßen Zuschauer herum, besonders Weiber. Als uns Charbonneau in diese Gesellschaft eingeführt hatte, traten sechs ältere Männer in den Medizin-Platz. Am Eingang blieben sie in einer Reihe stehen.
Sie waren ausgewählt worden, Bison-Stiere darzustellen. In der Rechten hielt jeder von ihnen einen langen Stock, an dessen Spitze oben drei bis vier Federn und Schellen befestigt waren. An der linken Hand trugen sie ihre Streitkolben. Zwei führten einen sogenannten „Dachs" mit sich, einen ausgestopften Fellsack, auf welchem man die Trommel schlägt.
Sie standen am Eingang, rüttelten unaufhörlich ihre Stöcke, sangen abwechselnd und ahmten die knarrend-röchelnde Stimme des Bison-Stieres in großer Vollkommenheit nach.
Hinter ihnen stand ein schlanker Mann, der auf dem Kopfe eine mit Pelz besetzte Mütze trug, da er früher gelegentlich eines Gefechts bei lebendigem Leibe skalpiert worden war. Er stellte den Leiter des Festes und den Anführer der Männer dar, deren Rolle es war, die Bison-Stiere zu spielen. Die Bison-Stiere traten nun in die Mitte und nahmen an einem Feuer Platz. Mehrere junge Männer trugen dann überall Schüsseln mit gekochtem Mais und Bohnen herum, welche sie vor den Gästen niedersetzten. Man ließ diese Schüsseln in der Reihe herumgehen und gab sie weiter, sobald man ein wenig davon gegessen hatte.
Oft wurden uns leere Holzschüsseln gebracht und zu unseren Füßen hingestellt. Ich sah den Zweck zunächst nicht ein, erkannte aber die Bedeutung der leeren Schüsseln, als ich meinen Nachbarn, den „Gelben Bären" beobachtete:
Als nämlich einer der Essensträger, ein großer, höchst muskulöser Mann, beinahe nackt, eine solche leer hingesetzte Schüssel wieder abholen wollte, hob der Häuptling seine Hände vor das Gesicht, sang und hielt eine lange Rede, halblaut, etwa wie ein Gebet, und gab dann die Schüssel ab.
Seine leise Rede enthielt gute Wünsche für die Bisonjagd und den

Krieg. Er rief die himmlischen Mächte an, damit sie den Jägern und den Waffen günstig seien.

Auch wir hielten solche Reden in englischer und deutscher Sprache, die zwar nicht verstanden wurden, aber aus unseren Gebärden mochten die Indianer erraten, was wir ihnen wünschten.

Dauerte eine Rede bedonders lang, so war man besonders damit zufrieden. Der Essensträger bog sich dann aufmerksam zu dem Redner nieder, nickte Beifall und strich ihm mit der Hand von der Schulter über den rechten Arm hinab. Dabei murmelte er einige Worte des Dankes.

Auf diese Art dauerte die Zeremonie des Essens wohl über eine Stunde lang fort. Währenddessen machten die jungen Leute in der Mitte des Platzes einige Tabakspfeifen zurecht. Nach dem Essen hielten sie einem jeden von uns der Reihe nach das Mundstück des Pfeifenrohres hin. Wir taten einige Züge, sprachen wieder einige Wünsche aus, und die Pfeife wurde von den Pfeifenträgern weitergereicht. Dabei machten sie mancherlei rituelle Handgriffe.

Inzwischen rüttelten die Darsteller der Bison-Stiere immerfort mit ihren Stöcken. Endlich standen sie auf. Sie legten ihre Oberkörper vor und tanzten, das heißt, sie sprangen steif mit beiden Füßen zugleich in die Höhe, während die Schläge auf dem „Dachs" den Takt angaben. Der Gesang war immer derselbe, aus lauten, abgebrochenen Tönen und Ausrufungen bestehend. Ein origineller Anblick: – diese tanzenden Wilden, während rundum die hohen Waldstämme vom hohen Feuer hell erleuchtet ihre weiten Äste gegen den dunklen Himmel ausbreiteten.

Wir müssen uns von Frauen loskaufen

Nach etwa zwei Stunden begannen die Weiber ihre Rollen zu spielen. Sie waren verpflichtet, sich im Interesse einer günstigen Bisonjagd kurzfristig von ihren eigenen Männern zu trennen und sich fremden Männern hinzugeben.

Das entsprechende Zeremoniell sieht so aus: Eine Frau trat vor ihren eigenen Mann hin, gab ihm ihren Gürtel und das Unterkleid, wodurch sie unter der Robe gänzlich entblößt war. Dann begab sie sich zu einem anderen Mann, dem sie von der Schulter über den Arm hinabstrich. Nach einigen Sekunden entfernte sie sich langsam.

Dieser Mann, den sie auserwählt hat, mußte ihr in den Wald an eine einsame Stelle folgen. Er könnte sich von dieser Aufforderung durch ein Geschenk loskaufen, was aber die wenigsten Indianer tun. Die meisten bevorzugen den Umgang mit Frauen. Jede Frau muß sich mehreren Fremden hingeben. Immer wieder kehrten sie aus dem Wald zurück, um neue Männer auszuwählen.

Auch uns boten einige Frauen diese Ehre an, wir verzichteten aber darauf, indem wir ihnen Geschenke machten und uns damit loskauften.

Dann zogen wir uns zum Schlafen zurück, um weiteren Aufforderungen zu entgehen.

Am nächsten Tag hatten wir Gelegenheit, den alten Häuptling Lachpitzi-Sihrisch zu sehen, der eine neue Bisonrobe mit Figuren in Zinnober und schwarzer Farbe bemalte. Er tauchte ein spitzes Holz in die Farbe und zeichnete damit. Er zeichnete sehr schön. Wir erfuhren, daß ihm diese Kunst großes Ansehen unter den Indianern eingetragen hat.

Gegen Abend wurden wir Zeugen eines Medizinfestes, das veranstaltet wurde, um eine günstige Maisernte zu erhalten. Es war ein Fest, bei dem fast nur die Frauen eine Rolle spielten. Schauplatz war eine Medizin-Hütte, in der einige Männer eine höchst lärmende Musik mit Rasseln und Trommeln vollführten.

Eine große, starke Frau stand in der Mitte der Hütte. Sie hatte ein starkes, knochig-breites und flaches Gesicht und eine stumpfe, etwas herabgedrückte Nase. Ihr Anzug bestand aus einem langen Kleid von gelbem Leder mit'vielen Fransen. Sie gab vor, einen Maiskolben im Leibe zu haben, welchen sie nun durch Medizin (Zauber) hervorzubringen und wieder verschwinden lassen könne. Die Musik begann nun heftiger und rhythmischer zu werden. Die

Frau tanzte allein nahe am Feuer, an dem sie ihre Hände wärmte und dann die heißen Finger ans Gesicht drückte.
Sie begann plötzlich zu schwanken, die Arme vor- und rückwärts zu bewegen und diese rhythmischen Zuckungen nahmen immer mehr zu. Indem sie nun den Kopf rückwärts bog, sah man bald die Spitze eines weißen Maiskolbens ihren Mund ausfüllen, und immer mehr vorrücken, wobei ihre Zuckungen zunahmen.
Als der Maiskolben halb aus dem Mund hervorgetreten war, schien die Tänzerin umsinken zu wollen. Nun trat eine andere Frau hinzu, die sie umfaßte und langsam auf den Boden niedersetzte. Dort bäumte und wälzte sie sich. Die Musik war in höchstem Grade gesteigert.
Andere Weiber bestrichen die Arme und Brust der Frau mit Büscheln von Wermuth. Der Maiskolben verschwand allmählich wieder, worauf die Frau aufstand, ein paarmal herumtanzte und dann von einer anderen abgelöst wurde.
Die zweite Tänzerin benahm sich ähnlich ungebärdig. Als sie in Ekstase kam, schoß ihr plötzlich Blut aus dem Mund über das Kinn herab. Wir stellten jedoch fest, daß es sich hier um eine Gaukelei handelte. Sie preßte das Blut nämlich aus einem Stück Leber, das sie im Munde hielt. Auch sie wurde bald von ihren angeblichen Krämpfen geheilt und beruhigte sich wieder.
Beinahe alle Menschen in der Medizin-Hütte gaben vor, irgendein Tier oder einen Gegenstand im Leibe zu haben. Ein Indianer behauptete, er trage ein Bisonkalb in der linken Schulter, dessen Bewegungen er häufig fühle. Ein anderer, der drei lebende Eidechsen in seinem Körper zu haben vorgab, klagte uns, daß ihm diese Tiere Schmerzen verursachen würden. Wir gaben ihm auf Wunsch eine Tasse Kaffee, die jedoch den Schmerz nicht lindern konnte. Erst als er auch noch eine Tasse Tee bekam, stellte sich angeblich die gewünschte Wirkung der Schmerzlosigkeit wieder ein.
Ideen dieser Art sind bei den Indianern üblich und sie glauben so fest daran, daß es ganz vergebens ist, sie vom Gegenteil überzeugen zu wollen.
Am nächsten Tage reisten wir von dem merkwürdigen Volke ab.

Der geheimnisvolle Medizin-Stein

Bei der Heimreise führte uns ein ausgetretener Pfad durch die schneebedeckte Prärie an einem Stein vorbei, der von den Indianern mit Zinnober bestrichen und mit kleinen Stöcken umsteckt war, an welchem einzelne Federn hingen. Dieser Stein galt den Indianern als Medizin (Zaubermal), dessen Bedeutung mir jedoch Charbonneau nicht erklären konnte.

Als wir abends in Fort Clarke eintrafen, bat ich den in allen Brauchtumsfragen bewanderten Dipäuch, mir die Bedeutung dieses Zaubermals zu erklären.

Er berichtete mir, daß es derlei kleinere Steine überall in der Prärie gebe. Sie hätten nur örtliche Bedeutung. Der größte und wichtigste Medizinstein jedoch, den die Mandans „Mih-Choppenisch" und die Mönnitarris „Wihdi-Katachi" nennen, befinde sich etwa drei Tagereisen von Fort Clarke entfernt am Kanonenball-Fluß – dort wo die berühmte „Arche des ersten Menschen" gebaut worden sein soll. Von dem Ufer liegt er etwa 100 Schritte weit entfernt. Er steht auf einem großen Hügel und enthält die Abdrücke von mancherlei Menschen- und Tierfüßen. Auch werden auf seine Oberfläche von Besuchern geheimnisvolle Bilder aufgemalt und eingegraben.

Den Indianern ist dieser Stein eine Art von Orakel, und sie opfern ihm Dinge von Wert wie Kessel, wollene Decken, Tuch, Gewehre, Messer, Äxte, Medizin-Pfeifen, die man dort niedergelegt findet.

Gewöhnlich gehen die Kriegsparteien beider Nationen, wenn sie zu Felde ziehen, dort vorbei und holen sich Rat wegen des Ausgangs ihrer Unternehmung. Sie kommen in der Nähe an, rauchen ihre Medizin-Pfeifen, heulen, klagen und übernachten in der Nähe. Am folgenden Morgen gehen sie hin und zeichnen die aufgemalten Bilder des Steins auf ein Stück Pergament oder Fell ab, welches man in das Dorf bringt, wo die Alten diese Zeichnungen deuten und für die Zukunft auslegen.

Unabhängig von diesem Zauberstein, der für alle Indianer gültig und Ziel weiter Reisen ist, hat jedes Dorf in der Nähe verschiedene

Zauber-Anstalten, die nur von Mitgliedern des dort lebenden Stammes aufgesucht werden.

Die bei Mih-Tutta-Hangkusch befindlichen Zaubermale der Mandan-Indianer hat Herr Bodmer in große Treue abgebildet. Sie sind Opferstätten für die überirdischen Mächte.

Das eine von ihnen besteht in vier quadratisch aufgestellten Stangen, deren zwei vordere mit einem Haufen von Erde und Rasenstücken umgeben sind. Zwischen diesen beiden vorderen Stangen sind vier Bisonschädel in einer Reihe niedergelegt, und in der Linie der beiden hinteren Stangen liegen 26 Menschenköpfe, die zum Teil mit roten Streifen bemalt sind.

Die zweite Medizin-Anstalt dieses Dorfes besteht aus zwei in die Erde gerammten, mit Fellbündel versehenen Stangen, die zwei menschliche Figuren darstellen sollen, und zwar den „Herrn des Lebens" und „die Alte, die nie stirbt".

Eine andere, sehr merkwürdige Medizin-Anstalt sahen wir in der Nähe der Mönnitarri-Dörfer: Eine Schwitzhütte (Bi-oh-aku-es) aus Zweigen mit übergehängten Bisonfellen.

Wenn ein Mann in dieser Schwitzhütte meditieren und den Zauberritus des Schwitzens über sich ergehen lassen will, geschieht folgendes:

Auf einem Erdhügel etwa zwölf Meter von der Hütte entfernt, werden über einem Feuer schwere Steine erhitzt. Diese glühenden Steine werden mit Hilfe von Stangen in die Schwitzhütte getragen. Der Medizinmann kommt dann in die Hütte und schneidet dem Meditierenden ein Fingerglied ab – als Opfer für irgendeine abergläubische Absicht. Danach gehen die älteren Männer des Stammes in die Schwitzhütte, die nun sorgfältig abgedeckt wird. Innen gießt man Wasser über die glühenden Steine, wodurch die Anwesenden in heftigen Schweiß ausbrechen. Sie singen inzwischen zum Lärm der Rasseln und Trommeln.

Diese Schwitz-Medizin wird vorzüglich vor einem Jagdunternehmen oder einem Kriegszug veranstaltet, um die Hilfe überirdischer Kräfte zu erbitten.

Traumdeutung

Während der meisten rituellen Zeremonien treten bei den Indianern phantastische Visionen und Träume auf, deren Inhalte von größter Wichtigkeit sind. Die in dem Traum erscheinenden Gegenstände werden als Schutzgeister (Medizin) erwählt. Jeder Indianer trägt mindestens einen solchen Gegenstand, der ihm im Traum erschien, als Talisman mit sich herum. Diese Talismane sind ihm heilige „Medizin".
Andere Träume sind – so glauben sie – prophetischer Natur. Zu einer Zeit, da sie die Flinten noch nicht kannten, soll angeblich ein Indianer von einer Waffe geträumt haben, mit der man die Feinde auch in größerer Entfernung töten könne – und bald darauf brachten die ersten Weißen die Gewehre. Auch träumten sie angeblich von den Pferden (Umpa-Menissä), bevor sie das erste Pferd sahen.
Selbst die Weißen, die lange unter ihnen leben, sind oft von diesem Traumglauben angesteckt.
Wenn ein Indianer eine besonders teure und kostbare Pfeife bekommt – indem er sie erbeutet oder ererbt – dann spielt der erste Traum in den nächsten Nächten eine große Rolle. Sieht er in diesem Traum einen jungen Mann des Dorfes, der von guter Familie stammt und sich bereits einiger Heldentaten rühmen darf, dann nimmt er diesen zum Adoptiv-Sohn oder Medizin-Sohn.
Er benachrichtigt den zukünftigen Adoptiv-Sohn von seiner Absicht und fragt, ob er bereit sei. Wenn dieser bejaht, dann setzt man den Zeitpunkt für die Adoption fest.
Der zukünftige Vater läßt nun ein Duplikat seiner Pfeife herstellen, und dann wählt er zwei Leute aus, die mit diesen beiden Pfeifen einen Medizin-Tanz einüben müssen. Wenn alles vorbereitet ist, begibt er sich mit den Tänzern und all seinen Verwandten zur Hütte des zukünftigen Adoptiv-Sohnes und bringt Mais, Tuch, wollene Decken, Kessel und andere Dinge von Wert als Geschenk.
Der neue Vater nimmt dann den Sohn bei der Hand und beide setzen sich nieder. Die Pfeifen-Tänzer führen inzwischen den einstu-

dierten Medizin-Tanz vor. Trommel und Rassel bestimmen dazu den Takt.

Wenn die Zeremonie vorüber ist, bringen auch die Verwandten des Sohnes viele Geschenke. Dann nimmt der Vater seinen Adoptiv-Sohn bei der Hand, zieht ihn von seinem Sitz hoch und kleidet ihn von Kopf bis Fuß neu ein. Auch bemalt er nach eigener Phantasie dessen Gesicht. Fortan wird der Adoptiv-Sohn als wahrer Sohn betrachtet, der seinen Vater unterstützen und verteidigen muß.

Haben sich Adoptiv-Vater und Sohn lange nicht gesehen, so machen sie einander Geschenke, der Vater übergibt neue, wertvolle Kleider und der Sohn schenkt ihm ein schnelles Pferd.

Ein wichtiger Gegenstand und eine vorzügliche Medizin ist in den Augen der Mandans und Mönnitarris die Haut einer weißen Bisonkuh. Wer eine solche nicht besessen hat, ist nicht angesehen. Wem vorgeworfen wird, daß er keine weiße Bisonhaut gehabt hat, der wird den Kopf senken und vor Scham sein Gesicht verbergen. Besonders hoch im Ansehen steht ein Krieger aber erst, wenn er eine weiße Bisonhaut verschenkt oder dem Herrn des Lebens als Opfer darbietet.

Dazu muß man wissen, daß das Ansehen eines Indianers unter anderem vom Wert seiner Geschenke abhängig ist. Die angesehenen Männer und Häuptlinge unter ihnen sind deshalb immer arm, weil sie alles von Wert unverzüglich verschenken. Ihre gemachten Geschenke dürfen sie auf Roben aufgemalt zur Schau tragen.

Die weiße Bisonhaut steht als Geschenk ganz oben an. Sie hat abgesehen von ihrer kultischen Bedeutung für den Indianer auch großen materiellen Wert. Wenn er nicht das Glück hat, eine der äußerst seltenen weißen Bisonkühe selbst zu erlegen, dann ist er gezwungen ihr Fell zu kaufen, für den Gegenwert von etwa 15 Pferden oder 60 anderen gewöhnlichen Bisonfellen.

Ist er endlich glücklicher Besitzer einer weißen Bisonhaut geworden, so muß er sie sogleich wieder verschenken oder opfern, um angesehen zu sein.

Wenn er sie dem Herrn des Lebens opfern möchte, dann hängt er die Haut der weißen Bisonkuh zusammen mit anderen, wertvollen

Gegenständen außerhalb des Dorfes auf Stangen, bis sie verfault. Gegenwärtig hing so eine verfaulte Haut vor dem Dorfe, unweit der Totengerüste.

Sterne sind verstorbene Menschen

Ich will hier noch einige Besonderheiten des indianischen Aberglaubens anfügen:
Die Indianer glauben, daß eine Person, der sie nicht wohlwollen, sterben müsse, sobald man nur eine Figur von Holz oder Ton verfertige und an der Stelle des Herzens eine Nadel oder einen Stachelschweinstachel einbohre und diese Puppe vor einer Medizin-Anstalt vergrabe.
Wenn eine Frau entbindet, so schreibt der Aberglaube vor, daß der Mann kein Pferd aufzäumen darf, sonst würde das Kind an den Krämpfen sterben.
Ist eine Frau in gesegneten Umständen, dann glauben die Indianer, daß sie ihrem Mann Unglück bringe, wenn er ohne Beute von der Jagd heimkehren würde. Er kann dieses Unglück aber bannen, indem er das Herz eines Bisons nach Hause bringt und von seiner Frau mit einem Pfeil durchschießen läßt. Alsdann hat er wieder Jagdglück.
Viele Indianer halten es für ein böses Zeichen, wenn eine Frau zwischen rauchenden Männern hindurchgeht.
Ein Indianer namens Charata-Numakschi rauchte nie aus einer steinernen Pfeife, nur aus einer hölzernen – weil ihn sonst das Unglück verfolgen würde.
Der stärkste unter den Mandans lebende Mann, Bedäch-Anukcha, der viele Wettkämpfe gewann, ergreift seine Pfeife immer bei dem Mundstücke. Denn wollte er sie an einer anderen Stelle anfassen, so würde ihm sogleich das Blut aus beiden Nasenlöchern hervorschießen. Tatsächlich setzte in so einem Falle das Nasenbluten sofort ein. Sobald er auf diese Art blutet, räumt er sogleich seine Pfeife aus,

wirft den Tabak ins Feuer, der sogleich wie Schießpulver aufpufft und das Bluten augenblicklich stillt. Niemand soll diesen Mann im Gesichte berühren können, ohne daß ihm sogleich Nase und Mund bluten.

Ein weiterer Indianer behauptet, wenn ihm ein anderer eine Pfeife zum Rauchen hinhalte, welches aus Höflichkeit geschieht, so habe er sogleich den ganzen Mund mit Würmern angefüllt.

Eines anderen Mandans Zauberritus besteht darin, daß er einen Schneeball macht und diesen lange in den Händen umherrollt, wodurch derselbe in seiner Hand endlich verhärten und zu einem weißen Stein werden soll, woran man Feuer schlagen könne. Viele, selbst Weiße, wollten dieses gesehen haben, und es ist umsonst, sie durch vernünftige Gründe überzeugen zu wollen.

Derselbe Mann will bei einem Tanze weiße Federn eines gewissen kleinen Vogels ausgerissen, sie ebenfalls in den Händen gerollt und daraus in kurzer Zeit einen ähnlichen weißen Stein gebildet haben.

Zuweilen bekommt ein Indianer den Gedanken, sein Gewehr einzuweihen, welches er alsdann nie mehr weggeben darf. Er veranstaltet in dieser Absicht gewöhnlich alljährlich im Frühjahr ein Fest.

Der Ausrufer (Kapachka) muß eine gewisse Zahl von Gästen einladen, und erhält ebensoviele kleine Stöcke, die er denselben als Zeichen der Einladung überbringt; ja man schickt jetzt sogar in dieser Absicht europäische Spielkarten herum. Die Gäste erscheinen, setzen ihre Gewehre weg und nehmen Platz, worauf Trommel und Rasseln im Kreise herumgehen, und jeder Gast singt, trommelt und rasselt.

Der Hausherr nimmt nun sein Gewehr, schneidet ein Stückchen Fleisch ab und fährt damit längs des Flintenlaufes hinab, worauf er das Fleisch ins Feuer wirft; eine Formalität, die er dreimal wiederholt. Jetzt nimmt er von einer Fleischbrühe und streicht auch mit dieser längs des ganzen Laufes hinab, den Rest der Brühe gießt er ins Feuer, endlich nimmt er auch Fett, reibt das ganze Gewehr damit ein und wirft den Rest desselben ins Feuer.

Um alle nicht ganz alltäglichen Naturerscheinungen, wie Gewitter, Nordlicht und dergleichen ranken sich vielfältige Legenden.

Vom Donner glauben die Mandans, er werde durch den Flügelschlag eines großen Vogels verursacht. Fliege dieser Vogel, wie gewöhnlich, leise, so höre man ihn nicht. Dieser Vogel soll nur zwei Zehen an jedem Fuße haben, die eine Zehe hinten, die andere nach vorne gerichtet. Er soll im Gebirge leben und ein Nest besitzen, so groß wie Fort Clarke. Seine Nahrung besteht aus Hirschen und anderen großen Tieren, deren Geweihe um das Nest herum aufgehäuft liegen. Der Blick seiner Augen gibt den Blitz, der dem Regen vorangeht. Er durchbricht die Wolken, die Himmelsdecke, und bahnt dem Regen den Weg. Wenn der Blitz einschlägt, so ist dies ein Beweis seines Zornes.
Der Regenbogen ist eine die Sonne begleitender Geist.
Das Nordlicht – so behaupten viele – entstehe durch eine große Versammlung der Medizin-Männer verschiedener Nationen im Norden, welche dort in großen Kesseln ihre gefangenen und getöteten Feinde kochen.
Von den Sternen glauben die Indianer, daß sie verstorbene Menschen seien. Wenn eine Frau niederkomme, so steige ein Stern herab und erscheine durch die Geburt des Menschen auf der Erde. Nach dem Tode kehre er dorthin wieder zurück, um am Himmel als Stern zu erscheinen.
Sind die Sternschnuppen zahlreich oder folgen sie einer gewissen Richtung, so bedeutet dies Krieg oder ein großes Sterben unter den Menschen.

Die Sprache der prophetischen Vögel

Der Blick in die Zukunft ist ihnen sehr wichtig. Dabei hören sie nicht nur auf den Medizinmann, dem sie prophetische Gaben zubilligen, sondern sie halten sich in ihren Hütten auch Medizin-Vögel, meist Uhus und Eulen, deren Gebärden und Stimmen sie zu verstehen vorgeben. Diese Medizin-Vögel sollen große Wahrsager sein. Bedingungslos glauben sie auch verschiedene Wundergeschichten,

die sich unter ihnen zugetragen haben sollen. Ich will zwei dieser Geschichten wiedergeben, so wie Dipäuch sie mir erzählt hat:
Ein Mädchen wollte nicht heiraten und hatte auch keinen Umgang mit Männern. Einstens in der Nacht, als sie schlief, legte sich ein Mann zu ihr, worüber sie erwachte und ihn noch in einer weißen Bisonrobe fortlaufen sah. Da er in den beiden folgenden Nächten wiederkam und sie ihn nicht erkennen konnte, nahm sie sich vor, ihn zu bezeichnen. Sie färbte sich zu diesem Zweck ihre rechte Hand rot, und als er zu ihr kam und wieder ging, gab sie ihm mit der Hand einen Schlag auf den Rücken. Am folgenden Tag besah sie die Roben aller Männer des Dorfes, konnte aber das Zeichen ihrer Hand nicht entdecken, bis sie es endlich auf dem Rücken eines großen weißen Hundes fand.
Nach einigen Monaten gebar dieses Mädchen nach dem festen Glauben der Indianer sieben junge Hunde.
Die zweite Geschichte besagt folgendes: Eine Kriegspartei der Mönnitarris zog nach dem oberen Missouri gegen die Feinde zu Felde. Als sie schon eine gute Strecke zurückgelegt hatten, kehrten zwei junge Männer um und fanden an einer gewissen Stelle eine große Schlange zusammengerollt liegen. Nachdem sie das Tier eine Zeitlang besehen hatten, schlug der eine von ihnen Feuer, und sie verbrannten die Schlange.
Der Mann, welcher Feuer gemacht hatte, hob die Überreste auf, roch daran und behauptete, der Geruch sei so einladend, daß er davon essen müsse. Und obschon ihm sein Kamerad davon abriet, so aß er doch ein kleines Stück des gebratenen Fleisches.
Als sie abends ihr Nachtquartier aufschlugen, zog er seine Schuhe aus und – welches Wunder: seine Füße waren gestreift, wie die getötete Schlange. Er zeigte dies seinem Freunde und setzte hinzu: „Dies ist schön! Wenn ich nach dem Dorfe komme, ziehe ich meine Schuhe aus, und jedermann wird dann nach meinen Füßen sehen."

Am folgenden Tage waren seine Beine bis zu den Knien gestreift, und mit Lachen sagte er: „Dies ist ja vortrefflich, ich habe nun nicht mehr nötig, meine Heldentaten durch Streifen zu bezeichnen, denn die Natur gibt sie mir" (Streifen an den Gliedmaßen bedeutet die Anzahl der Heldentaten).

Am dritten Tage war er bis zu den Hüften gestreift.

Sie schliefen die Nacht über und am vierten Tage war er gänzlich in eine Schlange verwandelt. „Erschrecke nicht vor mir", rief er seinem Freunde zu, „ich habe weder Arme noch Beine und kann nicht von der Stelle kommen, bringe mich zu dem Flusse".

Der Freund schleifte die Schlange bis zu dem Missouri.

Sie schwamm sogleich, tauchte unter und rief nur dem traurig am Ufer stehenden Freund zu: „Freund, weine nicht. Beruhige dich und geh ruhig deinen Weg nach Hause. Ich muß dich aber noch bitten, mir vier Wünsche zu erfüllen: Bringe mir einen weißen Wolf, ein gewöhnliches Stinktier, ein rot angestrichenes Stinktier und eine schwarze Pfeife".

Der Kamerad ging nach Hause und kehrte nach einiger Zeit mit dem Gewünschten zurück, worauf die Schlange wieder erschien. „Es ist gut, daß du Wort gehalten hast", sagte sie, „du wirst in den Krieg ziehen und so viel Feinde töten, wie du mir Wünsche erfüllt hast. Vorher aber komm hierher und singe, denn ich bin deine Medizin für alle Zukunft".

Der Freund ging viermal in den Krieg und tötete vier Feinde, jedesmal einen.

Die Mönnitarris, welche diese Geschichte fest glauben, gehen häufig zu dem Flusse und feiern dort Opferfeste zu Ehren der Schlange. Wenn sie in ihren Hütten rauchen, dann halten sie ihre Pfeife zwischendurch immer in die Luft, damit eine imaginäre Gestalt mitrauchen könne – diese Geste gilt der Schlange, die sie als Medizin für den Krieg verehren.

Wie man Häuptling wird

Der Krieg ist die Hauptbeschäftigung der Indianer, Kriegsruhm das Höchste, wonach sie trachten.

Wenn ein junger Mann in dem Felde seinen Ruf zu begründen wünscht, so fastet er vier bis sieben Tage lang, geht alleine in die Hügel oder zu den Medizin-Anstalten und klagt und schreit zum Herrn des Lebens, ruft die höheren Mächte unaufhörlich um Beistand an und geht nur abends zuweilen nach Hause, um zu schlafen. Ein Traum gibt ihm dann seine Medizin an. Läßt ihn der Herr des Lebens von einem Stück Kirschbaumholz oder von einem Tier träumen, so sind dies gute Anzeichen. Die jungen Leute, die mit ihm zu Felde ziehen wollen, haben alsdann Vertrauen in seine Medizin.
Macht er bald Coup (eine Heldentat), so ist sein Ruf begründet. Zeichnet er sich aber durch noch so viele Coups aus und verschenkt er keine Gegenstände von Wert, so steht er doch nicht in Ansehen, und man sagt von ihm, „er habe zwar viele Coups gemacht, aber da er nichts verschenke, sei er dennoch ebenso beklagenswert wie diejenigen, die er getötet hat."
Wenn ein junger Mann bei einem Kriegszug einen Feind erlegt und somit seine erste Heldentat vollbracht hat, so malt er sich eine Spirallinie um den Arm. Die Farbe steht im frei, und er darf alsdann auch einen ganzen Wolfsschwanz am Knöchelgelenk eines Fußes tragen.
Tötet er einen zweiten Feind, dann bemalt er das linke Bein (oder das linke Beinkleid) rotbraun. Wenn er den zweiten Feind erlegt, bevor ein anderer von seinen Kameraden getötet wurde, so darf er zwei Wolfsschwänze an den Fußknöcheln tragen.
Bei dem dritten Coup malt er zwei Längsstreifen auf den Arm, und drei gepaarte Querbinden.
Auch der Federschmuck gibt Hinweise auf kriegerische Taten:
Die Zahl der quergesteckten Federn verrät, wieviel Feinde ein Indianer getötet hat.
Wer einen Feind mit der Faust erlegt hat, steckt eine Feder aufrecht ins Haar.
Wer einen Feind zuerst auskundschaftet und seine Kameraden von dessen Annäherung benachrichtigt hat, darf eine kleine Feder aufstecken, deren Seitenbärte abgeschnitten sind.

Ist ein Krieger durch viele Taten ausgezeichnet, so darf er die große Federmütze mit Ochsenhörnern auf den Kopf stülpen. Diese Mütze von Adlerfedern gilt als größte Auszeichnung. Die Feinde sind erpicht darauf, so eine Federmütze im Kampf zu erbeuten.
Mato-Tope, der Mandan-Häuptling und mein Freund, trug so eine Federmütze. Er ist überhaupt von allen Indianern weit und breit derjenige, der sich der meisten Coups rühmen darf. Immerhin hat er fünf feindliche Häuptlinge getötet.
Eine Heldentat ist, das will ich hier einfügen, aber nicht unbedingt mit einer kriegerischen Leistung verbunden. Mato-Topes Vater namens Suck-Schih (Das hübsche Kind) hat einmal einen vielgerühmten Coup vollbracht: Er ging abends in seine Robe gehüllt in eine feindliche Arikkara-Hütte, wie es die jungen Leute des Dorfes häufig zu tun pflegen, aß mit verhülltem Gesicht, so daß er für einen Arrikara gehalten wurde, legte sich dann zu einer hübschen Frau des Dorfes und schnitt ihr nachher einen Busch Haare ab, mit welchem er sich entfernte.
Um – wie Mato-Tope beispielsweise – die Häuptlingswürde zu erlangen, bedarf es vieler Vorbereitungen.
Zuerst muß ein Indianer Partisan werden: Anführer einer Kriegspartei.
Wenn ein junger Mann Partisan werden will, so macht er sich eine Medizinpfeife, die ganz einfach sein muß, ohne Verzierung am Rohr. Von einem Medizin-Mann läßt er sie dann weihen.
Alsdann trommelt er einige Indianer zusammen, die er auf einem Kriegszug anführen möchte. Die Mitglieder dieser Truppe tanzen, essen und belustigen sich während mehrerer Nächte in der Medizin-Hütte, aus der sie an einem Abend ihren Abmarsch antreten. Sie gehen nicht zusammen fort sondern einzeln, um sich an einer vereinbarten Stelle zu treffen. Dort rauchen alle aus der Medizin-Pfeife des Partisan. Dann breitet der Partisan seine Medizin aus – seine Talismane – und versucht daraus die Zukunft zu lesen. Die anderen beobachten ihn dabei mit Anstand und Ernst. Wenn die Deutung günstig ausgefallen ist, ziehen sie aus, um Heldentaten zu vollbringen.

Der Partisan darf als einziger der Krieger auf dem Rücken seine Medizin-Pfeife in einem Futteral tragen.
Alle Taten, die bei diesem Kriegszug vollbracht werden, kommen dem Partisan zugute, alle genommenen Skalpe gehören ihm, ebenso die erbeuteten Pferde und Gegenstände von Wert. Doch: – er muß die gesamte Beute verschenken, er ist nachher ein armer Mann. Allein sein Name ist groß.
Um Häuptling zu werden, muß einer als Partisan Erfolg gehabt haben und darüber hinaus mindestens einen Feind getötet haben, ohne Partisan gewesen zu sein.
Unerläßlich ist, daß er schon einmal das Fell einer weißen Bisonkuh besessen und verschenkt oder geopfert hat – sonst bekommt er niemals die Häuptlingswürde.
Als Häuptling ist er Anführer eines großen Kriegszuges.

Indianische Kriegslisten

Bekannt ist, daß die Indianer nicht nach dem System europäischer Strategie kämpfen. Denn sich dem Geschoß des Feindes frei auszusetzen, würde bei ihnen nicht Tapferkeit, sondern Tollheit sein. List und Verschlagenheit gibt ihnen den Vorteil über den Feind. Das Spionieren, Verbergen der Märsche, die Überfälle bei Anbruch des Tages sind es, worin sie ihre Stärke suchen. Alle Indianer erbauen auf ihren Kriegszügen zum Übernachten viereckige Bollwerke aus Baumstämmen, worin sie gegen einen schnellen Überfall einigermaßen gesichert sind. Bei Kriegszügen stellen sie immer Wachen aus. Auch schicken sie Späher sehr weit vor, die sich mit größter Lautlosigkeit an den Feind heranzuschleichen wissen.
Sobald man sich auf den Feind stürzt, erhebt sich ein unbändiger Lärm. Die Angreifer pfeifen auf ihren Ihkoschka (Signalpfeifen), sie singen und lassen zwischendurch den Kriegsruf erschallen, einen hellen Schrei, den man tremolieren läßt, indem man mit der Hand schnell und oft auf den Mund schlägt.

Die Waffen, die bei Indianerschlachten verwendet werden, sind folgende:
Zuerst der Bogen (Woraeruhpa). Er wird von Ulmen- oder Eschenholz gemacht, da man hier keine anderen guten Holzarten hat. Die Schnur besteht aus gedrehten Tiersehnen. Häufig ist der Bogen an seiner Vorderseite mit einer breiten Tiersehne beleimt, und die innere Seite deckt eine Schiene aus den Hörnern des Bighorn oder Elkhirsches in ihrer ganzen Länge.
Solche sehr elastische und starke Bogen werden oft geschmückt. Man bringt alsdann an jedem Ende ein rotes Tuch an, womit man den Bogen umwickelt. Dieses Tuch wird mit weißen Glasperlen oder Schnüren von bunten Stachelschweinstacheln, auch mit Streifchen von weißem Hermelinfell, verziert. An dem oberen Ende des Bogens befestigt man gewöhnlich einen Zopf von schwefelgelb gefärbten Pferdehaaren.
Der Köcher (Schunthaschk-Ichtickä), an welchen zugleich oben das lederne Futteral für den Bogen befestigt ist, wird von Panther- oder Bisonfell gemacht, das Haar nach außen, der lange Schwanz hängt herunter und ist auf der Fleischseite mit rotem Tuch besetzt und mit weißen Glasperlen in mancherlei Figuren geschmückt. Ähnliche sehr schöne Köcher geben die Otterfelle, auf welche man viel hält.
Die Pfeile (Manna-Mahhä) sind nett gearbeitet, mit länglich-dreieckiger, platter, rundum sehr scharf schneidender Spitze von Eisen, die sie selbst verfertigen. Sie wird nur leicht in den ziemlich kurzen Schaft des Pfeils eingeleimt und bleibt gewöhnlich in dem verwundeten Körper zurück.
Obgleich alle diese Pfeile auf den ersten Anblick einander vollkommen gleichen, so liegt doch in ihrer Verfertigung ein großer Unterschied. Die Mandans sollen unter allen Missouri-Stämmen die nettesten und solidesten Pfeile zu verfertigen wissen.
Ihre Eisenspitzen sind dick und solid, die Federn gänzlich angeleimt und die Bewicklung unter der Spitze und am Federende ist aus sehr gleichen, höchst feinen Tiersehnen gemacht. Alle tragen auf ihrer ganzen Länge hinab eine Schlangen- oder Spirallinie aufgemalt, welche den Blitz vorstellen soll. Die Mönnitarris machen die Eisen-

spitzen dünner und nicht so gut, leimen die Federn nicht fest, sondern binden sie bloß an beiden Enden an. Die Assiniboins haben häufig sehr dünne, schlechte Blechspitzen an ihren Pfeilen. Ehemals wurden alle Pfeilspitzen von scharfen Steinen gemacht.

Die meisten Indianer haben jetzt Flinten, welche sie mit roten Tuchläppchen verzieren und an den Kolben mit gelben Nägeln beschlagen. Die Schießtasche, (Manhä-Ihduckä) ist von Leder oder Tuch, oft schön mit Glasperlen verziert, und hängt an einem Felle oder breiten starken Tuchstreifen von lebhafter Farbe auf dem Rücken.

Ihre Tomahawks, Kopfbrecher und Streitäxte sind von mancherlei Art. Manche haben einen dicken eiförmigen Stein an einem Stocke befestigt, mit Leder überzogen, oder auch ohne Leder. Andere haben Streitäxte, die einschließlich des Griffs durchgehend aus Eisen sind. Die meisten Indianer tragen eine Streitaxt mit bummerangartigem Holzgriff, an dessen Knick eine breite Eisenspitze sitzt; diese Axt wird auch als Wurfwaffe verwendet.

Manche Mandans führen Lanzen, und es sollte sich eine solche von vorzüglicher Schönheit unter ihnen befinden, welche ich aber nicht zu sehen bekam.

Die meisten Indianer tragen Schilde, alle tragen hinten im Gürtel ihr großes Messer (Manhi), welches ihnen bei Jagd und Krieg unentbehrlich ist. Einige haben zum Griffe des Messers den Unterkiefer eines Bären benutzt, an welchem sich Haare und Zähne befinden.

Mit den Gefallenen auf den Schlachtfeldern, die von flüchtenden Feinden liegengelassen werden mußten, gehen die Sieger barbarisch um. Sie skalpieren, zerstechen und zerschießen den Leichnam des Feindes, heben den verstümmelten Körper dann oft monatelang auf, um ihn täglich an einen Pfahl zu binden und auf ihn zu schießen. Gefangene werden selten gemacht. Meist metzeln die Sieger ihre Gegner noch auf dem Schlachtfeld nieder.

Sollte doch ein Gefangener am Leben bleiben und ins Dorf der Sieger mitgenommen werden, dann erschlagen ihn oft die Weiber dieses Stammes. Wenn er aber mit seinen Bezwingern den Mais gegessen hat, dann gehört er zu ihnen. Er kann sich frei bewegen und darf hinfort weder geschädigt noch beleidigt werden.

Viele Indianer-Nationen binden Gefangene an den Marterpfahl, um sie dort unter größten Grausamkeiten zu töten. Von den Mandans und Mönnittaris habe ich dergleichen jedoch nicht gehört.

Das Geheimnis der Banden

Die Männer aller Indianerstämme haben ihre Banden, deren Mitglieder unbedingt zusammenhalten und durch verschiedene äußere Merkmale gekennzeichnet sind: Sie tragen bestimmten Schmuck, besondere Federn, haben eigens geformte Trommeln und Rasseln, sie bemalen sich nach überlieferten Vorschriften, besitzen besondere Kriegspfeifen und führen bei ihren Feiern eigene Tänze auf, die sie mit Gesang begleiten.

Wer in eine Bande eintreten will, muß sich förmlich bewerben und guten Leumund nachweisen können. Sind alle Bandenmitglieder einverstanden, dann darf sich der Bewerber einkaufen, durch gewisse Gegenstände von Wert wie wollene Decken, Tücher, Pferde, Pulver, Blei und dergleichen. Er muß zudem seine Frau oder seine Frauen den Bandenmitgliedern überlassen.

Seine Frau sucht sich dann bei einem Fest einen fremden Mann aus, streicht ihm von der Schulter über den Arm und geht in ihre Hütte oder in den Wald, wohin ihr der Auserwählte folgen muß. (Wir haben einen ähnlichen Ritus beim bereits geschilderten Medizin-Fest der Mönnitarris erlebt.)

Ein junger Indianer, der noch keine eigene Frau hat und sich um die Mitgliedschaft in einer Bande bewerben will, geht meist zu einem Freund, um sich von ihm die Frauen für diesen Zweck auszuleihen.

Bei den Mandans gibt es folgende Banden:

Die Bande der „törichten Hunde" oder der „Hunde, die man nicht kennt"(Meniss-Ochka-Ochatä). Sie besteht aus jungen Leuten von zehn bis 15 Jahren. Ihre Mitglieder tragen als Kennzeichen einen

Flügelknochen der wilden Gans. Wenn sie tanzen, lassen sie ein breites, rotes Tuch vom Hals auf den Boden hinabhängen.

Die zweite Bande heißt Hahderucha-Ochatä (Die Raben-Bande). Die Mitglieder tragen Rabenfedern auf dem Kopf und zwei Flügelknochen der wilden Gans.

Die dritte Bande heißt Charak-Ochatä oder Kaua-Karachka (Die Soldaten-Bande). Sie besteht aus den ausgezeichnetsten und angesehensten Kriegern. Die Mitglieder bemalen das Gesicht oben rot und unten schwarz. Ihre Signalpfeife ist aus dem Flügelknochen eines Kranichs gemacht. Die Kennzeichen ihrer Bande sind zwei lange, mit Otterfell umwickelte Stangen, von welchen Uhufedern herabhängen. Ziehen sie in den Krieg, so pflanzen sie diese Stangen vor dem Feinde in die Erde und dürfen sie alsdann nicht verlassen – vergleichbar mit einer europäischen Truppe, die ihre Fahne nicht im Stich lassen darf.

Die Soldaten-Bande hat Polizeifunktion im Dorf. Ihre Mitglieder bilden einen Ausschuß, der alle Begebenheiten organisiert, besonders allgemeine Unternehmungen wie Bisonjagden, Umzug der Dorfschaften, Veränderung des Wohnplatzes. Sind Bisonherden in der Nähe, so bewachen sie diese und sorgen dafür, daß sie nicht von einzeln vorprellenden Jägern vorzeitig gewarnt werden.

Wer gegen die Gebote der Soldaten-Bande verstößt und beispielsweise eigenmächtig jagt, wird seiner Flinte beraubt, geschlagen und mißhandelt. Selbst Häuptlinge werden von den Maßnahmen der Soldatenbande nicht verschont. Auch die in der Nähe lebenden Weißen sind den Gesetzen dieser Bande unterworfen, und oft haben die „Soldaten" den weißen Holzhauern des Forts die Äxte abgenommen oder ihnen das Holzhauen untersagt, damit ihr Getöse die nahen Bisonherden nicht beunruhigt.

Die Mitglieder der drei folgenden höheren Banden gehören automatisch zu den „Soldaten".

Die vierte Bande heißt „Meniss-Ochatä" (Die Hundebande). Die Hunde – sie setzen sich aus der Elite des Stammes zusammen – sind durch einen Kopfschmuck aus Raben-, Elstern- und Uhufedern gekennzeichnet.

Vier von ihnen haben rote Tuchstreifen um den Hals gebunden, die auf den Boden herabhängen. Diesen vier Männern darf jeder Dorfbewohner jederzeit ein Stück Fleisch vorwerfen und dabei sagen: „Da, Hund, friß!". Sie müssen unverzüglich darüber herfallen und es roh verzehren, wie Hunde oder Raubtiere.

Sie fünfte Bande sind die Bison-Stiere (Berock-Ochatä), die den Medizin-Tanz zur Herbeilockung der Bisonherden vorführen müssen, den wir schon bei den Mönnitarris erlebt haben. Sie tragen die obere Kopfhaut und die langen Nackenhaare des Bisonstieres mit dessen Hörnern auf dem Kopfe. Zwei Auserwählte aber, die sich durch große Tapferkeit ausgezeichnet haben und niemals vor dem Feinde flüchten dürfen, müssen einen völlig nachgebildeten Bison-Schädel über den Kopf gestülpt tragen, durch dessen Augenlöcher sie hindurchblicken. Während des Tanzes dürfen nur diese beiden Männer aus einer Wassserschale trinken, die ihnen von einer schönen, zinnoberrot bestrichenen Frau vorgesetzt wird. Die anderen müssen während des Festes dürsten.

Die sechste Bande heißt Schumpsi-Ochatä und ist die „Bande der schwarzschwänzigen Hirsche". Sie besteht nur aus Männern über fünfzig Jahren, die alle einen Kranz von den Krallen des Grizzly-Bären um ihr Haupt herum tragen. Zwei Weiber gehören zu ihnen und dürfen allen Bandenmitgliedern während der Feierlichkeiten Wasserschüsseln reichen.

Auf ähnliche Art wie bei den Männern ist unter den Indianern auch das weibliche Geschlecht in Banden geteilt. Bei den Mandans sind es vier:

Die erste Bande führt den Namen Eruhpy-Mih-Ochatä („Die Flinten-Bande"). Ihre Mitglieder sind besonders jung und tragen hinten auf dem Kopf ein paar Kriegsadler-Daunenfedern.

Die nächste Bande ist die Fluß-Bande (Passan-Mih-Ochatä). Die Frauen tragen auf dem Kopf eine Adlerfeder, deren Kiel mit Gras umwickelt ist.

Die dritte Klasse heißt Chan-Mih-Ochatä (Die Bande der Heu-Weiber). Ihre Mitglieder tragen die schönsten Kleider und dürfen als besondere Bevorzugung den Skalp-Tanz vorführen.

Die vierte Bande heißt Ptihu-Tack-Ochatä. (Die Bande der weißen Bison-Kuh). Die meist älteren Frauen bemalen das eine Auge mit Farbe nach ihrem eigenen Geschmack, meist himmelblau. Am Kinn vom Mund herab sind sie mit schwarzen Linien tätowiert. Um den Kopf tragen sie ein breites Stück von weißer Bison-Kuh-Haut wie eine Husarenmütze.

Von den vielen Tänzen, die unter den Indianern eigentümlich sind, möchte ich drei herausgreifen:

Zunächst den sogenannten „heißen Tanz" (Wadaddäschochatä). Die Bande der törichten Hunde führt ihn auf. Man zündet dabei ein großes Feuer an und verstreut dann die glühende Kohle. Die jungen Indianer müssen auf diesen glühenden Kohlen völlig nackt und mit bloßen Füßen herumtanzen. Auf dem Feuer kocht in einem Kessel zerschnittenes Fleisch, und wenn dieses gar ist, greifen die „törichten Hunde" in die kochende Flüssigkeit, um das Fleisch herauszuholen und zu verzehren. Die Zuletztkommenden haben dabei das übelste Geschäft. Sie müssen am tiefsten in das kochende Wasser greifen und sind der Gefahr, sich zu verbrennen, am meisten ausgesetzt.

Bemerkenswert ist auch der Tanz der „Hunde" (Meniss-Ochatä), weil er die Elite der Stammeskrieger zu diesem Ritus versammelt. Wir hatten Gelegenheit, diesen Tanz im Mandan-Dorf Mih-Tutta-Hangkusch zu erleben. Dabei war Mato-Tope, der zu den „Hunden" gehört, von Stolz so aufgebläht und von seinem Wert als „Hund" derartig eingenommen, daß er mit uns kein Wort sprach. Insgesamt waren 28 „Hunde" zu dem Tanz aufgeboten. Sie kamen am Nachmittag angerückt, und schon aus größerer Entfernung vernahm man das Pfeifen auf den Ihkoschkas (Kriegspfeifen). Eine Menge Zuschauer begleitete die „Hunde" bei ihrem Anmarsch.

Alle Tänzer waren schön aufgeputzt, ein Teil von ihnen trug schöne Roben oder Hemden aus Leder, andere waren mit roten Tuchhemden oder mit Uniformen bekleidet. Ein Teil hatte den Oberkörper nackt und farbenprächtig bemalt.

Vier von ihnen trugen auf dem Kopf kolossale, weit über die Schulter hinausreichende Feder-Mützen von Raben- und Elsterfedern, an deren Spitzen kleine weiße Flaumfedern befestigt sind. In der Mitte dieser unförmigen Federbuschen war der ausgebreitete, aufrechtstehende Schweif eines wilden Truthahns oder des Kriegsadlers angebracht. Diese vier Männer trugen auch lange Streifen von rotem Tuch, die über den Rücken hinab bis auf die Waden hängen und in der Mitte des Rückens verknüpft sind. – Das rote Tuch kennzeichnet sie als diejenigen Männer, die jedes ihnen vorgeworfene Stück Fleisch verschlingen müssen.

Andere „Hunde" trugen große Feder-Mützen von gelblich, dunkel gestreiften Uhufedern, und alle übrigen hatten ihre Köpfe mit dichten Buschen von Raben-, Elstern- oder Uhufedern geziert.

Am Halse trugen sie alle ihre langen Ihkoschka (Kriegspfeifen). Im linken Arm hielten sie ihre Waffe, die Flinte, den Bogen oder Streitkolben, mit der rechten Hand schüttelten sie das für ihre Bande charakteristische Schischikue (eine Rassel).

Die Krieger schlossen einen Kreis um einige Trommler, auffallend schlecht angezogene Männer, die eine große Pauke und zwei kleinere Trommeln schlugen.

Zu diesen Trommelschlägen pfiffen und tanzten die „Hunde". Sie ließen ihre Roben hinter sich auf die Erde fallen und sprangen im Trommelrhythmus mit vorgeneigtem Oberkörper herum, indem sie mit beiden Füßen gleichzeitig den Boden stampften. Auch die anderen Indianer begannen nun um die Hunde herumzutanzen, wobei die Kriegspfeifen, Trommeln und Rasseln ein heftiges Getöse verbreiteten.

Ein weiterer bemerkenswerter Tanz wird von Frauen vorgeführt, wenn die Indianer von einem siegreichen Kriegszug zurückkehren. Er heißt Skalp-Tanz.

Durch einen traurigen Vorfall hatte ich Gelegenheit, bei den Mandan-Indianern einen solchen Tanz erleben zu können. Es gab nämlich völlig unerwartet eine blutige Auseinandersetzung vor dem Fort, von der ich nun berichten will.

Der Skalp-Tanz

Aus dem Mandan-Dorf Mih-Tutta-Hangkusch hatten wir die Nachricht erhalten, daß drei feindliche Indianer vom Stamme der Assiniboins nachts im Dorfe gewesen seien, um irgendjemand dort zu erschießen. Die Mandans konnten genau die Spuren der Feinde im frischgefallenen Schnee feststellen und versammelten sich zur Verfolgung. Niemand ahnte jedoch, daß sich die feindseligen Asssiniboins noch in der Nähe des Dorfes versteckt hielten. Plötzlich tauchte ein Assiniboin aus dem Hinterhalt auf. Er schoß auf einen Haufen junger Leute, traf einen Indianer tödlich, holte sich blitzschnell den Skalp des Ermordeten und entfloh.

Während der Flucht kamen die Assiniboins bei einem benachbarten Dorf der Mönnitarris vorbei, wo sie drei Pferde entwendeten. 150 Mönnitarris warfen sich unverzüglich auf ihre Pferde und nahmen die Verfolgung auf.

Die Flüchtenden verstreuten sich daraufhin, und die Mönnitarris teilten sich in kleinere Kriegsparteien, um die versprengten Assiniboins einzufangen.

Einige Mönnitarris entdeckten in der folgenden Nacht einen schlafenden Flüchtling, den sie mit Peitschenhieben weckten und auf der Stelle töteten. Sie sandten einen Boten ins Dorf der Mandans, der die Erfolgsbotschaft übermitteln sollte. Der Bote trug an einem langen Stock den Skalp und eine abgeschlagene Hand des toten Assiniboins. Mit Wohlgefallen zeigte der die Trophäen dem ganzen Dorf. Anderntags erschien die Kriegspartei der Mönnitarris, die jenen Assiniboin getötet hatte, in Fort Clarke. An ihrer Spitze stand Häuptling Affengesicht (Itsichaichä). Er sagte, daß die Weiber seines Stammes hier in Fort Clarke den Skalp-Tanz (Zuhdi-Arischi) aufführen werden. Die Weißen und die Mandan-Indianer seien dazu eingeladen. Kurz darauf füllte sich das Fort mit Zuschauern. Wir waren auf diese Darbietung sehr gespannt.

Es begann damit, daß die Weiber in einer Prozession durch das Tor des Forts einmarschiert kamen. Viele Kinder und einzelne Männer begleiteten sie.

Achtzehn Weiber zogen paarweise und dicht zusammengedrängt bis in die Mitte des Hofraumes. Ihre Schritte waren kurz und langsam.

Sieben Männer von der Bande der Hunde bildeten die Musik. Sie waren im Gesicht meist schwarz bemalt, drei von ihnen führten Trommeln, vier trugen Rasseln in den Händen. Die Köpfe dieser Männer waren unbedeckt, meist mit Uhufedern verziert. Alle waren in Bisonroben eingehüllt.

Die Weiber hatten ihre Gesichter teils schwarz, teils rot bemalt, einige rot und schwarz gestreift. Sie trugen Bisonroben unter bunten wollenen Decken, ein paar von ihnen Felle der weißen Bisonkuh. Auf dem Kopf hatten sie Kriegsadlerfedern ins Haar gesteckt.

Nur eine der Frauen trug eine große Federhaube. In ihren Armen hielten sie Streitäxte oder Flinten, deren Kolben sie rhythmisch auf die Erde stießen. Die Frauen trugen also in diesem Falle ausnahmsweise den Kriegsanzug, den Federschmuck und die Waffen ihrer Männer, was ihnen sonst nicht erlaubt ist.

Die Frau des Häuptlings Affengesicht war mit einer weißen Bisonrobe bekleidet und hielt in der Hand eine lange Stange, an deren oberem Ende der Skalp des getöteten Assiniboin baumelte. Auf diesem Skalp saß eine ausgestopfte Elster mit ausgebreiteten Flügeln. Weiter abwärts hingen an derselben Stange ein zweiter Skalp, ein Luchsfell und eine Menge Federn. Eine andere Frau trug eine ähnliche Stange mit einem dritten Skalp.

Nun marschierten die Weiber in einem Halbkreis auf. Gleichzeitig steigerten die Musikanten von der Bande der Hunde ihren rhythmischen Lärm, indem sie mit allen Kräften auf die Trommel schlugen, sangen und rasselten.

Jetzt begannen die Weiber den Tanz. Sie wackelten mit kleinen Schritten wie die Enten, indem sie die Füße parallel einwärts setzten, den linken immer etwas vor. Sie rückten beide Flügel des Halbkreises zusammen und wieder auseinander. Dabei sangen die Frauen in hell schneidendem Tone. Ihr Konzert war dem Katzengeheul vergleichbar.

Der Tanz dauerte, mit kurzen Ruhepausen, ungefähr 20 Minuten lang. Als der Tanz beendet war, ließ Direktor Kipp von Fort Clarke einige Geschenke wie Tabak, Spiegel und Messer unter die Frauen geben. Anschließend verließen die Tänzerinnen mit ihrer männlichen Gefolgschaft wieder das Fort.
Am Abend saßen wir in unserer Winterwohnung vor dem Kaminfeuer, als plötzlich ein taubstummer Indianer namens Mahchsi-Nihka durch die Tür zu uns hereindrang und sich Herrn Bodmer gegenüber so ungebärdig benahm, daß ich besorgt war, dieser rohe Mensch könnte sich vielleicht an dem Maler vergreifen.
Herr Direktor Kipp wurde gebeten, diese Sache aufzuklären. Es ergab sich folgende Ursache für den Zorn dieses Mannes: Mahchsi-Nihka hatte sich während des Skalp-Tanzes unter den Zuschauern befunden, und zwar in seinem schäbigsten Anzug, ohne Schmuck und Trophäen, denn er trug Trauer wegen des erschossenen Mandan-Indianers. Dabei war er von Herrn Bodmer gezeichnet worden. Später hatte dann ein Engagé im Fort dem Taubstummen bedeutet, daß es schmählich sei, in einem schlechten, schmucklosen Anzug gezeichnet zu werden. Die anderen Indianer würden sich nur in ihren wertvollsten Kleidern, schön bemalt, mit Waffen und Trophäen abbilden lassen.
Diese boshafte Verspottung hatte den rohen, eingeschränkten Kopf bis zur Wildheit aufgereizt. Wir konnten ihn überhaupt nicht mehr zur Vernunft bringen. Herr Bodmer ersann schließlich den Ausweg, schnell eine Kopie der Zeichnung zu machen, diese vor den Augen des Taubstummen zu zerreißen und ins Feuer zu werfen. Das beruhigte den Mann schließlich. Er zog friedlich wieder ab.

Brautwerbung und Liebesleben

Über die Rolle der Weiber bei den Indianern habe ich folgendes zu berichten:
Wenn ein junger Indianer heiraten will und die Zustimmung der

Braut hat, versucht er auch das Einverständnis ihres Vaters zu erhalten. Zu diesem Zwecke bringt er zwei, drei, ja bisweilen auch acht und zehn Pferde als Geschenk zur Hütte des zukünftigen Schwiegervaters. Dieser ist verpflichtet, dieselbe Anzahl an eigenen Pferden als Gegengeschenk dem Mann seiner Tochter zu geben. Hat er nicht genügend Pferde, so helfen ihm die Verwandten aus. Dann kocht die Braut Mais und bring täglich einen Kessel voll davon zur Hütte des Bräutigams. Nach einiger Zeit findet sich der junge Mann in der Hütte seiner Braut ein, schläft bei ihr und die Heirat ist vollzogen.
Damit ist die Frau das Eigentum des Mannes, der nach Belieben über sie verfügen darf.
Er kann beispielsweise seine Frau an fremde Männer verkaufen. Ich selbst habe, wie berichtet, erlebt, daß die Indianer vom Stamme der Gros Ventres ihre Weiber zum Tausch gegen Branntwein anboten. Einige Indianer fristen ihren Lebensunterhalt, indem sie ihre Weiber an weiße Angestellte der Pelzhandels-Company für eine bestimmte Zeit vermieten.
Außerdem schreiben mythische Rituale den Indianern vor, ihren Frauen zu befehlen, sich anderen Männern des Stammes kurzfristig zur Verfügung zu stellen – wie beispielsweise beim Medizinfest der Mönnitarris, das ich vor kurzem erst erlebt habe.
Die Frauen müssen in solchen Fällen bedingungslos gehorchen. Sollte sich eine Frau aber ohne Zustimmung ihres Mannes einem anderen Indianer heimlich hingeben, so wird sie hart bestraft. Man schneidet ihr in so einem Fall gewöhnlich die Haare und sogar die Nase ab. Ich habe wiederholt solch scheußlich entstellte Frauen gesehen.
Eine Frau mit abgeschnittenem Haar oder abgeschnittener Nase wird sofort von ihrem Mann verstoßen. Niemand nimmt sie mehr zur Frau, und solche Weiber arbeiten gewöhnlich für Lohn in anderen Hütten und verrichten die niedrigsten Arbeiten.
Öfters hat man erlebt, daß der Mann seine Frau sogleich tötet, wenn sie sich mit einem anderen eingelassen hat. Er pflegt sich auch an dem Verführer zu rächen, indem er diesem ungestraft seinen ge-

samten Besitz wegnimmt, sogar die Waffen, das Pferd und das Zelt. Der betrogene Mann hat das Recht dazu. Niemand darf ihn daran hindern oder ihn bestrafen.
Die Männer freilich nehmen es mit der Treue nicht so genau. Bei ihnen gilt die Vielweiberei. Die meisten Indianer haben zwischen vier und acht Frauen. Ein Indianer, der die älteste Tochter einer Familie heiratet, erwirbt damit das Recht auf alle ihre Schwestern – ein Recht, von dem die meisten Indianer eifrigen Gebrauch machen. Die Verführung der Indianer-Frauen und -Mädchen ist eine Hauptbeschäftigung der Männer.
Zu diesem Zweck ziehen sie meist bis spät in die Nacht von einem Dorf zum anderen, stets auf der Suche nach Frauen und Mädchen, die sich im allgemeinen nicht spröde zeigen.
Die Männer haben eine besonders merkwürdige Art, ihre Großtaten auf diesem Felde zur Schau zu tragen: Sie suchen nämlich mit ihren Eroberungen zu glänzen, indem sie die Anzahl der besiegten Schönen durch geschälte, an der Spitze rot bemalte Weidenruten markieren, die sie mit sich herumtragen. Bei erfolgreichen Liebhabern sammeln sich die Ruten zu voluminösen Sträußen an.
Jede Rute bedeutet eine verführte Frau. Eines dieser Stöckchen in diesem Rutenbündel wird ganz besonders auffallend verziert und mit einem Busch von schwarzen Federn gekrönt. Dieses Stöckchen bezeichnet die Favoritin, und jeder Mann sagt derjenigen Frau, mit der er gerade Umgang hat, daß sie die bevorzugte Favoritin sei und daß er nur für sie den Federbusch aufgepflanzt habe.
Außerdem führt jeder Mann einen längeren Stock mit sich, der mit abwechselnd roten und weißen Ringen versehen ist. Jeder Ring bedeutet eine Eroberung. Diese Liebesruten werden Mih-Hiruschä-Kahkarusch genannt.
Ein Indianer lebt meist mit allen Frauen und den Kindern zusammen in einer einzigen Hütte, oftmals auch mit seinen Schwiegereltern, wobei der Schwiegervater dann die erste Rolle in dem Zusammenleben spielt. Alles hängt von ihm ab, alles geschieht seinetwillen und für ihn. Erlegt man Wild, so wird das Fleisch zuerst ihm überbracht.

Schwiegermütter müssen schweigen

Die Schwiegermutter darf gewöhnlich mit ihrem Schwiegersohne nicht sprechen. Wenn er jedoch nach Hause kommt und ihr von einem Kriegszug den Skalp eines getöteten Feindes mitbringt, dann darf sie von diesem Augenblick an mit ihm reden.
Kinder gibt es viele in den indianischen Familien. Die Indianer lieben die Kinder sehr. Die Geburten sind normalerweise merkwürdig leicht, die Mutter badet sich nachher sogleich im Fluß, selbst dann, wenn er mit Eis bedeckt ist. Indianerfrauen, die von Weißen ihre Kinder bekommen, sollen wesentlich schwieriger gebären.
Zehn Tage nach der Geburt wird das Kind mit einem Namen versehen. Zu diesem Zweck bezahlt man irgendjemand dafür, daß er ein bestimmtes Zeremoniell vornimmt: Er muß das Kind mit gestreckten Armen der Sonne entgegenhalten und den Namen dabei in alle Himmelsrichtungen ausrufen.
Solange die Kinder nicht gehen können, werden sie in Wiegen aus ledernen Säcken gesteckt, welche man mit Riemen an den Querbalken der Hütte aufhängt.
Kinderzucht existiert – einige Ausnahmen abgesehen – bei den meisten Indianerstämmen nicht, die Kinder können tun und lassen was sie wollen und niemand sagt ihnen etwas. Man sucht auf diese Weise die Selbständigkeit und den eigenen Willen der Kinder zu wecken. Besonders die Knaben sind sehr ungezogen. Es kommt oft vor, daß ein Sohn seine Mutter ins Gesicht schlägt oder sich sogar an dem Vater vergreift. Der Vater senkt alsdann den Kopf und sagt: „Dies wird dereinst ein tüchtiger Krieger werden".
Die Mütter leiden oft unter den Mißhandlungen ihrer Kinder und es ist nicht selten geschehen, daß sich eine Frau nach einer solchen Behandlung durch ihren Sohn im Walde erhenkt hat. Auch von ihren Männern werden die Frauen oft mißhandelt.
Das weibliche Geschlecht hat für seine schwere Arbeit wenig Entschädigung, nicht einmal mit schönen Kleidungsstücken werden sie belohnt, denn auch das Recht auf modische Ausstaffierung nehmen bei den Indianern die Männer in Anspruch.

Sonderbar ist allerdings, daß diese normalerweise zu stetem Sklavendienst bestimmten Weiber nicht mehr arbeiten, sobald sie von Weißen geheiratet werden. Und da die Weißen gänzlich in der Gewalt der Indianer und der Verwandten ihrer Weiber sind, so lassen sie dieses auch widerspruchslos geschehen.

Eine erstaunliche Besonderheit unter den Indianern sind die Mannweiber (Mih-Däckä).

Das sind Männer, die sich gleich Weibern kleiden und alle Frauenarbeiten verrichten. Von den Männern werden sie wie Weiber behandelt, sie leben auch in einem gewissen unnatürlichen Umgang mit ihnen, und es wird sogar behauptet, daß in dieser Hinsicht die Mannweiber den Frauen vorgezogen werden.

Diese Mannweiber geben meist vor, ein Traum oder eine höhere Eingebung habe ihnen diesen Stand als „Medizin" empfohlen, und nichts kann sie von ihrem Vorhaben abbringen.

Manch ein Vater hat seinen Sohn mit Gewalt von diesem Vorsatz abzubringen versucht, ihm anfänglich gut zugeredet, schöne Waffen und männliche Kleidungsstücke geschenkt, um ihm Geschmack an männlichen Beschäftigungen einzuflößen. Als dieses nichts fruchtete, ihn auch mit Strenge behandelt, gezüchtigt und geschlagen.

Allein alles ist in solch einem Fall vergeblich. Als Rechtfertigung erzählen die Indianer folgende Fabel, an welche sie glauben:

Man wollte einst einen Mann zwingen, davon abzusehen, ein Mannweib zu werden. Ein ausgezeichneter Krieger bedrohte ihn, es kam zum heftigen Streit, in dessen Folge das Mannweib erschossen wurde. Statt des Leichnams fand man jedoch einen Haufen Steine, in welchem der tödliche Pfeil steckte. Seitdem will sich niemand in diese Angelegenheit einmischen, da man sie von höheren Mächten vorgesehen und beschützt glaubt.

Die Arbeit, die alle indianischen Frauen und die Mannweiber zu verrichten haben, sind vielfältiger Natur.

Sie sind sehr geschickt in mancherlei Handarbeiten, besonders auch im Färben und Bemalen der Bison-Roben. Das Gerben der Felle füllt den größten Teil ihrer Zeit aus. Irdene Töpfe und Gefäße verstehen sie vortrefflich zu verfertigen. Abgesehen von Kochen,

Schneidern und ähnlich typisch weiblichen Tätigkeiten, haben die Frauen auch alle schweren Arbeiten zu verrichten, wie etwa den Transport der Lasten.

Ich hatte Gelegenheit, die Frauen der Mandans bei dieser Tätigkeit zu beobachten. Um die schweren Lasten aufzuladen, legt sich eine Frau rücklings auf das Bündel. Sie wird dann von anderen Frauen so weit hochgehoben, daß die Last aufrecht getragen werden kann.

Bei dem Transport mußten die Weiber einen Kanal passieren, der mit dünnem Eis bedeckt war. Sie brachen die Eisschicht entzwei und wateten alsdann trotz der Kälte hindurch.

Andere Frauen schleppten, obwohl von Hunger und Kälte geschwächt, Eisstücke in ledernen Tragkörben auf dem Rücken nach Hause, um daraus Wasser zu schmelzen. Sie glitten auf der Eisfläche des teilweise zugefrorenen Missouri öfters aus und fielen mit ihrer Last auf den Boden.

Größere Lasten lassen die Frauen auch von Hunden transportieren, meist auf Schlitten, die aus schmalen, vorn in die Höhe gewölbten dünnen Brettern bestehen. Einfachere Transportmittel sind zwei Stangen, die mit den vorderen Enden einfach an der Schulter des Hundes mit Lederzeug befestigt werden und deren hintere Enden im Schnee schleifen.

Hunde, die an solche Arbeiten gewöhnt sind, ziehen einen Schlitten oder die Schleifstangen (Menissischan) weit leichter über den Schnee fort als ein Pferd. Die Hunde laufen nämlich über die Schneekruste hinweg. Pferde brechen ein.

Ich konnte die Frauen beim Lastentransport so genau beobachten, weil die Mandans schon jetzt in ihr Sommerdorf übersiedeln wollten, obwohl es erst der 9. Februar war.

Der Grund für ihren frühen Umzug lag darin, daß die Winterdörfer zu weit verstreut und die Bewohner deshalb den Gefahren feindlicher Überfälle zu sehr ausgesetzt waren. Da es gerade Streit mit den Assiniboins gab, mußte ständig mit einem Angriff gerechnet werden.

Außerdem fürchteten die Mandans, daß das Eis des Missouri früher als üblich schmelzen könnte und das damit verbundene Hochwasser besonders in der Gegend der Sommerdörfer Überschwemmungen anrichten würde.

Götzen schützen vor geheimen Mächten

Die indianischen Behausungen in den Sommerdörfern unterscheiden sich von denen der Winterdörfer im wesentlichen nur durch ihre Größe: Die Winterhütten sind so geräumig gebaut, daß auch die Pferde darin untergebracht werden können. Die Dörfer sind mehr oder minder große Siedlungen von Erdhütten, die ohne Ordnung und Regelmäßigkeit dicht nebeneinander liegen.
Das größte der Mandan-Dörfer, Mih-Tutta-Hangkusch, hat etwa 150 bis 200 Schritte im Durchmesser und 60 Hütten. Sein äußerer Umfang bildet einen unregelmäßigen Zirkel und war ehemals mit starken Schanzpfählen (Palisaden) umgeben, die aber jetzt größtenteils fehlen, da sie im kalten Winter als Heizmaterial verbrannt wurden.
Am Dorfrand stehen in etwa gleichen Abständen voneinander entfernt vier Bastionen mit Schießlöchern: hölzerne Bollwerke, deren Zwischenräume mit Erde ausgefüllt sind und die zum Schutz vor feindlichen Überfällen dienen.
Im Mittelpunkt des Mandan-Dorfes befindet sich ein freier, runder Platz von etwa 60 Schritten Durchmesser, in dem das Denkmal der bereits erwähnten „Arche des ersten Menschen" (Mah-Mönih-Tuchä) steht. Sie ist etwa eineinhalb Meter hoch und besteht aus mehreren armdicken Stämmen, die kreisrund zusammengestellt und mit Schlingpflanzen umwunden sind, so daß sich ein oben offener Zylinder von etwa einem Meter Durchmesser ergibt.
An der nördlichen Seite dieses freien Platzes liegt die sogenannte Medizin-Hütte: der Schauplatz vieler Feste und religiöser Gebräuche.
Wie schon erwähnt, sind im Umkreis jedes indianischen Dorfes verschiedene Zaubermale errichtet, die meist abenteuerliche und menschenähnliche Figuren darstellen. Sie verkörpern verschiedene

Götzen und gelten als Schutz vor den geheimen, überirdischen Mächten.

Solche Götzenfiguren befinden sich, als Schutzgeister einzelner Familien, auch vor und in vielen Hütten und Zelten. Zwischen den Hütten stehen Gerüste von Stangen, auf welchen man den Mais trocknet. Die Erdhütten (Oti) sind rund, sanft gewölbt und haben einen Durchmesser von drei bis acht Metern. Männer und Frauen arbeiten gemeinsam, wenn es gilt, eine Hütte zu erbauen.

Zunächst errichten sie vier im Quadrat stehende, starke Pfeiler mit Querbalken und darum herum noch bis zu fünfzehn kleinere Holzsäulen, die mit Verstrebungen verbunden werden. Über dieses Holzgerüst legen die Indianer Matten, die aus gebündelten Weidenruten gemacht sind. Auf diese Matten werden dann Rinden, Heu und Erde ausgebreitet.

Oben in der Mitte hat die Hütte eine viereckige Öffnung als Rauchfang, über der ein mit Fellen behängter Schirm befestigt ist. Dieser Schirm läßt sich von innen drehen, so daß er entweder frische Luft ins Innere leitet oder vor peitschendem Regen abschirmt.

Der Eingang der Hütten wird links und rechts von Schirmwänden vor Wind und Wetter geschützt. Die Tür ist ein getrocknetes, auf kleinen Stangen stramm aufgespanntes Fell, welches man auf die Seite schieben kann.

In den Winterhütten wird zusätzlich zu dieser Tür hinter dem Eingang noch eine Schirmwand von Weidenästen und Fellen errichtet, die den Luftzug abhält und die Feuerstelle schützt. Über dem Feuer, das sich in der Mitte der Hütte befindet, hängt ein Kochkessel. Die Feuerstelle ist meist mit Steinen kreisförmig umlegt.

Das Feuer ist nicht groß und flackernd, sondern eher klein. Es wird von Hölzern gespeist, die strahlenförmig um die Brandstelle herumgelegt werden, so daß nur der innere Teil verbrennt. Je nach Bedarf werden die Hölzer immer weiter in die Glut geschoben, um das Feuer zu erhalten.

Die Hausgenossen sitzen um das Feuer herum, auf niederen Schemeln, die aus Weidenruten gemacht und mit Fellen belegt sind.

An verschiedenen Gerüsten innerhalb der Hütte hängen oder liegen Hausrat und Kleidungsstücke, Ledersäcke, Pferdegeschirr, Waffen, Schlitten, Schneeschuhe, Fleisch und Mais.
Die Gemeinschafts-Schlafstätte ist ein großer Kasten aus Holz, mit Fell zusätzlich umgeben, in dem mehrere Menschen sehr bequem und warm auf Fellen und wollenen Decken liegen.
In den Winterhütten werden auch alle Pferde, die den Bewohnern gehören, abends untergebracht.
Die Sommerhütten sind kleiner, außerdem gibt es in den Sommerdörfern Zelte, die von den Indianern auch auf Wanderschaften mitgenommen werden können.
Die Zelte sind hohe zugespitzte Kegel von starken Stangen, welche mit einem Überzug von dicht aneinandergenähten Bisonhäuten bedeckt werden. Oben bei der Kreuzung der Zeltstangen befindet sich die Öffnung, um den Rauch hinauszulassen. Diese Öffnung schützt man durch einen Fellzipfel, der mittels einer Stange vom Inneren des Zeltes aus so gedreht werden kann, daß die Öffnung immer in die windgeschützte Seite zeigt.
Der Aufbau der Zelte ist Sache der Weiber. Die Frauen müssen auch die zum Zeltbau verwendeten Bisonhäute an beiden Seiten dergestalt schaben, daß sie durchsichtig wie Pergament werden und im Inneren des Zeltes das Tageslicht vortrefflich zulassen.
Während die Frauen meist unermüdlich am Werk sind, kochen, gerben, Leder bearbeiten und alle harten Arbeiten verrichten, vertreiben sich die Männer – wenn sie nicht gerade jagen oder Krieg führen – die Zeit in den Dörfern vor allem mit Rauchen, Flirten und Spielen.
Ihre Spiele schulen die Geschicklichkeit, die sei bei der Jagd und im Kriege brauchen. Beliebt sind die Wettrennen zu Pferde, und ich habe – auch früher schon – wiederholt gesehen, wie Indianer auf ihren Pferden umhersprengen, meist auf dem bloßen Rücken sitzend; sie ließen dann zuweilen ihre Pferde um die Wette laufen.
Das beliebteste Spiel der Mandan-Indianer heißt Wah-Gachi-Uihka. Man braucht dazu einen kreisförmig zusammengebundenen Reif, der mit Lederstreifen beflochten ist, und einen Speer. Der

Reifen wird gerollt oder geworfen, und der Spieler muß mit seinem Speer von der Seite her durch das Geflecht des Reifens stechen. Wer der Mitte am nächsten kommt, hat gewonnen. Die Mönnitarris und Mandans belustigen sich auch mit Wettläufen zu Fuß.

Indianer kennen keine Flüche

Mehrere Mandans fanden viel Vergnügen am Zeichnen. Sie hatten entschieden Talent dazu. Ihre Malereien auf den Roben haben oft künstlerischen Wert. Auch diskutieren die Männer gerne über alle im Leben vorkommenden Dinge. Dabei sind der oft treffende Verstand, der Witz und die richtigen Urteile der Indianer besonders zu rühmen.
Man hat vielfältig behauptet, die Geistesfähigkeiten der Indianer seien geringer als die der Weißen. Allein, dies ist schon hinlänglich widerlegt. Ich bin überzeugt, daß die Indianer den Weißen in dieser Hinsicht nicht nachstehen.
Manche unter den Mandans hatten sehr viel Lernbegierde und waren neugierig, etwas Neues über höhere Werte zu vernehmen. Und wenn sie nicht so sehr an den von ihren Ahnen erebten Vorurteilen hingen, so würden vielen von ihnen leicht zu unterrichten sein.
Sie diskutieren gerne über verschiedene Weltkörper und die Entstehung des Weltalls, wobei sie manchmal einsichtig genug sind, ihre Traditionen als unzulänglich zu erklären. Manche hingegen hielten unsere Ansichten über dieses Thema für albern, sie lachten laut, wenn man behauptete, die Erde sei rund und drehe sich um die Sonne, andere jedoch verwarfen unsere Ansichten nicht und meinten, die Weißen könnten so viel Unbegreifliches hervorbringen, es könne auch wohl dieses richtig sein.
Ihre Reden sind wohl durchdacht, kräftig, voll bitterer Wahrheiten und bilderreich. Ich habe während des langen, frostreichen Winters

ein Vokabularium der Mandan-Sprache zusammengestellt. Dabei habe ich festgestellt, daß weder die Mandans noch ihre benachbarten Völker Worte für das Fluchen haben!

Die Mandans haben in dieser Art nichts anderes als den Ausdruck Wahchi-Kanaschä, was so viel wie „schlechtes Volk" bedeutet. Mit ihren gleichnishaften Phrasen können sie trotz wenigen Worten viel sagen.

Kriegserklärungen vor einem Rachefeldzug formulieren sie etwa so: „Das Blut unserer Weiber und Kinder raucht auf dem Boden". Oder: „Die Knochen unserer Krieger und alten Männer liegen unbedeckt und machen die Erde weiß!" Oder: „Der Tomahawk ist aufgehoben".

Bei Friedensabschlüssen sagen sie: „Die Knochen unserer Krieger sind begraben". „Die Streitaxt ist begraben". „Die Kette, die uns verbindet, darf nicht rosten".

Die Namen der Mandans haben immer einen Sinn, sie drücken oft sogar ganze Sätze aus. Alle möglichen Gegenstände und Abenteuer werden für die Namengebung benutzt. Mein Freund Mato-Tope (Die vier Bären) beispielsweise ist so benannt, weil er vier Grizzly-Bären erlegt hat.

Ein Häuptling heißt Mato-Manochika (Der Bär, welcher ein Geist ist). Der Name Berock Manochika bedeutet: „Der Stier, welcher ein Geist ist". Kuh-Handeh bedeutet: „Ich höre kommen". Und der Name Taminsicka-Kuhpa-Kohä-Chiha heißt in der Mandansprache: „Es sind ihrer sieben mit alten Weibern verheiratet".

Auch der Name der Monate sind sinnvolle Umschreibungen.

Unser Januar ist für sie der Monat mit den sieben kalten Tagen (Aschini-tächta-minang-ga)

Februar: Monat der Begattungszeit des Wolfes (Charata-duhhami-nahki-minang-ga).

März: Monat der kranken Augen (Istippa-minang-gä). Mit kranken Augen ist die Schneeblindheit gemeint.

April: Monat des Wildbrets oder Monat, der das Eis aufbricht (Pat-tahä-ku-minang-gä oder Chodä-uappi minang-gä).

Mai: Monat, in dem man den Mais sät (Wakohi-häddä-minang-gä).

Juni: Monat der reifen Beeren (Manna-puschakä-ratack-minang-gä).
Juli: Monat der reifen Kirschen (Katacköä, ratack, minang-gä).
August: Monat der reifen Pflaumen (Wahkta-ratack-minang-gä).
September: Monat des reifen Mais (Makirucha-minang-gä.
Oktober: Monat der abfallenden Blätter (Manna-apa-minang-gä).
November: Der Monat, in dem die Flüsse zufrieren (Choda-ahke-minant-gä)
Dezember: Monat des kleinen Frostes (Ischinin-takschu-kä-minang-gä).

Briefe, die jeder lesen kann

Außer den indianischen Dialekten, die von Stamm zu Stamm sehr verschieden sein können, gibt es eine für alle Indianer begreifliche Möglichkeit der Verständigung: Die Bildersprache, die in Zeichnungen und in Briefen zum Ausdruck kommt. Der Sinn dieser Zeichnungen ist inzwischen auch den weißen Jägern, den Trappern und Händlern der Pelzhandels-Company geläufig.
Ich will hier als Beispiel einen Brief bringen, den ein Mandan-Indianer an einen anderen indianischen Pelzhändler gerichtet hat.

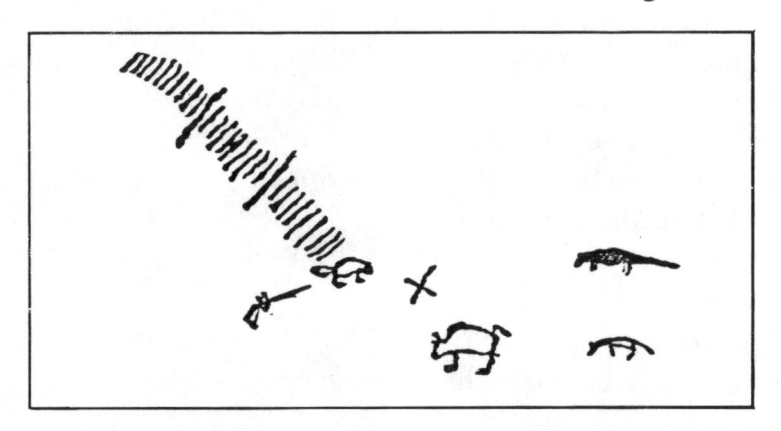

Dazu die Erklärung:
Das Kreuz in der Mitte bedeutet: Ich will tauschen.

Die Figuren rechts vom Kreuz stellen einen Bison und zwei Fischotter dar.
Links vom Kreuz sind eine Flinte und ein Biber gezeichnet. Dazu kommen noch 30 Striche, immer zehn durch eine längere Linie abgeteilt.
Der Brief bedeutet: Ich will dreißig Biberfelle und eine Flinte eintauschen gegen ein Bison-Fell und zwei Fischotter-Felle.
Eine weitere Möglichkeit der Verständigung ist eine Gebärdensprache, die sich bei den Indianern herausgebildet hat und die von den Stammesmitgliedern der Mandans, Mönnitarris, Crows, Chayennes, Snakes und der Schwarzfuß-Indianer verstanden wird, nicht jedoch von den Dacotas, Assiniboins, Ojibuäs, Krihs und anderen Nationen.
Wenn ein Indianer der Mandans beispielsweise einem Schwarzfuß-Indianer ohne Worte, nur mit Gesten, folgendes sagen will: „Ein Mann ist gekommen. Es wurde auf ihn mit einer Flinte geschossen, er wurde getroffen und getötet". Dann drückt er das so aus:
Er hebt den Zeigefinger hoch und dreht die Hand hin und her. Das bedeutet: Ein Mann.
Dann richtet er den Zeigefinger auf, entfernt die Hand von seinem Körper und bringt sie stoßweise näher. Das bedeutet: Kommen.
Er streckt den linken Arm aus, hält die rechte Hand vor das Gesicht. Dann schnalzt er mit den Fingern. Das bedeutet: Eine Flinte abschießen.
Dann klatscht er in die Hände. Das bedeutet: Treffen.
Schließlich boxt er mit der geballten Faust von oben nach unten. Das bedeutet: Töten.
Diese Zeichensprache dient nicht nur zur Mitteilung konkreter Vorgänge, sondern auch zur Erklärung religiöser Ideen.
Der „Herr des Lebens" beispielsweise wird in der Gebärdensprache folgendermaßen dargestellt: Man bläst in die flache Hand, zeigt mit dem ausgestreckten Zeigefinger in die Höhe, schließt dann die Faust, dreht sie hin und her und senkt sie schließlich abwärts.
Ich habe alle Gesten dieser Gebärdensprache im Anhang unter „Dokumentation" zusammengefaßt, weil eine solche Aufstellung den Rahmen dieses Kapitels sprengen würde.

Hungersnot

Am 11. März empfand ich die ersten Spuren einer Unpäßlichkeit, welche täglich zunahm und mich bald gänzlich auf mein Lager bannte.

Die Beschwerden begannen mit dem Anschwellen eines Knies, das die Farbe eines dunklen Blutes bekam. Bald dehnten sich die Anschwellungen und Verfärbungen über das ganze Bein aus.

Ein heftiges Fieber stellte sich ein, dazu kam große Mattigkeit. Aber ohne Arzt und ohne Medizin konnte mir nicht geholfen werden. Niemand kannte die Krankheit. Meine Lage wurde täglich hilfloser und trauriger.

Unsere Nahrungsmittel waren sehr schlecht. Der Kaffee ging der Neige zu und konnte nur höchst kraftlos gemacht werden. Unser Getränk war Flußwasser oder aufgetautes Eis. Und da auch die Bohnen fast gänzlich aufgebraucht waren, so bestand unsere Nahrung beinahe ausschließlich aus Mais, der im Wasser abgekocht war, wodurch unsere Verdauung geschwächt wurde.

Die Mandans hatten zu dieser Zeit kein Jagdglück. Frisches Fleisch war nirgends zu haben. Wenn sie irgendwo einen Tierkadaver fanden, dann verzehrten sie ihn heißhungrig, auch wenn er schon in Fäulnis übergegangen war.

Der ständige Wetterwechsel setzte mir hart zu. Starker, eiskalter Nordsturm wurde in rascher Folge von warmen Temperaturen unterbrochen, die bewirkten, daß auf dem Missouri das Eis aufbrach und der heftige Eisgang unser am Ufer verankertes Boot bedrohte. Es mußte aufs Ufer gebracht werden.

Verfaulte Tierkadaver, die im Wasser trieben, wurden von den Indianern herausgefischt und verzehrt.

Zwischendurch fiel dann in dieses Tauwetter wieder kalter Nordsturm ein, der neues Eis brachte. Mitunter schneite es dann wiederum tagelang.

Während meiner Krankheit, die mich vollends ans Bett fesselte, hatte ich einige Zerstreuung durch die vielen uns besuchenden Indianer, besonders freute ich mich über Mato-Tope, der öfters kam,

sich vors Kaminfeuer setzte und rauchte. Manchmal erschien er auch mit seiner Frau und den Kindern, an denen er sehr hing.
In dieser schweren Zeit bot mir auch ein kleiner, gezähmter Prärie-Fuchs manche Unterhaltung. Wir hatten ihn zu uns genommen, damit er die Ratten jage, die uns während der Nacht beunruhigten. Dieses niedliche, höchst zahme Tier war jetzt beinahe ein Jahr alt, spielte aber immer noch gerne mit den Menschen. Kratzte oder klopfte man mit der Hand an den Kleidern, so kam er schnell herbei und machte possierliche Bogensprünge hoch in die Luft, wie er dies gewöhnlich tat, wenn er eine Ratte oder eine Maus fing.
Er war sehr klug, auch schmeichelte er beständig, um von den Menschen gekratzt und liebkost zu werden. Oft nahm er den ersten besten Gegenstand in den Rachen, zerrte und trug ihn umher, rannte dann pfeilschnell fort, versteckte sich, blickte schelmisch mit dem Köpfchen hervor, kam dann eben so schnell wieder, machte Bocksprünge und dergleichen mehr.
Wir hatten ihn abgerichtet, die Pfote zu geben, und er tat es immer, wenn er gestreichelt sein wollte. Zum Ruhen legte er sich zusammengerollt wie ein Häufchen und bedeckte die Schnauze und das Gesicht mit seinem dicken Schwanz. Das Feuer suchte er im kalten Winter sehr, er verbrannte sich daran aber öfters den Balg.
Ratten und Mäuse fraß er sehr gerne, und bei allen diesen gejagten Tieren fing er die Mahlzeit beim Kopfe an. Er kaute auf einer Seite mit den scharfen, schneidenden Backenzähnen und beleckte sich alsdann den Mund, gewöhnlich auch die kleinen Vorderpfoten.
Hatte er keinen Hunger mehr, so verscharrte er den Rest seines Raubes in die Erde oder in eine Ecke, stieß ihn mit der Nase hinein und deckte ihn mit Erdreich zu.
Seine Stimme ist ein sehr lauter Kehlton, der drei- bis viermal hintereinander wiederholt wird. Sie ist lauter und rauher als bei dem europäischen Fuchs, hat aber doch einige Ähnlichkeit damit. Diese rauhe Stimme klingt sonderbar, und man ist anfangs erstaunt, sie zu hören; man glaubt nicht, daß sie von einem so kleinen Tier kommen könne.
Wir mußten ihn immer im geschlossenen Raume halten, weil er die

Freiheit zu suchen schien. Ich hatte die Absicht, ihn nach Europa mitzunehmen.

Indessen mußte ich allmählich Besorgnis haben, überhaupt noch nach Europa zurückkehren zu können. Denn meine rätselhafte Krankheit verschlimmerte sich von Tag zu Tag mehr. Ich versäumte zwar nie, mein Tagebuch fortzuführen, obgleich mir diese Arbeit wegen des hohen Fiebers und der Schwäche zuweilen sehr beschwerlich war. Meine völkerkundlichen Forschungen konnte ich aber zu dieser Zeit nicht intensiv weiterführen, auch habe ich meine Studien über die Grammatik der Mandan-Sprache abgebrochen. Notgedrungen war ich als Kranker aber an indianischen Heilmethoden interessiert. Obgleich mir niemand Empfehlungen für meine Leiden geben konnte und ich mich den Medizinmännern nicht überantworten wollte, erfuhr ich interessante Einzelheiten, die ich hier wiedergeben möchte:

Indianische Heilmethoden

Das Wichtigste und angeblich Beste bei einer Heilung sind der Medizinmann, seine Manipulationen und der Lärm, der mit Trommeln (Wirra-Charriki) und Rasseln (Schischikue oder Ei-Pohchä) erzeugt wird.

Die Medizinmänner behandeln Wunden durchaus nicht nach unseren ärztlichen Erkenntnissen. Sie bespeien Wunden, waschen sie aber nicht. Oder sie drücken mit ihren halbkugelartig zusammengelegten Händen den Rauch von abgebranntem Grase auf die Wunden. Ist dies geschehen, so legt man ein Stück Talg auf die Narbe. Bei Pfeilschüssen stößt man gerne den eingedrungenen Pfeil gänzlich durch den Körper hindurch und auf der anderen Seite hinaus, damit die eiserne Pfeilspitze nicht im Fleisch bleibe.

Öfters werden im Gefecht Männer und Frauen skalpiert, die nachher wieder zu sich kommen und geheilt werden. Eine solche große Kopfwunde wird mit Fett eingerieben, vom Medizinmann beräuchert, besprochen und besungen.

All diese Wunden sollen bei den Indianern wunderbar leicht heilen, doch sind diese Erfolge hauptsächlich auf Rechnung der kräftigen, abgehärteten Naturen dieser rohen Menschen zu setzen.
Andererseits fordert diese Abhärtung und die mitunter sehr brutalen Heilmethoden auch ihre Opfer:
Rheumatismus, Husten und dergleichen kommen häufig bei ihnen vor, da sie bei heftiger Kälte halbnackt, die Männer oft mit freiem Oberkörper, im Freien herumgehen und sich ins Eiswasser stürzen. Ihre Schwitzbäder in einer fest verschlossenen Hütte, wo man Wasser über erhitzte Steine gießt und heißen Dampf erzeugt, sind oft wirksam. Sie gehen nach dem Schwitzen schnell in die Kälte, wälzen sich im Schnee oder stürzen sich in den eisbedeckten Fluß, kehren aber dann nicht wieder in die Wärme zurück wie bei den russischen Dampfbädern. Manche Indianer sollen nach einer derartigen Kur tot im Schnee liegengeblieben sein. – Andererseits sind diejenigen, die jene heftigen Kuren überstanden, desto kräftiger und abgehärteter.
Eine andere Heilmethode ist das Treten des ganzen Leibes und besonders des Bauches bei verschiedenen Gelegenheiten. Man tritt alsdann so stark, daß oft Verhärtungen und Geschwüre in den Eingeweiden entstehen, besonders aber an der Leber. Blutspeien kommt bei den Indianern oft vor.
Gonorrhöen (Tripper-Erkrankungen) sind sehr häufig. Die Mandans behaupten, alle venerischen Übel von den Crow-Indianern erhalten zu haben. Bei einer derartigen Erkrankung setzen sie sich über einen erhitzten Topf, um Heilung zu finden. Dabei verbrennen sie sich allenfalls.
Entzündlich angeschwollene Lymphknoten in der Leistengegend schneidet man mit einem Messer auf. Alsdann läuft man mit der stark blutenden Wunde einige Kilometer weit, so stark man kann. Zur Ader lassen sie häufig, und zwar mit einem scharfen Feuerstein oder Messer.
Brechmittel sollen sie nicht kennen, wenn sie sich jedoch unbehaglich im Magen fühlen, so stecken sie eine Feder in den Hals, um auf diese Weise das Erbrechen zu bewirken.

Erfrorene Körperteile werden häufig mit Schnee eingerieben. Die Schneeblindheit, die im März wegen der grellen Sonnenreflexion auf der Schneedecke sehr häufig ist, wird behandelt, indem man die Augen in einer wässrigen Lösung von Schießpulver badet. Bei Augenentzündungen haben sie den Gebrauch, das Auge mit einem scharfen, sägeartigen Grasblatt zu kratzen, wobei viel Blut fließt. Derartige Tortouren mögen häufig den Verlust eines Auges herbeiführen, und man sieht unter den Indianern viel einäugige Menschen. Sie tragen dann ein Stück Fell über der Augenhöhle. Gegen den Biß von Klapperschlangen haben die Indianer gute Mittel aus dem Pflanzenreich.

Bei allen Heilmethoden ist jedoch, wie gesagt, der Einfluß des Medizinmannes von größter Bedeutung. Wer von schwerer Krankheit genas, macht seinem Medizinmann wertvolle Geschenke. Auch stellt der Medizinmann in so einem Fall beträchtliche Forderungen. Einige Indianer sind allerdings schon dazu übergegangen, den Arzneien und den Heilmethoden der Weißen zu vertrauen. Sie bitten häufig um Tabletten und befragen sie nach ihren Kuren.

Mir indessen konnten weder europäische noch indianische Heilmethoden helfen. Die rätselhafte Krankheit beunruhigte mich sehr. Die heftigen Nordstürme, die so kalt waren, daß nachts in meinem Zimmer das Wasser in den Behältern gefror, waren nicht geeignete Voraussetzungen für eine Besserung. Dazu kam der Hunger, der mich zusätzlich schwächte. Ich hatte nichts zu essen, als das teigige Maisbrot oder den gekochten Mais.

Anfang April stieg die Temperatur. Das Eis brach, so daß die Nächte über das Krachen der berstenden Eisschollen zu hören war. Tauwetter setzte ein.

Gegen den zehnten April war der Fluß fast eisfrei. Schwäne schwammen auf den Wellen. Das Gras sproß, und einige violette Blumen wuchsen zwischen den Gräsern.

Mein Zustand hatte sich inzwischen dermaßen verschlimmert, daß einige Besucher die Besorgnis äußerten, ich würde die nächsten drei bis vier Tage nicht mehr überleben. Als ich schon am Verzweifeln war, stellte sich plötzlich eine Besserung auf wunderbare Weise ein.

Der Koch des Forts nämlich, ein Neger aus St. Louis, kam in meine Wohnung und sagte folgendes: Er habe dieselben Krankheitssymptome unter den Soldaten gesehen, die vor einigen Jahren zur Besatzung des Forts bei den Council-Bluffs gehörten. Bekanntermaßen waren damals in einem Winter an die hundert Soldaten gestorben. Erst im Frühjahr habe man die Krankheit heilen können. Es habe sich nämlich um Skorbut gehandelt. Damals habe man grüne Kräuter in der Prärie gesucht, besonders den wilden Knoblauch, und damit die überlebenden Kranken sehr schnell wiederhergestellt.
Er und die anderen Freunde redeten mir zu, einen Versuch zu machen. Indianische Kinder wurden ausgesandt, diese Pflanzen und einige Zwiebelgewächse in der Prärie zu suchen. Man schnitt und hackte sie wie Spinat und ich aß den Brei in Mengen, worauf schon am vierten Tage die Beschwerden an meinem Beine bedeutend wichen, die Fiebertemperatur sank und meine Besserung mit jedem Tage zunahm.
Nun konnten wir auch an eine Abreise denken. Ich fühlte mich neu belebt, und mit Vergnügen betrieben wir die Vorbereitungen für die Rückreise.
Unser Boot, das während des schweren Eisganges ans Ufer gebracht worden war, lag bereits wieder am Landeplatz. Wegen des zu erwartenden Regens wurde es mit einem Verdeck von indianischen Zeltdecken versehen.
Am 18. April belud man das Schiff. Gegen Mittag waren wir bereit zur Abfahrt. – Da entwischte uns der Prärie-Fuchs, an den ich mich so sehr gewöhnt hatte und den ich nach Europa mitnehmen wollte. Den Verlust des possierlichen Tieres bedauerte ich sehr.
Ich sah, wie der Fuchs davonstob, zwischen den Bäumen eines nahen Waldes hindurch. Ein paarmal hörte ich noch seine rauhen Kehltöne. Dann war nichts mehr zu hören und zu sehen von ihm. Er war in der Wildnis verschwunden.
Nun galt es Abschied zu nehmen von Herrn Kipp, mit dem wir so lange in dieser Abgeschiedenheit zugebracht haben und der alles für mich getan hat, was ihm in seiner eingeschränkten Lage möglich gewesen ist.

Die Indianer begleiteten uns ans Ufer. Besonders schwer fiel mir der Abschied von Mato-Tope, dem Indianerhäuptling, der mir in dieser interessanten Zeit zum Freund geworden war.
Dann legte unser Boot ab, und während wir den schönen Missouri hinabglitten, wurden im Fort uns zu Ehren einige Salutschüsse abgefeuert.

ÖSTLICH VON ST. LOUIS

Meuterei an Bord

Die Fahrt in unserem Boot erwies sich als recht unangenehm, weil die Besatzung aus ziemlich mittelmäßigen Subjekten bestand. Einer dieser Männer war ein gewisser Melone, trunksüchtig und träge, mit dem wir alsbald Schwierigkeiten bekommen sollten.
Als wir nämlich nach einigen Tagen das Boot für einen Landbesuch verlassen hatten und an Bord zurückkehrten, fand ich die Bootsbesatzung berauscht und schlafend vor, während jener Melone beschäftigt war, seine Kiste und übrigen Habseligkeiten aus dem Boot ans Land zu tragen. Er erklärte, daß er nicht weiter mit uns reisen wolle, auch seien seine Kameraden von der übrigen Bootsbesatzung übereingekommen, uns zu verlassen.
Die Situation war sehr gefährlich, denn dadurch wären wir Europäer – Carl Bodmer, der Jäger Dreidoppel und ich – allein der Wildnis überlassen gewesen.
Die Nachricht von dem hinter meinem Rücken verabredeten Komplott befremdete mich nicht wenig, und ich rief die übrigen Leute auf und fragte sie, ob dies wirklich ihre Absicht sei.
Allein jetzt hatten sie sich eines Besseren besonnen und beteuerten, uns nicht verlassen zu wollen.
Melone, höchst aufgebracht durch ihre Unbeständigkeit, brach in heftige Schimpfworte gegen sie aus, und ich kündigte ihm an, daß er seinem Wunsche gemäß allein hier zurückbleiben könne.
Jetzt änderte er plötzlich seinen Ton, gab gute Worte und bat schließlich, mitfahren zu dürfen. Allein ich nahm ihn bei seinem Worte, wir schifften uns ein und ließen den Meuterer einsam in dieser Wildnis zurück. Da er mit der Axt wohl umzugehen verstand und hinlänglich mit Lebensmitteln ausgerüstet war, so konnte er leicht aus starken Pappeln ein Boot zimmern und damit den nächsten Standort weißer Ansiedler erreichen.

Der weitere Verlauf unserer Rückreise führte uns nach Fort Pierre, das wir vom vorigen Jahr noch gut in Erinnerung hatten. Wir wurden herzlich begrüßt. Obwohl auch dort noch Hungersnot herrschte, wurde uns ein Festmahl aufgetragen, und zwar ein Hund, der – da die Lebensmittel rar waren – zwölf Dollar kostete.

Das Hundefleisch war sehr fett, schwärzlich wie Hammelfleisch, der Geschmack aber so gut, daß man schnell das Vorurteil dagegen besiegen lernte.

Wir reisten weiter und erreichten Fort Lookout, wo Häuptling Wahktägeli auch jetzt wieder Versicherungen seiner großen Anhänglichkeit an die Weißen gab.

Auf unserer weiteren Rückreise stießen wir immer wieder auf vertraute Personen, so zum Beispiel auf den Punca-Häuptling Schudagache (Der welcher raucht).

Nur in „Bellevue", dem Agentschaftsposten des Major Dougherty, konnten wir keine Bekannten treffen. Major Dougherty war nämlich unterwegs, und die Indianer von „Bellevue" waren fast alle tot. Im vergangenen Sommer nach unserer Durchreise, hatte sie eine Cholera-Epidemie hinweggerafft. Innerhalb von 24 Stunden waren siebzig Prozent der Indianer von Bellevue gestorben! Ein jetzt noch anwesender Mann erzählte uns, daß er die Toten alle beerdigt hatte, ohne selbst krank geworden zu sein.

Wir fuhren mit unserem Boot weiter flußabwärts und erreichten die Stelle, wo wir die Dörfer der Ayowä-Indianer wußten, die, wie erinnerlich, bei unserer vorjährigen Durchreise hier im betrunkenen Zustande einen friedlichen Trupp von Omaha-Indianern überfallen hatten.

Wir wollten nun die Ayowä-Dörfer besichtigen, doch an Land trafen wir auf einige Engagés, die uns davon abrieten. Die Ayowäs, so berichteten sie, hätten mehrere Tage hindurch wieder nur in Branntwein geschwelgt, und sie würden sich in einem gefährlichen Rausche befinden. Den Branntwein hatten sie von illegalen Schnapsbrennern bekommen, die sich kein Gewissen daraus machen, daß der Alkohol höchst verderblich für die Indianer ist und diese Menschen schnell ihrem Untergange nahebringt.

Ohne weitere Zwischenfälle kamen wir am 27. Mai in St. Louis an, wo wir einige Besuche machten und dann in östlicher Richtung weiterreisten, wechselweise auf dem Landwege oder per Schiff, wobei wir zunächst den Mississippi und dann den Ohio befuhren.

Am 16. Juni erreichten wir Cincinnati, eine ansehnliche, vorzüglich von Deutschen bewohnte Stadt mit bedeutendem Handelsverkehr. Bemerkenswert ist das sogenannte Western-Museum, das weniger dem wissenschaftlichen Nutzen, sondern mehr dem Gelderwerb dient. Interessant schien mir zu sein, daß die Indianer-Romantik des Wilden Westens hier bereits Thema einer Ausstellung war! Die Waffen und Gerätschaften, die wir vor kurzem erst noch als nützliche Gebrauchsgegenstände in den Händen der Rothäute gesehen hatten, lagen hier im Osten Amerikas in den Glasvitrinen eines Museums und wurden „indianische Antiquitäten" bezeichnet.

Das nächste, für mich interessante Ziel unserer Reise war Chillicothe, das Gebiet der Shawanno-Indianer, denen der berühmteste Indianerführer Nordamerikas entstammte: der inzwischen im Krieg gefallene Häuptlingssohn Tecumseh, Führer der indianischen Widerstandsbewegung und Freund von Black-Hawk, den ich zu Beginn meiner Reise als Gefangenen kennengelernt hatte.

Ich war begierig, Tecumsehs Heimatdörfer zu sehen – doch dort, wo die Hütten seines Stammes stehen sollten, waren keine Spuren indianischer Ansiedlung mehr zu erblicken. Inzwischen nämlich waren dort die Gebäude der Stadt Chillicothe errichtet worden.

Wir reisten weiter und erreichten am 25. Juni Cleveland am Erie-See. Dunkelblau dehnte sich die Wasseroberfläche aus, während das schönste Wetter und der klarste Himmel diesen Eindruck begünstigte.

Furchtbare Irokesen – ganz friedlich

Von Cleveland aus fuhren wir in einem Dampfschiff über den See nach Buffalo, wo unweit die Niagara-Fälle in die Tiefe stürzten und die Jagdgründe der „Sechs Nationen" des Irokesenstammes begannen – der wohl blutrünstigsten, grausamsten und stolzesten Indianer Nordamerikas.

Zu den sechs Nationen gehörten die Mohawks, Cayugas, Onondagos, Tuscaroras, Oneidas und Senecas. Der bekannteste und am meisten gefürchtete Häuptling war Red Jacket vom Stamme der Seneca-Indianer gewesen.

Ich besuchte die Senecas, deren Siedlung unweit von Buffalo liegt. Sie haben jede Wildheit abgelegt und sind völlig zivilisiert. In der Nähe Buffalos besitzen sie ein Stück Land, wo sie nette kleine Holzhäuser bewohnen, die zwischen Feldern und Pflanzungen aufgebaut worden waren. Den Zentralpunkt dieser indianischen Colonie bildet die nette kleine Kirche von Holz. Alle Indianer dieser Gegend haben sich vom Wunderglauben ihrer Ahnen abgewandt und sind Presbyterianer geworden.

Sie betreiben Feldbau, Pferde- und Rindviehzucht, und man sieht sie mit ihren Wagen, wie andere weiße Bauern, nach der Stadt fahren. Ihre Kleider ähneln denen der Weißen. Männer und Frauen tragen häufig runde Filzhüte. Die Frauen gehen oft in wollene Decken gehüllt. Die Gesichtsbildung fand ich bei vielen dieser Menschen noch ganz echt und charakteristisch indianisch, ebenso die braune Farbe und das schlichte, kohlschwarze Haar. Doch sind schon viele dieser Senecas etwas mit fremdem Blut gemischt, wodurch ihre Gesichter blasser sind. Allein viele, besonders die Alten, zeigten noch viel Originalität in ihren Gesichtszügen.

Manche von ihnen sprechen englisch. In einer Schule wird nun darauf geachtet, daß alle Indianer die englische Sprache erlernen. Es gibt auch ein Wirtshaus in der Seneca-Siedlung, das von einem Halbindianer geführt wird, der sich aber als Weißer gebärdete und auf den indianischen Teil seiner Vorfahren keinen Wert legte.

Wir besuchten in den Siedlungshäusern einige Familien, welche uns ihre Bibeln und Gebetbücher in der Übersetzung indianischer Sprache zeigten. Die ehemaligen Waffen – wie Pfeil und Bogen – werden hier als kunstgewerbliche Arbeiten hergestellt und verkauft. Nur die Kinder spielen gelegentlich noch damit.

Traurig über die Zerstörung aller jener so höchst merkwürdigen Urvölker des östlichen Nord-Amerika kehrte ich abends nach Buffalo zurück.
Am nächsten Tage bereisten wir den Niagara, um die Fälle zu besichtigen.
In der Nähe des Erie-Sees liegen mehrere Inseln im Flusse, und deren größte, Grand-Island genannt, war früher von den Seneca-Indianern bewohnt. Sie ist zwölf Meilen lang und zwischen zwei und sieben Meilen breit. Die Senecas hatten sie, bevor sie zivilisiert wurden, an den Staat New York verkauft. Für 1000 Dollar und ein Jahrgeld von 500 Dollar.
Schon aus größerer Entfernung hört man das Brausen und Toben der Niagara-Fälle, denen wir uns nun zu Pferde näherten.
Bei den Wasserfällen selbst, deren erhabene Naturkräfte unmittelbar auf uns einwirkten, muß eine Besichtigungsgebühr bezahlt werden. Der Kassier verkaufte außerdem Erfrischungen und indianische Gebrauchsgegenstände und Waffen, Tomahawks und Skalpmesser, die hier schon fast den Charakter einer Kuriosität hatten.
Ein System von Brücken erlaubte uns die Besichtigung der Fälle, deren Anblick imposanter und großartiger ist, als man sich aufgrund von Beschreibungen vorstellen kann.
Der Niagara-Fall wird durch die sogenannte Ziegen-Insel in zwei Wasserfälle geschieden, in den amerikanischen Fall (300 Meter breit, 59,9 Meter hoch) und in den nördlichen Hufeisenfall (900 Meter breit, 48,2 Meter hoch).
Wir besichtigten zunächst den amerikanischen Fall, wo der breite, stolze Fluß mit seinem lebhaft blaugrünen, in weißen Schaum aufgelösten Wasser in die Tiefe fällt. In halber Höhe schon ist er in Schaum und Nebel aufgelöst.
Noch imposanter ist allerdings der Hufeisen-Fall, welcher von dem nördlichen Arm des Niagara-Flusses gebildet wird. Dieser prachtvolle Wassersturz nimmt in Hufeisenform das ganze breite Bett des Flusses quer ein. Seine Dampfwolken und Wassersäulen sind noch weit bedeutender als bei dem zuerst gesehenen amerikanischen Fall. Sie bedecken und verschleiern die benachbarten hohen felsi-

gen Waldufer durch ihre beweglichen, himmelansteigenden Säulen, in welchen die Sonne die schönsten Regenbogenfarben bildet.

Eine Treppe unter das „Donnernde Wasser"

Um der großen Naturszene näher kommen zu können, hat man vom Ufer aus eine Treppe in die Tiefe geführt und unten einen hölzernen Turm aufgerichtet, der sich mit einer Wendeltreppe senkrecht erhebt und von dessen Fenstern und oberer Plattform aus man während des Emporsteigens den Anblick der unbeschreiblichen Szene aus verschiedener Höhe beobachten kann.
Geht man von dort unter der Uferwand der Ziegeninsel am Flusse fort um die Spitze der Insel herum, so gelangt man unmittelbar an den amerikanischen Wasserfall und kann unter die stürzende Wassersäule treten.
Wir gingen dann zum hölzernen Turm des Hufeisen-Falls zurück, stiegen mehrere Treppen empor und erreichten über eine hölzerne Brücke einen steinernen Turm, der im Wasser auf den Felsen unmittelbar über dem Abgrund des Hufeisenfalles erbaut ist.
Man erlebt nun einen großartigen Anblick. Das Auge verliert sich sogleich in der Tiefe des weißkochenden Wasserschlundes, dessen Wolken den staunenden Beschauer umgeben, während sein Ohr von dem donnernden Getöse betäubt ist. Die Indianer nennen die Niagara-Fälle „Donnerndes Wasser".
Im Umkreis der Wasserfälle finden sich immer wieder kleine Verkaufsläden mit Erfrischungen und kunstgewerblich bearbeiteten indianischen Gegenständen.
Umweit der Niagara-Fälle, am Rande einer wild mit Tannen und Laubholz angefüllten Schlucht, die man „Teufelsloch" nennt, befinden sich die Tuscarora-Indianer, ebenfalls Mitglieder der einstens wegen ihrer Erbarmungslosigkeit so gefürchteten Irokesen.

Da Sonntag war, hatte ich Gelegenheit, ihren Gottesdienst zu besuchen. In der mit Indianern angefüllten Kirche predigte der Geistliche in Englisch. Neben ihm befand sich ein Schullehrer, der Satz für Satz in die Indianersprache verdolmetschte.
Als die Predigt vollendet war, sangen die Indianer unter Leitung des Dolmetschers in sehr wohl moderiertem Tone. Einige Männer sangen die zweite Stimme.
Der Geistliche, ein junger Mann, der noch nicht lange an dieser Pfarrei wirkte, teilte mir mit, daß seine Gemeinde aus 300 Seelen bestehe. Die wenigsten Tuscaroras sprechen englisch. Im übrigen unterscheiden sie sich kaum von den Senecas. Doch ihre Gesichtszüge, Hautfarbe und Haare schienen schon mehr durch Vermischung mit den Weißen gelitten zu haben.
Gelegentlich aber sah man noch charakteristische Physiognomien, besonders unter dem weiblichen Geschlecht.
Auf dem Wege nach New York führte unsere Reise durch das Dorf Oneida, benannt nach dem Oneida-Stamm, der ebenfalls den sechs Nationen der Irokesen zugehörte und als ganz besonders wild, blutrünstig und unbezähmbar galt.
Auch hier derselbe Anblick: Indianer in den Kleidern der Weißen, die in Siedlungshäusern wohnten. Sie besitzen in ihrem Dorf eine Art Gemeindehaus, Oneida-Castle genannt, indem sie sich alljährlich am 6. Juni einfinden, um vom Bevollmächtigten der Regierung sieben Dollar zu empfangen. Für diesen jährlichen Pro-Kopf-Betrag hatten sie ihr Land an die Vereinigten Staaten verkauft.
Die zivilisierten, friedlichen, bürgerlichen Oneidas waren die letzten Indianer, die ich sah.
Was für ein Unterschied zu den ursprünglichen, wilden, grausamen, tapferen und dämonengläubischen Jägern und Kriegern der Mandans, bei denen wir den Winter verbracht hatten!
Wir reisten weiter und kamen am 4. Juli nach New York, zufälligerweise wieder am „Day of Independence", an dem Amerika seine Unabhängigkeit proklamiert hatte.
Die Böllerschüsse, Musikveranstaltungen und Feiern erinnerten

mich daran, daß ich genau zum selben Datum – am 4. Juli vor zwei Jahren – in Nordamerika eingetroffen war.
Wir reisten am 16. Juli mit dem Segelschiff von Nordamerika ab und betraten am 8. August europäischen Boden.

Indianische Tragödie

Ein halbes Jahr später, im Winter, erhielt ich in Deutschland den Besuch des Herrn McKenzie, der uns während eines Teils der Reise ein nützlicher und freundlicher Gefährte gewesen war.
Der Mann, den man im Wilden Westen „König des Missouri" nennt, brachte traurige Nachrichten:
Bald nach meiner Abreise in Fort Clarke hatten feindliche Dacotas die Mönnitarri-Dörfer angegriffen und in Asche gelegt. Dabei wurden die meisten Mönnitarris getötet.
Die Überreste der Mönnitarris hatten sich zu den verbündeten Mandans geflüchtet.
Vier Jahre später erhielt ich die Nachricht, daß alle unsere indianischen Freunde von dem Stamme der Mandans tot seien.
Folgendes war geschehen:
Im Sommer des Jahres 1838 kam ein Pelzhändlerschiff aus St. Louis nach Mih-Tutta-Hangkusch, dem mir so vertrauten Dorf der Mandans, in dem ich meine völkerkundlichen Studien betrieben hatte. Obwohl sich auf dem Schiff mehrere Pockenkranke befanden, durften die Indianer an Bord kommen. Sie infizierten sich sogleich.
Einzelheiten beschrieb der amerikanische Maler George Catlin folgendermaßen:
„Die Krankheit wurde in wenigen Tagen so furchtbar, daß die Menschen innerhalb kürzester Zeit starben. Die Hoffnungslosigkeit war so groß, daß fast die Hälfte der Erkrankten sich mit dem Messer, der Flinte oder duch einen Sturz von Felsabhängen selbst den Tod gaben.

Die größte Verzweiflung bemächtigte sich aller, und Tag und Nacht riefen sie den großen Geist an, damit er sie von dieser Plage befreie.
Über den edlen Mato-Tope muß ich noch einige Worte sagen: Nachdem er selbst von der Krankheit genesen war, saß er in seinem Wigwam und sah, wie seine Frau und die Kinder nach und nach erkrankten und starben.
Als alle die Seinigen dem Tod zur Beute geworden waren, ging er durch das Dorf und weinte über den Untergang seines Stammes. Alle tapferen Krieger, von denen allein die Erhaltung des Stammes abhing, waren nicht mehr unter den Lebenden.
Er kehrte in seine Hütte zurück, legte seine tote Frau und seine toten Kinder auf einen Haufen, bedeckte sie mit einigen Büffelhäuten, hüllte sich ebenfalls in eine Haut und ging nach einem in der Nähe befindlichen Hügel, wo er trotz aller Bitten der Pelzhändler mehrere Tage liegen blieb und den Hungertod zu sterben beschloß.
Am sechsten Tage hatte er eben noch so viel Kraft, nach dem Dorf zurückzukehren. Er begab sich in seinen Wigwam, legte sich neben die Leichen seiner Frau und seiner Kinder, zog die Büffelhaut über sich und starb am neunten Tage, nachdem er das Dorf verlassen hatte.
Dies sind die Nachrichten über das Aussterben der Mandan-Indianer.
Es ist möglich, daß noch einzelne von ihnen leben, obwohl ich es nicht für wahrscheinlich halte.
Doch selbst wenn dies der Fall wäre, so haben sie als Nation aufgehört zu existieren".

ANHANG

Ein Stoß mit der Faust bedeutet: Töten
Die indianische Gebärdensprache

Hier findet der Leser eine Zusammenstellung aller Gesten der bereits im Hauptteil kurz erwähnten indianischen Gebärdensprache:
Gut: Man bewegt die rechte Hand in horizontaler Stellung von der Brust an vorwärts.
Schlecht: Man schließt die Hand und öffnet sie, indem man sie abwärts bewegt.
Sehen: Man zeigt mit ausgestrecktem Zeigefinger von dem Auge vorwärts.
Kommen: Man richtet den Zeigefinger auf, entfernt die Hand und bringt sie stoßweise allmählich näher.
Gehen oder fortgehen: Wie oben, nur fängt man nahe bei dem Gesichte an, und entfernt die Hände ruckweise.
Sprechen: Man legt die rechte Hand flach, die Oberfläche unterwärts und rückt mit derselben von dem Munde einigemal vorwärts.
Ein Mann: Man hebt den Zeigefinger hoch und dreht die Hand hin und her.
Eine Frau: Man streicht mit der inneren flachen Hand über die Seitenhaare neben dem Gesichte, oder über das Gesicht selbst flach herunter.
Kind: Man schnellt die Zeigefinger empor und zieht die Hand nach unten hinab.
Töten: Man ballt die Faust und schlägt damit von oben nach unten hinab.
Einen Pfeil abschießen: Man hält beide Hände vors Gesicht und schnalzt mit den Fingern.
Ein Flintenschuß: Wie oben, jedoch wird der linke Arm dabei ausgestreckt und der rechte vor dem Gesicht gehalten.

Treffen: Man klatscht beide Hände zusammen.
Der Herr des Lebens: Man bläst in die flache Hand, zeigt mit dem ausgestreckten Zeigefinger in die Höhe, indem man dann die Faust schließt, hin und her dreht und abwärts senkt.
Medizin: Man rührt mit der rechten Hand in der linken und bläst dann in dieselbe.
Flinte: Man schließt die Finger gegen den Daumen, fährt mit der Hand in die Höhe und schnellt die Finger auseinander.
Bogen: Man macht die Gebärde des Bogenschießens.
Pfeil: Man streicht mit dem rechten Zeigefinger über den linken Arm hin.
Die eiserne Pfeilspitze: Man berührt mit dem rechten Zeigefinger die Spitze des linken Zeigefingers mehrmals.
Feuerstein: Man legt den Zeigefinger quer über den Daumennagel derselben Hand.
Was heißt das? Was willst du sagen?: Man streckt die geöffnete, senkrecht gestellte Hand dergestalt aus, daß die innere Fläche vorwärts kommt, und bewegt sie mehrmals von einer Seite zu der andern hin und her.
Das Schießpulver: Man reibt Daumen und Zeigefinger wiederholt gegeneinander.
Ein Kleid: Man breitet Zeigefinger und Daumen beider Hände auseinander, und fährt damit an jeder Seite des Körpers hinab.
Die Beinkleider (Leggings): Man öffnet die Finger wie vorher und fährt damit gegen die beiden Beine hinauf.
Schuhe: Man hebt den Fuß und streicht mit dem Zeigefinger derselben Seite von vorn nach hinten daran hin.
Hut: Man fährt mit geöffnetem Daumen und Zeigefinger an dem Kopfe zu beiden Seiten etwa so weit herab, wie der Hut in den Kopf geht.
Es ist wahr: Man senkt die Hand vor der Brust hinab, indem man den Zeigefinger ausstreckt. Dann hebt man die Hand wieder.
Eine Lüge: Mit dem zweiten und dritten Finger der rechten Hand fährt man zur linken Seite vor dem Munde vorbei.
Ich weiß es: Man breitet Daumen und Zeigefinger der rechten Hand

aus, kehrt sie gegen die Brust und wendet sie dann so, daß das Innere der Hand nach oben kommt.

Ich weiß es nicht: Man macht zuerst das vorhergehende Zeichen und bewegt dann dieselbe rechte Hand nach der rechten Seite auswärts.

Viel: Man führt die beiden beinahe geschlossenen Hände ein paarmal stoßweise übereinander, die rechte oben.

Handeln, Handel treiben: Man klopft mit dem ausgestreckten rechten Zeigefinger einigemal auf den linken.

Verwechseln: Man fährt mit beiden Händen, den Zeigefinger ausgestreckt, quer vor der Brust aneinander vorbei.

Pferd: Man setzt den gespreizten Zeige- und Mittelfinger der rechten Hand rittlings auf den Zeigefinger der linken Hand.

Reiten: Wie eben, nur mit dem Unterschiede, daß man mit der rechten Hand weiter ausholt und das Zeichen schnell macht und mehrmals wiederholt.

Hund: Man bewegt die flache Hand von oben nach unten etwa so tief hinab, wie ein Hund mit dem Rücken hoch ist.

Biber: Man schlägt den Rücken der flachen rechten Hand ein paarmal gegen das Innere der Linken.

Fischotter: Man verlängert mit den zwei ersten Fingern der rechten Hand die Nase ein wenig aufwärts.

Die Bisonkuh: Man krümmt die beiden Zeigefinger, setzt sie neben den Kopf und bewegt sie ein paarmal.

Bisonstier: Man setzt an jede Seite des Kopfs die geballte Faust, die Finger nach vor.

Maultier: Man hebt die geöffneten Hände hoch neben den Kopf und bewegt sie mehrmals von hinten nach vorn gleich Flügeln.

Hirsch: Man bewegt die aufgerichtete Hand vor dem Gesicht mehrmals hin und her.

Bisonrobe: Man bewegt die beiden geschlossenen Fäuste vor der Brust kreuzweise voreinander vorbei, als wenn man sich einwickeln würde.

Tag: Man entfernt die beiden auf ihren Rückseiten auseinander gelegten Hände vor der Brust auseinander, hebt dann den Zeigefinger

und rückt ihn einmal vorwärts, um die Zahl eins anzuzeigen, zweimal, wenn zwei Tage gemeint sind. Und so weiter.
Nacht: Man bewegt die beiden geöffneten Hände horizontal, den Rücken nach oben in kleinen Bogen vor der Brust übereinander hin.
Sonne: Man macht einen kleinen Kranz mit dem Zeigefinger und Daumen und hält ihn gegen den Himmel.
Mond: Man beschreibt dasselbe Zeichen, nachdem man zuvor das Zeichen für die Nacht gemacht hat.
Fluß: Man öffnet die rechte Hand und fährt damit vor dem Munde von oben herab.
Wasser: Wie oben.
Wald: Man spreizt alle zehn Finger, bringt die Hände vor dem Gesicht zusammen und entfernt sie voneinander.
Berg: Man richtet den Arm vom Ellenbogen an mit geballter Faust aufwärts, den Rücken der Hand nach vorn gerichtet.
Prärie: Man legt die Hände flach auf ihren Rücken und fährt damit ganz horizontal in gerader Linie auseinander.
Dorf: Man setzt die geöffneten Daumen und Zeigefinger an beiden Händen gegeneinander, als wenn man einen Kreis einschließen wollte und bewegt sie ein Stück von oben nach unten hinab.
Kessel: Ist ebenso, nur wird dies Zeichen näher zur Erde hin gemacht.
In eine Hütte gehen: Man fährt mit der flachen rechten Hand in kleinen Bogen unter die nach vorwärts gehaltene Linke.
Eine rote Decke: Man zeigt erst das Einwickeln um die Schultern und reibt dann den rechten Backen, um die rote Farbe anzudeuten.
Eine grüne Decke: Man macht das Einwickeln und zeigt dann mit der umgekehrten flachen Hand streichend das Grün des Grases auf dem Boden.
Blaue Decke: Man macht das Einwickeln und reibt dann mit ein paar Fingern der rechten Hand den Rücken der Linken.
Axt: Man kreuzt die Arme und senkt die rechte Hand etwas über den linken Arm hinab.
Zinnober: Man reibt mit den Fingern der rechten Hand den rechten Backen.

Messer: Man schneidet mit der aufgerichteten rechten Hand vor dem Munde vorbei.
Feuer: Mann stellt die Finger der rechten Hand ein wenig geöffnet auf, und hebt die Hand ein paarmal in die Höhe.
Rauch: Man runzelt die Nase.
Häuptling: Man fährt mit dem aufrechten Zeigefinger der rechten Hand aufwärts, wendet ihn im Bogen und fährt dann etwas gerade nach unten.
Ein Weißer: Man stellt den geöffneten Zeigefinger und Daumen der rechten Hand gegen das Gesicht und fährt dann rechts vor der Stirn vorbei, um den Hut anzuzeigen. Man kann auch die Faust dazu nehmen.
Dumm: Man hebt die Hand vor den Kopf, den Rücken auswärts, und bewegt sie kreisförmig ein paarmal herum.
Skalp: Man greift mit der linken Hand die Haare und schneidet mit der flachen rechten über die linke weg.
Zufrieden, vergnügt: Man fährt mit der aufgerichteten Rechten schlangenförmig vor Brust und Gesicht in die Höhe.
Das gehört mir: Man ballt die Faust, fährt damit vor der Brust in die Höhe und rückt sie mit einem kleinen Stoße oder Schwung vorwärts.
Das gehört mir nicht: Zuerst wie oben und dann winkt man mit der rechten Hand verneinend vor dem Gesichte vorbei.
Ein Tapferer: Man ballt die Fäuste, legt die linke nahe gegen die Brust, und stößt mit der rechten darüber hinweg.
Ein Feigling: Man zeigt mit dem Zeigefinger vorwärts und zieht ihn zurück.
Horchen: Man stellt den geöffneten Daumen und Zeigefinger vor das rechte Ohr und bewegt die Hand hin und her.
Schnell laufen: Man fährt mit der rechten Hand schnell hoch und weit über die linke hinweg.
Langsam: Man streckt den linken Arm aus und krümmt den Zeigefinger, hält in stille. Der rechte Arm macht dasselbe, wird aber mit gekrümmtem Zeigefinger zurückgezogen.
Fett: Man hebt den linken Arm mit geballter Faust, den Rücken

auswärts, umfaßt den Arm mit der rechten, und reibt daran hinunter.

Krank: Man hält die Hände gegeneinander und bringt sie dann mehrmals steif gehalten von der Brust zugleich vorwärts und wieder gegen dieselbe zurück.

Tot: Man hält die linke Hand flach vor das Gesicht, den Rücken auswärts und streift dann mit der eben so gehaltenen rechten Hand unter der linken hindurch, indem man sie ein wenig schlägt oder berührt.

Pulsschlag heißt: Katink–tink–kanahgisch
Aus der Sprache der Mandans

Abend – Istunhä-dähus
Abgrund – Pähusch
Abhauen – Pauischosch
Achsel (Schulter) – Ahkittä
Ader – Iidukka oder Hissä
Alle – Ekunhä. Alle Mensche oder Leute – Ambä
Allein – Jicha
Alt – Chihosch
Alter Mann – Waratohka-chihosch
Alte Frau – Rokanka-chihenn
Anführer (Häuptling) – Numakschi
Angel – Poikinnih
Angela – Pohrup-schikohsch
Angst – Wohkarachka
Anschleichen – Cheruhra-dehusch
Anschießen – Ohcha-tu-kärähusch
Ansitz – Iwakschuntusch
Arbeiten – Waisakosch

Arm – Ahdä
Aas – Kommahä
Asche – Uaraschuntä
Atem – Onnihä
Auge – Ista (die beiden Augen – Istommi)
Axt – Ohmanatä
Bach – Passan-kschuck
Boden – Manpeterroh
Ball – Mihp-toht-kisch
Bart – Hih
Bauch – Ähchi
Baum – Mannah oder Manna
Beerdigen (auf das Gerüst legen) – Omahchä-däh-hereje Ohmachä oder Maschottä: das Totengerüst.
Bein – Otih
Beißen – Naschä-sch
Belauschen – Minnakochä-uakärupschä–sch
Beleuchten – Ihdä-chäwaharisch
Bemalen – Uahkapusosch
Bepflanzen – Uahkidäddaisch
Bequem – Ohmannaka-schihsch
Berauschen – Russidihrusch
Berg –Mahahk-chtäsch
Beriechen – Uihhä
Beschmutzen – Tkappoahärrisch
Beste – Koschisch
Besen – Ingka-gischka
Betrügen (sie sagen „er hat seine Schuld nicht bezahlt") – Ihscha-häuah-ma-kuinehchusch
Beutel – Ihdukä
Bewickeln – Ikikahmenisch
Biegen – Kihskoppohärrisch
Bitter – Pahrusch
Blase – Ihdächä
Blatt – Ahpä

Blau – Toha
Blei wie Kugel – (Uahtoschemahhä)
Blind – Ista-chädetosch
Blitz – Chä-kuhnde
Blond – Pahin-sihdusch
Blühen – Hoh-säddähosch
Blut – Ihdä
Blutig – Ih-kerreje
Bogen – Woraeruhpa oder Waraeruhpa
   (Dies ist der Bogen von Ulmenholz)
Böse – Warakä-ächkasch
Branntwein – Mönni-pahre
Braten – Rokinni
Braun – Tkopp
Breit – Pchihrusch
Brennen – Ratsiposch. Die Prairie brennt: Mah-odisch
   (die Prairie ist schwarz gefärbt)
Brechen – Pahrusch
Brücke – Manna-achkinihnde
Bruder (der jüngste) – Pschong-ka
Bruder (der älteste) – Mong-ka
Brust (die) – Tachärächä
Bunt – Puhsa
Darm – Sihpä
Daumen – Umka
Decken – Ah-kuposch
Dick – Chtä-sch
Donner – Chä-i-nihä
Doppelt – Nahta-sch
Dort – Etta
Dotter – Mandeck-suck-niika-kuhschta-ossiidä
Dumm – Ochka-sch
Dunkel – Hapähreschka
Dünn – Pampih-sch
Eben – Kahosta

Ei – Mandeck-suck -niika
Eiland (Insel) – Uittka
Einmal – Machana-iicha
Einreißen (z. B. eine Hütte demolieren) – Ohsehrusch
Einsalzen (oder zuckern) – Skuhohsch
Eis – Chohde
Eisen – Uahtasche
Ellenbogen – Akschische-nahde
Eng – Kschuko-sch
Enkel – Tauihangka-sch
Entfliehen – Ptäho–sch
Entzünden – Raptähärri-sch
Erde – Mahhankä
Erdrücken – Russsingko-sch
Erhitzen – Manassinko-sch
Erröten – Stassähärreh
Ertrinken – Numangkake-kamahä
Essen – Warruto-sch
Essen – Wohrute
Fächer – Ihkärä-häditta
Falle (für Tiere) – Ahchkatachka
Fallen – Dohbschösch
Fangen – Owaschakosch
Faul – Natkachihpo-sch
Faulen – Tärräpo-sch
Faust – Ongkirrussa-nakä
Feder – Sih
Fehlen – Kakahon-sch
Feig – Wakarrachkahsch
Feind – Uihratandä
Fell – Dohbchih
Felsen – Ihschanschekeh
Fern – Tehhan-sch
Ferse – Schiruttä
Fertig – Wakingkosch. Es ist nicht vollendet – Wauakin-kinichosch

Fett – Sihndä
Fett (geschmolzenes) – Ihkiri
Feuer – Uaradä
Feuerbrand – Uara-rakschä
Feuerstein – Mahkick-schuka
Finden – Onoppohsch
Finger – Ungkah-hä
Daumen – Umpkä
Zeigefinger – Ungkoh-mihä
Mittelfinger – Ungknatka-kanachkah
Vierter Finger – Unghnatsä-mingkä
Kleiner Finger – Ungkni-ingka
Fisch – Po
Fischen – Pohru-pschikohsch
Flamme – Uara-kapidihä
Flechten – Kaschkä-sch
Flecken – Ahksehusch
Fleisch – Manskapö
Fliegen – Kikarehdusch
Flinte – Wahta-schiruhpa oder Eruhpa
Floh – Peschki
Floßfeder – Possi
Flügel – Ahpcha
Fluß – Passan-hächtä
Fragen – Kümahche-sch
Franzose – Waschi oder Uaschi
Engländer – Uaschi oder Waschi-mihsihahkta
   (ein Franzose aus Norden)
Amerikaner – Manhichtä
Frau – Mih-hä
Freund – Manuka
Freude – Nettkaschi-sch
Frei (er ist kein Sclave) – Wainih-sihnichosch
Friede – Herrohka-härri-sch
Früh – Koskäch-schamahä

Frühling – Bäh-hinundä
Fühlen – Paschkattusch
Fährte – Onihnde
Fohlen – Unpa-mansinihka-sch
Funke – Uaranihka
Fuß – Schih
Fußsohle – Schirokä
Fußsteig – Nanko
Fußzehe – Schi-nihka
Gähnen – Ichbedährusch
Galle (das gelbe Wasser auf dem Magen) – Wah-sih-dä
Ganz – Ekun-ha
Gar – Rattacosch
Gerben – Ruhintu-sch
Gaumen – Nutiske-okissangka
Gebären – Ehtu-sch
Gehen – Deh-husch
Gehe fort, gehe aus dem Wege – Huh-keta
Gefangen – Ihnissä
Gefangener – Iniss-häddisch
Gefrieren – Ktahohsch
Geheim – Achawähsch
Geiz – Schirukohsch
Geld – Mataschä-schottä (das weiße Metall)
  oder Okihkikidasusch (das, was die Weißen lieben).
Gelb – Sihdä
Gelblich – Chihdä
Genick – Nahkuttä
Genug – Antechkasch
Gerade – Schohrusch
Gesandter – Kasäddähsch
Gesang – Wakannarusch
Geschwind – Kattuscho-sch
Geschwollen – Pah-hosch
Gesicht – Ista

Geweih – Ansä
Gewitter – Hapahchikohsch
Gewölk – Hahdä
Gift – es gibt kein Wort dafür
Gipfel – Mahakahgitta
Glänzend – Educhtukosch
Glatt – Sanhisch
Gott (wörtlich „der Herr oder Chef der Erde") –
   Ohmahank-numakschi
Gras – Chahä
Grau – Chottä
Grauhaarig – Pahin-chottä
Groß – Haschkasch
Grün – Wiiratohä
Gurgel – Nutiskä
Gut – Schisch
Haar – Pahin
Haarlos – Pah-e-serroko-sch
Haarzopf am Hinterkopfe – Pahin-okaskäsch
Hagel – Rakannandeh
Halb – Ihschanhä
Hals – Itainu
Halsband – Warapening-gä
Halsweh – Itäi-nunahrusch
Hand – Ung-kä
Handel – Uih-karusch
Harn – Dächä
Hart - Kahsäsch
Harz – Ohruschkop
Hassen – Worattehusch
Häßlich – Chikosch
Haus (Hütte) – Oti
Heben – Ruhchohku-sch
Heilen – Kimikoh-sch
Helfen – Ohta-iuassakusch

Hell – Karaschäkosch
Herein – Döbcheta
Herz – Natka
Herzhaft – Kakah-honsch
Himmel – Chare-toho-sch
Hinten – Naschitero
Hintere (der Körperteil) – Ih-ta
Hirn – Nathenu
Hitze – Dadeschusch
Hoch – Wah-kohrusch
Hoffen – Iwatehrusch
Hohl – Chowokosch
Höhle (ein Haus in dem Felsen) –
   Mih-sannakeh-kuhsta-auti-tuhsch
Holen – Kittahhusch oder Kichkararusch
Holz – Manna
Hören Ä-sch
Hübsch – Schihnaschusch
Huf – Schah-hä
Hunger – Waruhtä-sch
Hungrig – Wawarutä-sch
Husten – Hokärukä
Ich – Mih
Immer – Amankahu-sch
Innere – Kühschta
Irren – Chiqua-härrisch
Lunge – Koppähk
Losung – Ähde
Lachen – Ihkchanhosch
Lahm – Onni-ndächikosch
Land – wie Erde
Lang – Hanscka
Langsam – Chährusch
Lanze – Manna-hiteruck-schukkä
Lanze – Eruhpa-hichtä

Laufen – Ptä-husch
Lauf (der Welt) – Ptih-hing-kikehrtsch
Leben – Nan-kesch
Lecken – Pedeh-sch
Leer – Okikohhä
Legen – Makhärrähsch
Lehren – Ikkikuhntä
Leiche – Uattäh-hädde
Licht – Iddä-achä
Lieb haben – Wathkidasusch
Liebste, sie sagen: „die schönste" –
    Suck-mihä-koschinaschä-mihkasch
Locken (ein Tier) – Wattachak-huhroch (wörtlich indem ich ihre
    Stimme nachahme, mache ich sie kommen).
Magen – Tacharachä
Mais – Köhchantä
Mann – Numangkohsch oder Numangkosch
Meer (das) – Mönnih-kerre oder Mönnih-kärrä
Mein – Uawakahrusch
Mensch – Numangkahkesch
Messer – Man-hi
Medizin – Choppeni
Medizin-Mann – Numank-choppenisch
Medizin-Hütte – Ti choppenisch
Medizin-Fest – Machoppenih-uahäddisch
Mittag – Hapannatosch
Mond – Istu-menahke
Mondschein – Istu-menahke-iddä-echosch
Vollmond – Mihnangkä-okahi
Neumond – Mihnangkä-nangka-nakohsch
Morden – (wie töten) Tährusch
Morgen – Mahtke
Übermorgen – Mahtke-ohma-esta
Müde – Iua-hatesch
Mund – Ih-hä

Mutter – Kohuhndä
Mutter (meine) – Mihuhndä
Mutter (deine) Nihuhndä
Mutter (seine) – Ih-kohuhndä
Mütter (die) im plural – Kohuhnka
Nieren – Picksukkäh
Nordlicht – Wauawaschirutä
Nabel – Dähp-ta-suh
Nacht – Istu-hunsch
Nackt – Ikara-suh-ninakosch
Nadel – Mihstuherä-ohhopä-tuhsch
Name – Dassä
Narbe – Ocha-tuhsch
Nase - Pahchu
Nasenloch – Pahchu-suh
Naß – Skapposch
Neben – Mipachtihsch
Nebel – Masihsch
Neger – Waschipsi
Nest – Tachande
Netz – Po-ikuhndä
Neu – Nankasch
Nicht, nichts, keiner – Mikohsch
Ohr – Nakochä
Ohrzierat – Uohkaske
Ohrfeige – Rotkäsch
Orkan (Sturm) – Schächtä-sch
Pfeife im Sinne von Blasinstrument (ohne Löcher) – Ih-koschka
Pfeife (mit Löchern zum Fingern) – Ih-wochka
Pfeife (große Medizinpfeife) – Ih-hink-schoppenih
Pfeife (Tabaks) – Ih-hink-ossuha
Pfeifen – Ihkoscha
Pfeil – Manna-mah-ha
Pferd – Umpa-menissä
Prairie – Oh-karachtah

Paar – Nupscha
Partisan (Anführer einer Kriegspartei) – Karokkanakah
Peitsche (für das Pferd) – Ih-kaparaschä
Pulsschlag – Katink-tink-kanahgisch
Pulver (Schieß) – Waraschuntä
Quelle – Mannahinnih
Rasieren – Hihkirukess
Rauch – Pih-husch
Rauchen (Tabak) – Manasch-hihndusch
Räuspern – Häu-ikissekusch
Regen – Chäh-husch
Regenbogen – Chäh-ikuhndä
Reif (von Früchten) – Rattakosch
Reif (ein Faß) – Manna-bihduckä-ih-kamenihnde
Reif (Frost) – Istunhä-uahä-tuhsch
Rippe – Dut-huh-dä
Rocky-Mountain-Gebirge – Nihndä-mankä
Rot – Sähsch
Rücken – Napp-chä
Rückwärts – Naschitta
Rudern – Ihuachakasch
Rufen – Ruhärrisch
Rund – Sannakohsch
Runzel – Sihpo-sch
Sand – Mapuschakohsch
Sattel – Mannissah-ganakä
Scalp – Padobchi
Scalptanz – Uiskäkä-nahpisch
Scharf – Schi-husch
Schatten – Ahkunchä
Schaudern (vor Kälte) – Kachoh-kaharra-wahankisch
Schaum – Puchtä
Schielen – Istack-chäkohsch
Schienbein – Dobkahgä
Schießen (mit der Flinte) – Eruhpa-kahtä

Schießen (mit dem Bogen) – Mannamah-nihndusch
Schild – Wakihdä
Schlafen – Hannarusch
Schläfrig – Hannaruck. Ich schlafe ein – Wahanna-educk-sanhusch
Schlagen – Dotkihsch
Schleifen – Paschih-husch
Schmelzen – Raschedähsch
Schmerz – Wahuhde-nahdusch
Schmutzig – Warat-keddisch
Schnee – Wah-hä
Schnabel – wie Nase: Pahchu-suh
Schneiden – Pauä-schusch
Schön – Schinaschusch
Schöpfen – Innisusch
Schreien – Sarahrusch
Das Kriegsgeschrei – Scheddekohsch
Schwanger – Ähchichtä
Schwarz – Psih
Schwanz (eines Tiers) – Schunntä
Schwanz (eines Vogels) – Ihpä
Schwitzen – Dassing-kohsch
Schwer – Tkähsch
Schwester (die jüngste) – Ptankä. Die älteste – Menukä
Schwimmen – Paschun
Sehen – Hä-sch
Seicht – Mönnih-psihkasch
Seufzen – Inihä
Seite (des Körpers) Doh-ischanhä
Singen – Wakanahrusch
Sitzen – Kikanakä
Sohn – Konickä
Sommer – Raskikä
Sonne – Mahap-mih-nangkä
Sonnen-Aufgang – Mihnangkä-tihsch
Sonnen-Untergang – Mihnangkä-opokkohusch

Speichel – Oksohkä
Spiegel – Ih-migkiäsch
Spielen – Menicheni
Spiel – Kihni
Das Ballspiel der Weiber – Mihptott-kä (Siehe unter: Ball)
Das Billard-Spiel – Skohpe
Sack – Ihwa-tarrackä
Schlitten – Manna-üiratahne
Rassel – Schischikue-Inahdä
Sprechen – Rohdä
Springen – Ska-sch
Stark – Sinhusch
Stechen – Rapäsch
Stein – Misannakä
Sterben – Tährusch
Stern – Chkäkä
Sternschnuppe – Chkäkä-rohhan-kadehhusch
Sticken – Nihhä-ohwaptäsch
Stiefvater – wird Vater genannt, ebenso die Stiefmutter – Mutter (Siehe dort)
Still – Happoähärohn–Knunihusch
Stirn – Ithakä
Stock – Manna-kschukä
Stolz – Tahuichtä-schihkerisch
Stoßen – Patkäh-sch
Schmeicheln – Ihkiri-ahkawaschuch
Streiten – Rapusch
Stumpf – Sonkohsch
Sumpf oder See – Manichtä
Steigbügel – Maniss-iwackungkä
Stumm – Uahronächa
Süß – Skunho-sch
Tabak – Mannascha
Tabak – Manna-seka oder Mannaschot-kuschä
Tag – Kaschäkosch

Tanz – Uahnapä
Taub – Nakockä-sidikosch
Tauchen – Kschippo-sch
Teich (kleines Wasser) – Mönnih-chädochä
Teufel (böser Geist) – Omahank-chika
Tal – Owako-pä
Tau – Beddädä
Teuer – Ischa-hähonsch
Tier – Wahock-schukkä
Tränen – Ista-mönni-huhrusch
Tür – Beddähä
Tochter – Suck-mih-husch
Tot – Ottährusch
Tod – Tahrusch
Topf (von Ton) – Berächä
Trächtig – wie schwanger
Träumen – Chickhäddähsch
Traum – wie träumen
Tun – Isäkosch. Tue es nicht – Kahdä-isäckta
Treiben – Kochährutosch
Trinken – Hihndosch
Trocken – Sahkosch
Tropfen – Sähhusch
Trösten – Kehapp-herrisch
Testikel – Asutka
Tabaksbeutel – Mannaschä-dockä
Trommel – Manna-berächä
Tragkorb der Weiber (von Leder) – Chähank
Über – Ahkita
Überall – Äkunhä-ahkskä-üahärrisch
Überschwemmen – Monnih-suck-häddisch
Ufer – Monnih-wakachta
Umhauen (einen Baum) – Manna-kassäh-herrisch
Umkehren – Kiptahanni-kuhosch
Umdrehen – Mih-nuptakohsch

Undeutlich – Ikinnikosch
Unfruchtbar – Ohro-mikohsch
Ungesund – Uahschi-chihsch
Unreif – Schanhohsch
Unten – Man peta
Unheilbar – Ohkemick-härrächihkusch
Vater – Kohtä
Vater (sein) – Kohtosch
Vater mein – Wahtosch
Vater (dein) – Rahtosch
Verderben – Tellepohsch
Verbergen – Achaschwehsch
Verbrennen – Nachuhdusch
Verdorren – Rahsakosch
Vergessen – Ikihanchikusch
Verschlafen – Owakinate-kahun-husch
Verschlucken – Oscharroposch
Versöhnen – Härrohka-härrisch
Verspäten – Ohhi-kahun-uahärrisch
Verstopfen – Pattarokosch
Verweigern – Ruhkahusch
Verwelken – Dachihdusch
Verwickeln – Ihki-ruhmenisch
Verwunden – Uhsch
Rächen – Tauihscha-hätuhsch
Viel – Hunsch
Vogel – Mandeck-sukkä
Voll – Ohihsch
Volk (schlechtes) einziges Schimpfwort der Mandans –
    Wahchi-kanaschä
Voran – Untihäddisch
Wetter (gutes), es ist gutes Wetter – Happe-schiehsch
Wachen – Iwakschuntusch
Wachs – Ohkerusche-schipka-ohdächä
Wachsen – Inihndusch

Wackeln – Katidirischusch
Wahr – Tkuschosch
Wald – Mann-ruckta
Warm – Dadeschusch
Wärme – wie warm
Warten – Kihahnakosch
Was? wie? – Taschka-tl
Waschen – Kiruskikusch
Wasser – Mönnih, zuweilen Mennih
Wassergefäß – Mönni-mihndä
Wecken – Kittahrusch
Weibchen (eines Tiers) – Mihkasch
Weinen – Rattachosch
Weinrebe – Hasch-huhdä
Weißer (ein) – Waschi oder Uaschi (der, der Alles hat)
Weiß – Schottä
Weit – Ruhchäddäta
Wenig – Sankasch
Wind – Schä
Windstill – Ihpatta-häschkasch
Winter – Mahna
Wirbel (im Wasser) – Mönnih-ruhmenischka
Wissen – Ihua-hähkohsch
Wurzel – Manna-hissä
Zehe – Käddährusch
Zählen – Pakkirihdusch
Zähne – Hih
Zahnschmerz – Hih-nahrusch
Zahnfleisch – Hiddo-sä
Zeigen (mit dem Finger) – Hähmeni-häddisch
Zerreißen – Ruchangko-sch
Zielen – Mitahrusch
Zirkel – Ohkamischkakusch
Zittern – Katiderischusch
Zunge – Dähsike

Zurück – Kirije
Zwingen – Sin-hin-kehde
Zwischen – Nasta
Zaum – Manissikaskä

(Namen einiger Tiere)

Bär (schwarzer) – Ischidda
Bär (grauer, grizzly) – Mato
Biber – Uarapä oder Warapä
Bison (Stier) – Berockä
Bison (Kuh) – Ptihndä oder Pihnde
Bison (Kalb) – Nihka
Antilope (allgemeine) – Kokä. Der Bock – Kock-Berockä
Hirsch (gemeiner) – Mahmanakuh
Hirsch (schwarzschwänziger) – Schumpsi
Wolf (grauer) – Chahratä-chottä
Wolf weißer – Chahratä-chottä
Wolf (schwarzer) – Chahratä-chottä-psih
Wolf (Prairie) – Schähäckä oder Schähäcke
Fuchs (grauer) – Hirutt-chottä
Fuchs (roter) – Hirutt-sä
Fuchs (schwarzer) – Hirutt-psih
Fuchs (Kreuz) – Hirutt-chack-chäh
Fuchs (Prairie) – Ohcha
Fischotter – Pähchtekeh
Dachs – Mahtäckä
Maultier – Schumpsi-manisseh
Pferd – Umpa-menissä
Pferd (junges) – Umpa-menissi-nihkasch
Panther – Schuntä-haschka (wörtlich: der lange Schwanz)
Fledermaus – Hahchurahdä
Hase – Mahchtikä
Kaninchen – Mahchtikä

Luchs – Schontä-pussä
Mink – Mönnika-sunntackä
Maus – Mihtickä
Ratte – Mihtick-chtä
Schwein – Waschita-mato (der Bär der Weißen)
Stinktier – Schochtä
Suslick – Maschironika
Vielfraß – Mato-ka
Wiesel (Hermelin) – Mahchpach-pirakä
Maulwurf – Machtohpka
Wiesel (das kleine) – Machschipka
Das Bergschaf – Ausechtä
Adler (Kriegs-) – Mahchsi
Adler (der alte Kriegs-) – Kichkä
Adler (weißköpfiger) – Pattackä
Adler (der junge weißköpfige) – Chtachtaha
Kranich – Tähräcke
Kranich (weißer) – Tähräck-schottä
Pelikan – Nuthkuchtä
Geier – Ruh-hah-deh
Schwan – Mandeh-choppenih
Wilde Gans – Mihhan-kschukkä
Gans (weiße) – Mihhan-schottä
Ente – Pattohä
Uhu – Ichkihä
Meise – Patahpsi
Nachtschwalbe – Pihska
Specht – Toschka
Wandertaube – Uarawit-chtä
Seidenschwanz – Ohpa-kotika
Elster – Uihkchak-chäkä
Krähe – Chohchichanka
Rabe – Kähka
Colibri – Manasch-schohp-kochachka
Truthahn (wilder) – Mahnu

Schildkröte – Kipsandä
Kröte – Chatka
Frosch – Psanka
Eidechse – Mihkanatka
Schlange – Wahchkeruchka
Schlange – Matah-choppenih

Sziritsch bedeutet Teufel, Wolf und erster Mensch
Sprachproben der Arikkaras *

Arm – Uihnu
Auge – Tschirihko
Amerikaner – Nehsikuss (langes Messer, der Name, den die Amerikaner bei allen indianischen Nationen tragen).
Abend – Hinach
Bach – Tahahneni-Kakirihu
Berg – Wao-tirihuh
Bart – Hakarahnuch
Bein – Kahchu
Blind – Tschirikaruch
Blitz – Hunachtschipsch
Blut – Pahtu
Bogen – Nahtsch
Branntwein – Seh-sannach
Bruder – Inahn
Blau – Tischidanahuisch
Blei (Kugel) – Nischtiuidu
Chef – Däschahn

* Anm: Das Verzeichnis der Sprachproben wurde für die Neuauflage mit Wörtern ergänzt, die der Prinz im ethnologischen Teil seines Werkes erwähnt und später, im Vokabular, nicht wiederholt hat.

Donner – Uaruchte-teuachnaho
Dorf – Etuhn
Erde – Honahnin
Einäugig – Tschirikak-cho
Eis – Nachehtu
Essen – Teuah
Engländer – Sahnisch-takapsia
Feuer – Ha-nih-tu
Frau – Sapa
Fluß – Saha-nin
Feind – Pahtu (Dasselbe Wort wie Blut)
Fisch – Tschiuatsch
Fleisch – Saszsch
Flinte – Tuahku oder Nahku
Freund – Sih-nann
Franzose – Sahnisch-tahka
Gehen – Tiuahwanuck
Geizig – Tähuiss-ch
Gelb – Tirachkatah
Grün – wie blau
Geschwind – Pisch
Geweih – Warikarahn
Groß – Teüitschähs
Gut – Thnahä
Hand – Eschu
Haar – Uhchu
Häßlich – Kakuchne
Haus (Hütte) – Akahn
Herbst – Niskutsch
Herr des Lebens – Pachkatsch (gleichzeitig Bezeichnung für den
    Prärie-Wolf
Herz – Uissu
Hitze – Tah-weristu
Holz (ein Stück) – Natsch (Dasselbe Wort wie Bogen)
Hunger – Tiriuatä

Ich – Nah-tu
Ja – Haa
Jagen – Tirahuisch-Kaehsch
Kind – Pihrau
Kopf – Pa-chu
Kalt – Tipsih
Klein – Kakirihuh
Knochen – Djeh-schu
Köcher – Uachtass
Komme her – Schi-scha oder Schi-scha-pisch
  (komme geschwind her).
Krank – Tenahchehu
Krieg – Naminakohn (d. h. sich schlagen)
Kürbis – Nekahse
Lachen – Täwachko
Leben – Tihko
Leute (Volk) – Sahnisch
Der erste Mensch – Ihkochu oder Sziritsch
Mond – Pa
Mann – Uit-h
Mund – Hah-kau
Mutter – Schachti
Messer – Nisitsch
Morgen (der) – Hinachtit
Medizin – Tiuahruchti
Medizin-Trommel – Akadehwuch-nahch
Medizin-Pfeife – Napahruchti
Mais – Nähschü
Neger – Sahnisch-Kahtitt
Nacht – Uettekattih-siha
Nase – Siniht
Nebel – Uettetaransa
Ohr – Atkahahn
Partisan (Anführer einer Kriegspartei) – Däschtschita
Pfeil – Nih-schu

Pfeife (Tabaks-) – Nauschkatsch
Pulver (Schieß-) – It-kahn
Rot – Tippahahnu
Regen – Uettasuhe
Rausch – Tirah-uchschka
Rächen – Ueuittetut-kauiht
Sonne – Schakuhn
Stern – Sakkah
Schnee – Hunaho
Schwarz – Tecatih
Sprechen – Tihuahwachtehku
Stark – Tetarach-tschisch
Stein – Kaneh-tch
Sterben – Necksahn
Stirn – Nikakinn
Stumm – Wakkarru
Süß – Uettah
Streitkolben und Streitaxt (Tomahawk) – Akachtahka und
   Kataratsch-nauschkatsch
Schießtasche (die) – Ischtach-Kohku
Rassel – Atschihikuchtsch
Sonnenblume (Helianthus) – Stschupunah-nuhchu
Sattel – Anaritschi-taui
Scalp – Uittirah hunnu
Steigbügel – Achkatatau
Trinken – Metetschihka
Tapfer – Uihta-nakoh
Tapferer – Uihta-ti
Tabak – Nahuischkahn
Tabaksbeutel – Nanochkohku
Tag – Tiuene-sahkaritsch
Tanzen – Tirahnauischu-uischu
Taub – Kaketschiesch
Teufel (böser Geist) – Sziritsch oder Nachskunachkoch
   (Der kleine Behaarte)

Tür – Hihuattohnin
Topf – Koszsch
Träumen – Itchahn
Vater – Hiachti
Viel – Tirahnehun
Vogel – Nix
Wald – Warahkt
Waschen – Tanih-karuhku
Weinen – Titschick
Wind – Tihutt
Winter – Hunahka
Weg (der) – Hatuhn
Weiße (Farbe) – Tetscheh-schauata
Weißer (ein) – Sahnisch-thaka
Wasser (das) – Stoh-cho
Zaum (des Pferdes) – Hah-karachkohku
Zähne (die) – Ahna
Zahnschmerz – Tikuchkarahnu
Zunge – Hahtu

(Einige Tiernamen)

Bison (Stier) – Hoh-kuss (die Kuh – Watahesch)
Der Hirsch – Ua-nukuss
Hirschkuh – Uauahta-esch
Antilope – Nanonatsch. Der Bock – Arikatoch
   Das Weibchen – Achkahnuahta-esch
Bär (schwarzer) – Mato
Bär (grauer „Grizzly") – Kuhnuch
Biber (der) – Tschittuch
Fischotter – Tschitahpat oder Tschittah-patte
Pferd (das) – Chawahruchtä
Hund – Chahtsch
Stinktier – Nimbitt

Fuchs (roter) Tschwiwakuh-kuss
Fuchs (Prairie-) Tschiuahk
Fuchs (grauer) – Tschiwakoh-kussoh-tarahuisch
Maus (die) – Sahkch (ch guttur).
Wolf (grauer) – Sziritsch-tehunehnoch
Wolf (weißer) Sziritsch-stahka
Wolf (Prairie-) – Pachkatsch (so wird auch der Herr des Lebens bezeichnet)
Adler (Kriegs-) – Dähtach-kass
Adler (weißköpfiger) – Arichta
Schwan – Schahtu
Ente – Küh-ha
Schildkröte – Tschiu-hahn

ZU DIESEM BUCH

Die Leser

Das hier vorliegende Buch wurde in seiner Originalfassung bereits vor dem Erscheinen bestellt, meist von Buchhandlungen im Auftrag der bedeutendsten deutschsprachigen Persönlichkeiten Europas.

Hier eine Auswahl aus der Subskriptions-Liste:

Arensberg

Buchhandlung Ritter, für
Herrn Graf von Fürstenberg auf Stammheim
Herrn Landrat Freiherr von Lilien in Arnsberg
Herrn Landrat Freiherr von Dolffs in Soest
Herrn Reichsfreiherr von Fürstenberg in Korstinghausen

Berlin

Athenaeum, für
Seine Königliche Hoheit den Prinzen Albrecht von Preußen
Alexander Dunker, für
Seine Königliche Hoheit
Prinz Friedrich Wilhelm
Seine Königliche Hoheit den Prinzen von Preußen
Klage, für
Seine Majestät den König Friedrich Wilhelm III.
Seine Majestät den König Friedrich Wilhelm IV.
Stuhr'sche Buchhandlung, für
Seine Majestät den König Friedrich Wilhelm IV.
Seine Königliche Hoheit den Prinzen Heinrich
Seine Königliche Hoheit den Prinzen Carl

Breslau

Professor Nees von Esenbeck für
Die Leopoldinisch-Carolinische Academie

Dresden

Grimmer'sche Buchhandlung für
die Königlich Sächsische Militair-Bildungs-Anstalt
Walther'sche Hofbuchhandlung für
die Königliche öffentliche Bibliothek

Gotha

Buchhandlung Gläser für
die Herzogliche Bibliothek

Kassel

Buchhandlung Appel für
die Kurfürstliche Landesbibliothek

Koblenz

J. Hölscher, für
Ihre Majestät die Königin von Hannover
Ihre Königliche Hoheit die verwitwete Großherzogin von Baden
Ihre Königliche Hoheit, weiland verwitwete Landgräfin von Hessen-Homburg, geb. Prinzessin von Großbritannien
Ihre Durchlauchten:
den Herzog von Nassau
den regierenden Fürsten von Wied

den Prinzen Carl von Wied
die Prinzessin Luise von Wied
die Prinzessin Thekla von Wied
den Fürsten von Leiningen in Amorbach
die Fürstin von Löwenstein Wertheim-Rosenberg
in Klein-Heubach
den Fürsten Philipp von Löwenstein Wertheim-Freudenberg
in Frankfurt
den Fürsten von Salm Reifferscheid-Dyck auf Schloß Dyck
den Fürsten von Solms Braunfels
den Fürsten von Thurn & Taxis in Regensburg
den Fürsten von Ysenburg in Mannheim
den Fürsten Georg Cantacuzeno in Jassy
den Fürsten Lieven in Petersburg
den Fürsten Trubetzkoi in Petersburg
den Grafen Moritz von Bentheim-Tecklenburg in Frankfurt
den Grafen Colloredo, österreich. Gesandten in München
die Gräfin von Buol-Schauenstein in Stuttgart
Freiherrn von Borstell, General der Cavallerie zu Berlin
Hofjäger Dreidoppel in Neuwied
Oberforstmeister von Egloffstein in Neuwied
Landesbischof Heidenreich in Wiesbaden
Heintz, Stations-Conducteur bei der Rheinischen Eisenbahngesellschaft zu Cöln
Baron von Rothschild in Frankfurt
Holzhändler Schüller in Coblenz
Graf von Rantzau in Heidelberg
Graf von Spenzer in Mannheim
Freiherr von Stolzenberg in Rommersdorf
Herrn Temminck, Director des zoologischen Museums in
    Leyden
Markgraf Wilhelm von Baden, Hoheit in Carlsruhe
Freiherr von Thile II., Excellenz, commandirender General,
in Coblenz
Minister Graf von Walderdorf, Excellenz, in Wiesbaden

Kopenhagen

Gyldendal'sche Buchhandlung für
Seine Majestät den König von Dänemark
Ihre Majestät die Königin von Dänemark
Seine Königliche Hoheit den Prinzen Christian Friedrich
Seine Königliche Hoheit den Prinzen Friedrich Ferdinand
Ihre Königliche Hoheit die Prinzessin Wilhelmina Maria
Seine Königliche Hoheit den Prinzen von Hessen-Philippsthal
Seine Durchlaucht den Prinzen Ludwig zu Bentheim
Staatsminister Graf von Moltke, Excellenz
Graf von Rantzau-Breidenburg
Graf von Krabbe-Carisius
Baron von Nicolay, russ. Gesandter
Chevalier Husgens, niederl. Gesandter
Baron Lagerhelm schwed. Gesandter

Mannheim
Artaria & Fontaine, für
Ihre Kaiserliche Hoheit die Frau Großherzogin
von Sachsen-Weimar-Eisenach, Großfürstin von Rußland
Ihre Majestät die Frau Herzogin von Parma
Seine Kaiserliche Hoheit den Großherzog von Toscana

München
Franz für
Seine Königl. Hoheit Kronprinz Maximilian von Baiern
die Königlich Baierische Academie
der bildenden Künste

Neiße
Henning'sche Buchhandlung
für die Bibliothek des hochlöbl. 23. Infanterie-Regiments

Pesth

Heckenast, für
Herrn Paul von Szirmay in Giralt (Oberungarn, Saroser Comitat).
Seine Kaiserliche Hoheit den Erzherzog
Joseph Palatin von Ungarn

Prag

Calve'sche Buchhandlung, für
Graf Franz Colloredo-Mannsfeldt, K.K. Oberst etc.
das Königliche Böhmische Museum
Borrosch & Andre, für
die Frau Gräfin Gabriele Buquoy, geb. Gräfin von Rottenhan
Ihre Durchlaucht, die Fürstin Wilhelmine Kinsky
Seine Erlaucht Reichs-Altgraf Franz Salm-Reifferscheidt
K.K. Obristlieutenant, Altgraf Johann Salm-Reifferscheidt
Herrn Grafen Franz Thun-Hohenstein, Vater
Herrn Grafen Joseph Matthias Thun-Hohenstein
Herrn Grafen Leopold Thun-Hohenstein

Rotterdam

Baedeker für
Seine Königliche Hoheit Prinz Friedrich
der Niederlande
Herrn C. Dalen, Dr. med., Ritter des Niederländischen Löwenordens in Rotterdam

Schwerin

Stiller'sche Buchhandlung für
Seine Königliche Hoheit, den Großherzog Paul Friedrich von Mecklenburg-Schwerin
Seine Exc. den General-Lieutenant von Both-Luwigslust von Lützow auf Tessin

Siegen

Friedrich'sche Buchhandlung für
Seine Durchl. Fürst Albrecht von Wittgenstein-Berleburg
Seine Durchl. Alexander zu Sayn Wittgenstein-Hohenstein

Stettin

Nicolai'sche Buchhandlung für die Königliche Regierung

Wien

Schaumburg & Cop., für
Seine Durchlaucht Fürst von Lichtenstein
Seine Hoheit Prinz Gustav Wasa, Feldmarschall-Lieutenant
Seine Excellenz Graf Bellegarde
Seine Kaiserl. Hoheit Erzherzog Johann von Österreich

Der Verfasser

Maximilian Prinz zu Wied, 1782 in Neuwied am Rhein geboren, war das achte Kind des Prinzen Friedrich Carl und der Prinzessin Luise Wilhelmine, einer geborenen Fürstin Sayn-Wittgenstein.
Die Bekanntschaft mit dem berühmten Reisenden Alexander von Humboldt weckte sein Interesse für ferne Länder.
Zwischen 1815 und 1817 bereiste er mit seinem Hofjäger Dreidoppel den östlichen Teil von Brasilien. Er brachte wertvolle naturhistorische und ethnologische Sammlungen ins Schloß von Neuwied zurück, schrieb über seine Erlebnisse ein Buch, beklagte aber den Mangel an Bildmaterial.
Deshalb nahm er 1832 bei seiner für zwei Jahre geplanten Reise nach Nordamerika außer dem bewährten Hofjäger Dreidoppel auch den schweizerischen Maler Carl Bodmer mit.
Bild- und Textbände erschienen zwischen 1839 und 1841 bei J. Hoelscher in Koblenz und waren mit folgender Widmung versehen: „Seinem theuersten Neffen, dem regierenden Fürsten Hermann zu Wied widmet diese Blätter der treue Oheim Maximilian zu Wied".
Die Reiseschilderung des Prinzen gilt als das bedeutendste Werk deutscher Sprache über die Indianer Nordamerikas.
Dem Verfasser wurden vielfältige Ehrungen zuteil.
Er starb 1867, im 84. Lebensjahr.

Der Maler

Carl Bodmer, 1809 in Zürich geboren, hat die wichtigsten Zeichnungen und Gemälde von Indianern, ihren Gebräuchen, Gerätschaften und rituellen Festen geschaffen.
Er gilt darüber hinaus als bedeutender Landschaftsmaler.
Die Reise in den Wilden Westen Nordamerikas war für den damals 23 Jahre alten unsteten, unternehmungslustigen Bohemien gerade das Richtige. Er freundete sich mit den Indianern an und wollte für

immer am Missouri bleiben. Nur auf Drängen des Prinzen kehrte er nach Europa zurück, allerdings in der Absicht, später gänzlich in die Jagdgründe der Rothäute zu übersiedeln.
Die Nachricht von der Ausrottung des Mandan-Stammes erschütterte ihn jedoch zutiefst, und er beschloß, den amerikanischen Kontinent nicht mehr zu betreten.
Hochgeachtet, hochgeehrt und vielfältig ausgezeichnet, lebte er wechselweise in Deutschland, der Schweiz und Frankreich, meist in Paris und in der Künstlerkolonie Barbizon nordöstlich der französischen Hauptstadt.
Er starb 1893, im 84. Lebensjahr.

Die Neuauflage

Die Originalausgabe besteht aus zwei Text- und zwei Bildbänden. Der Text enthält nicht nur Reiseschilderungen und Berichte über indianische Völkerkunde, sondern auch ausführliche Aufzeichnungen über Flora und Fauna Nordamerikas und eine heute uninteressante Darstellung des industrialisierten Ostens. Die Neuauflage mußte daher von überflüssigem Ballast befreit und auf das Indianer-Thema konzentriert werden. Da der Prinz sich streng an die Reihenfolge seiner Tagebuchaufzeichnungen hielt, wurden die Reiseerlebnisse stets von Studienberichten unterbrochen und die völkerkundlichen Informationen etappenweise, je nach dem Zeitpunkt ihrer Erforschung niedergeschrieben. Es war daher erforderlich, für den Leser unserer Zeit die abenteuerlichen Reiseschilderungen ohne Unterbrechung aneinanderzureihen und die teils weitverstreuten völkerkundlichen Beobachtungen zu Sachgruppen zusammenzufassen. Dem Verständnis dienliche Einzelheiten der damaligen amerikanischen Indianerpolitik und gewisse ethnologische Forschungsergebnisse, die der Prinz als bekannt voraussetzte, mußten in den Text der Neuauflage eingebaut werden.
Bei dieser Überarbeitung wurde mit größter Behutsamkeit vorge-

gangen, um auch dort, wo freie Nacherzählung mitunter unvermeidlich war, den ursprünglichen Charakter des Werkes beizubehalten.

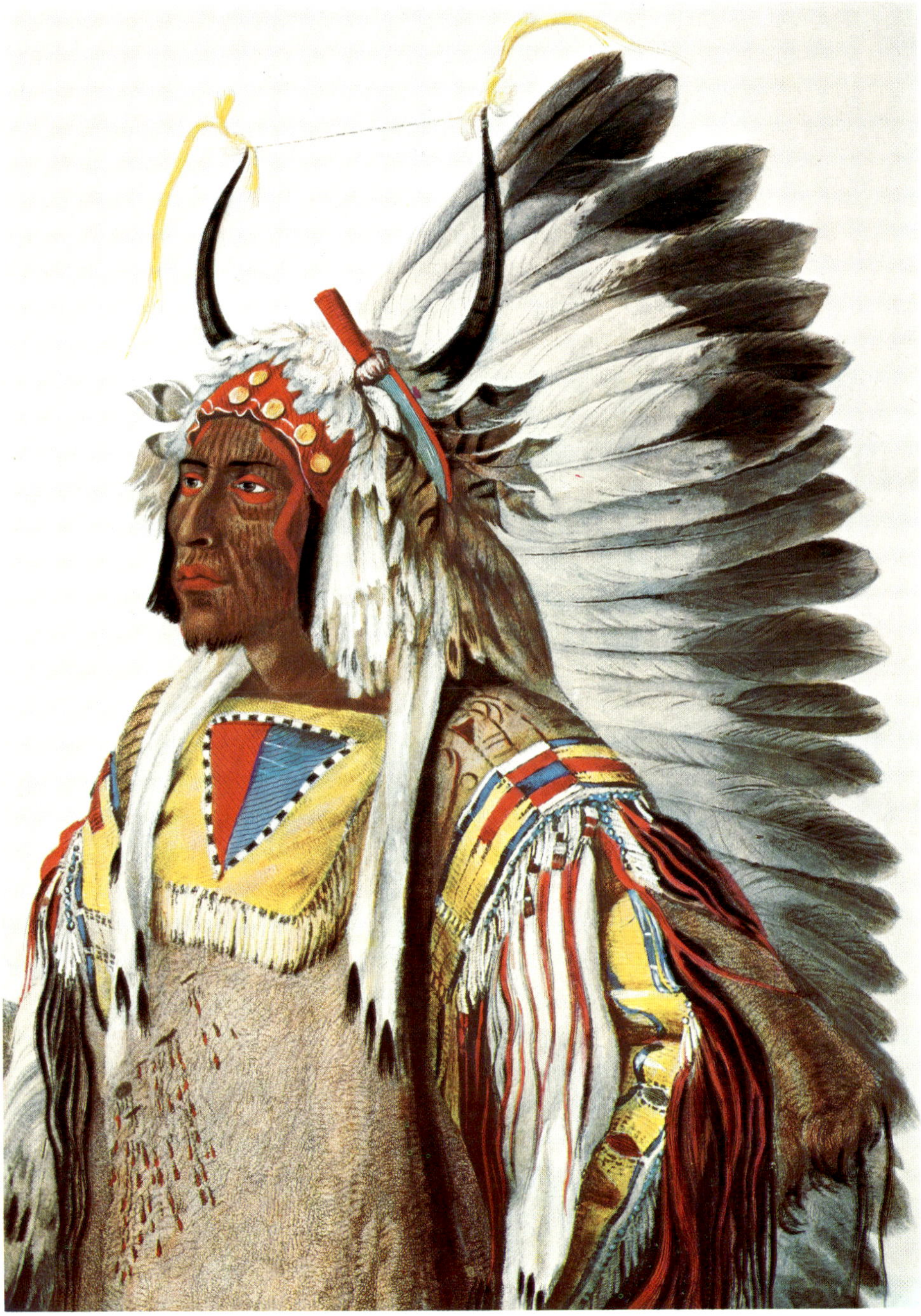

Mato-Tope, berühmter Häuptling der Mandans, Freund des Prinzen zu Wied

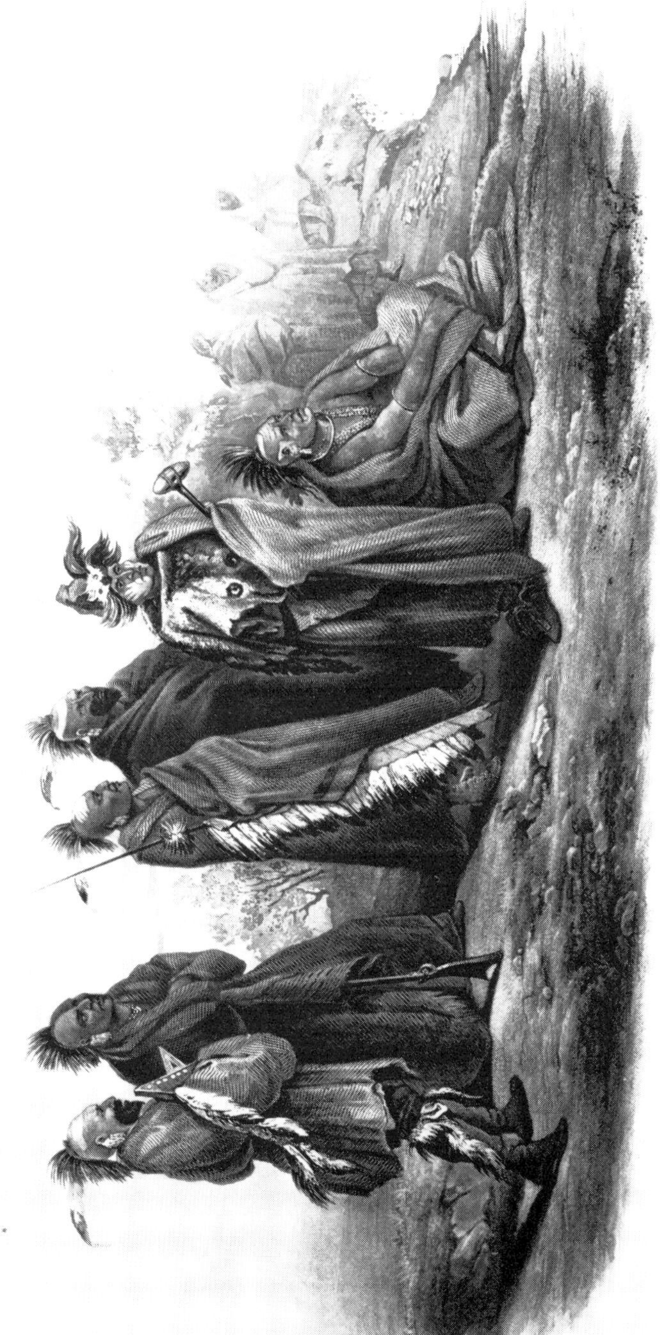

Indianer von den Stämmen der Saki und Foxes

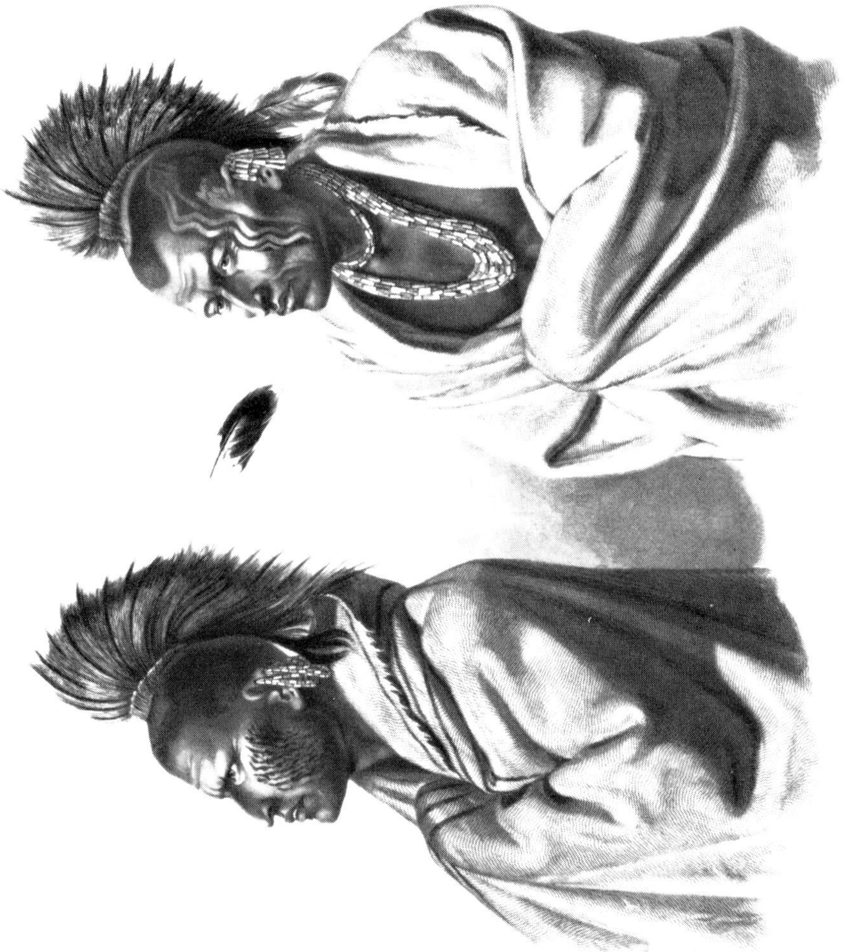

Massica (Die Schildkröte) vom Stamme der Saki und ein Fox-Indianer

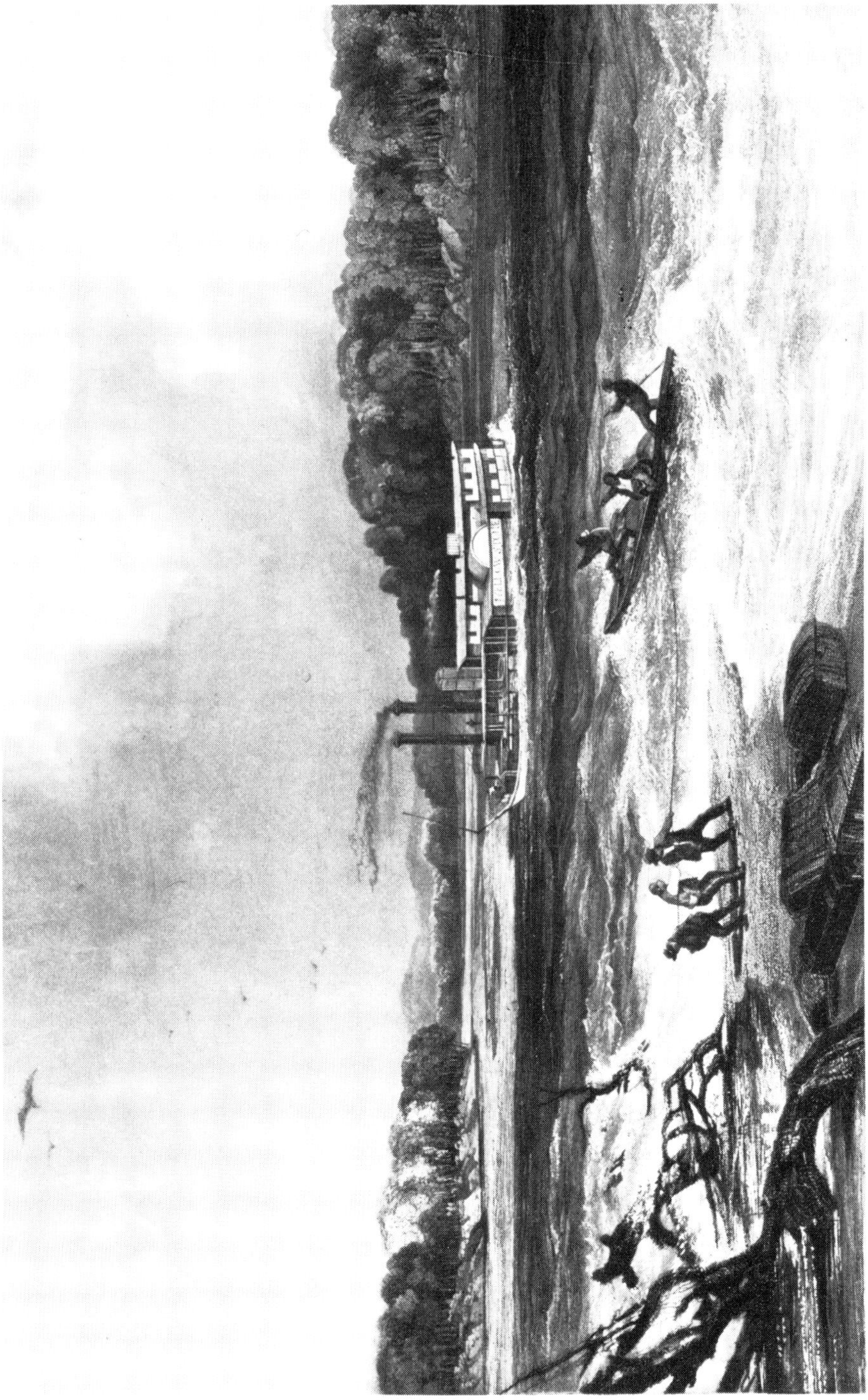

Mit dem Yellowstone-Dampfer auf der Fahrt in den Wilden Westen

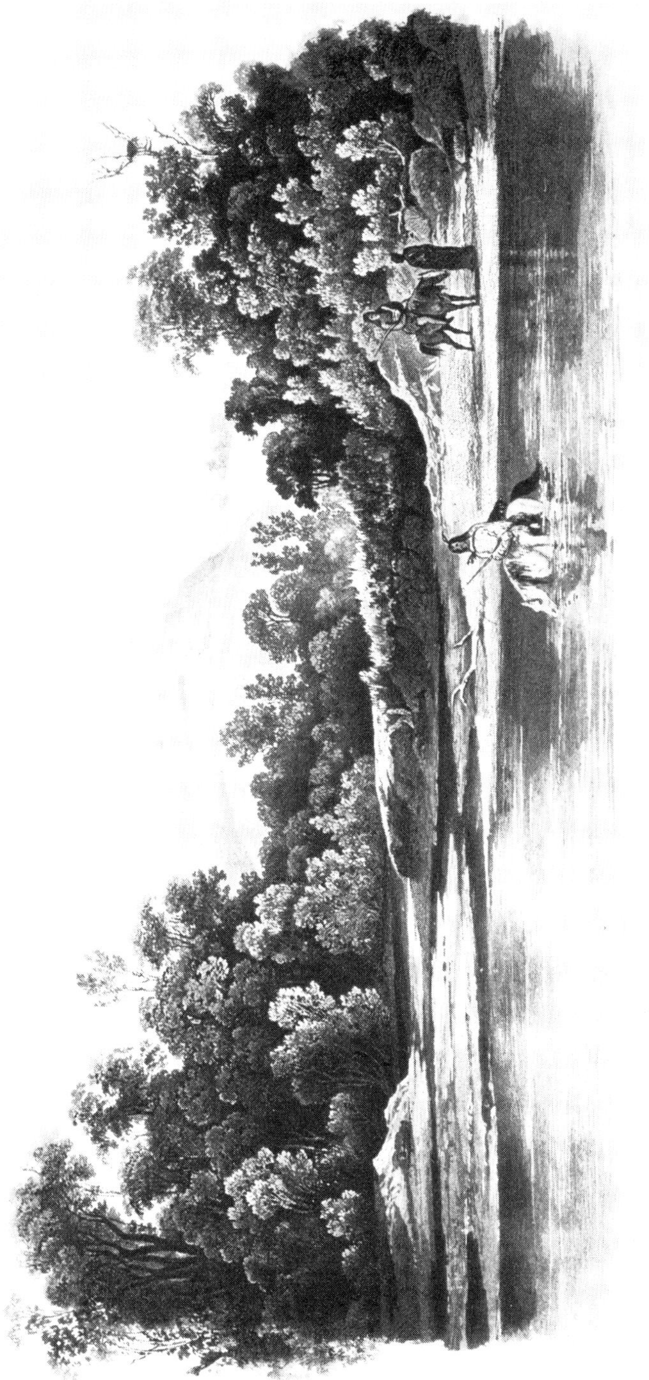

Grab des Giftmörders Waschinga-Sahba

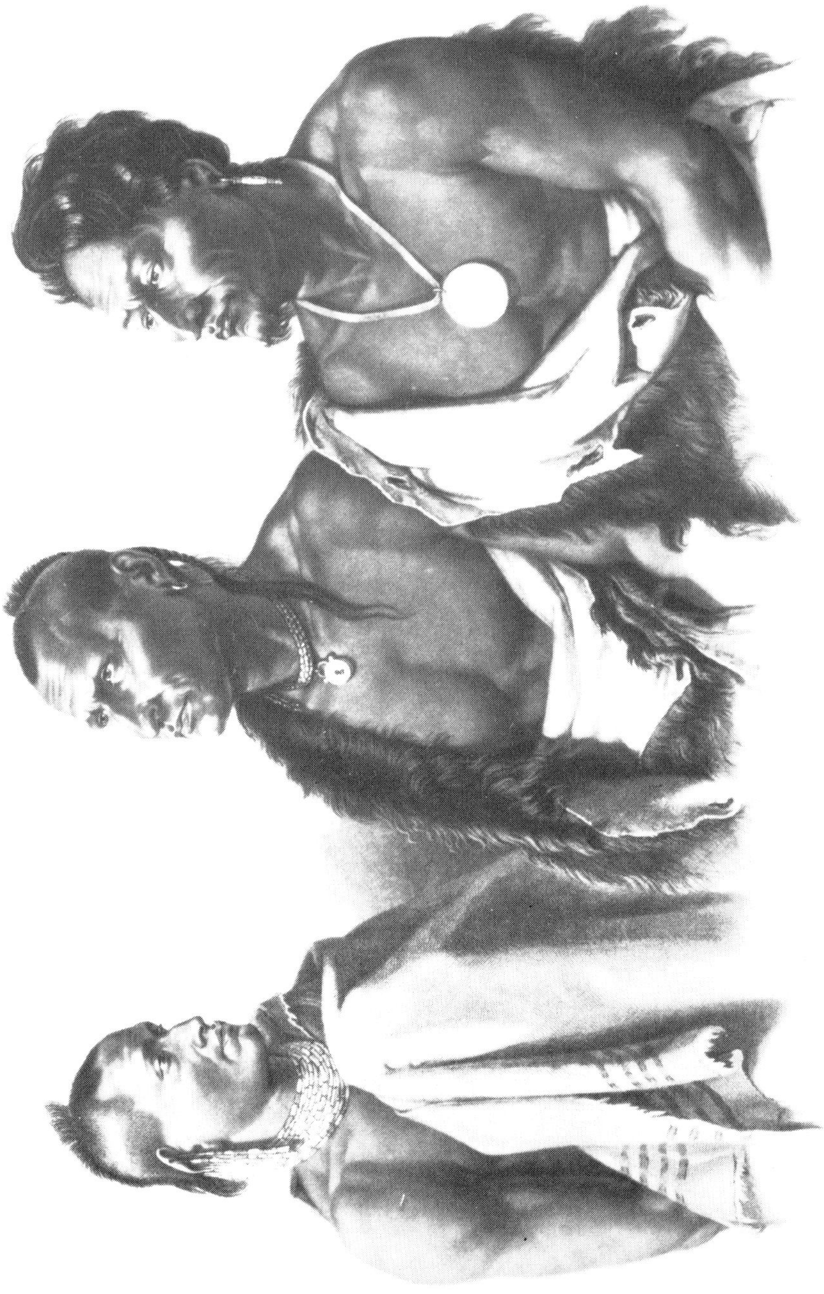

Punca-Indianer. Rechts ihr Häuptling Schudagacheh

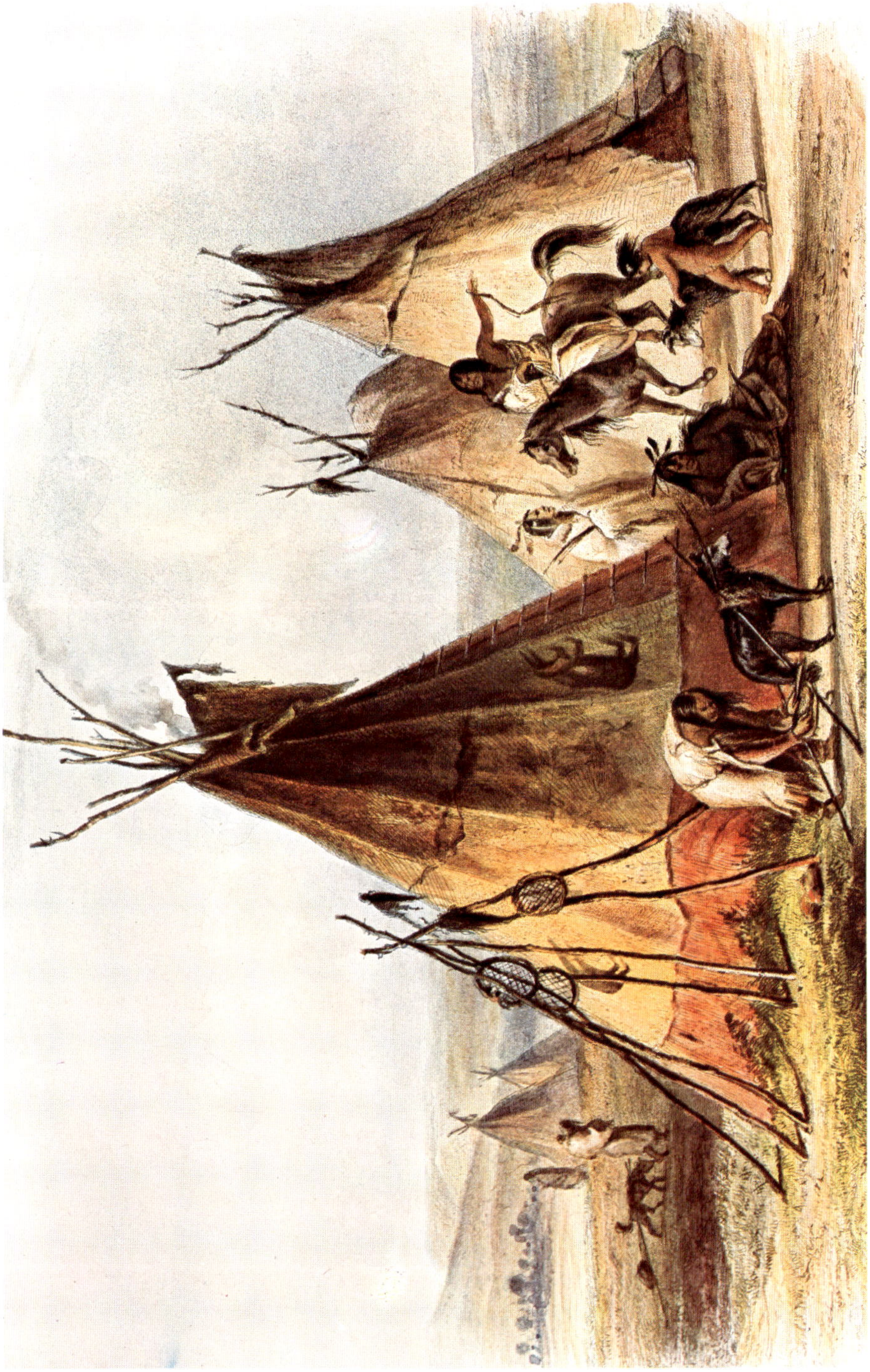

Zelt eines Assiniboin-Häuptlings

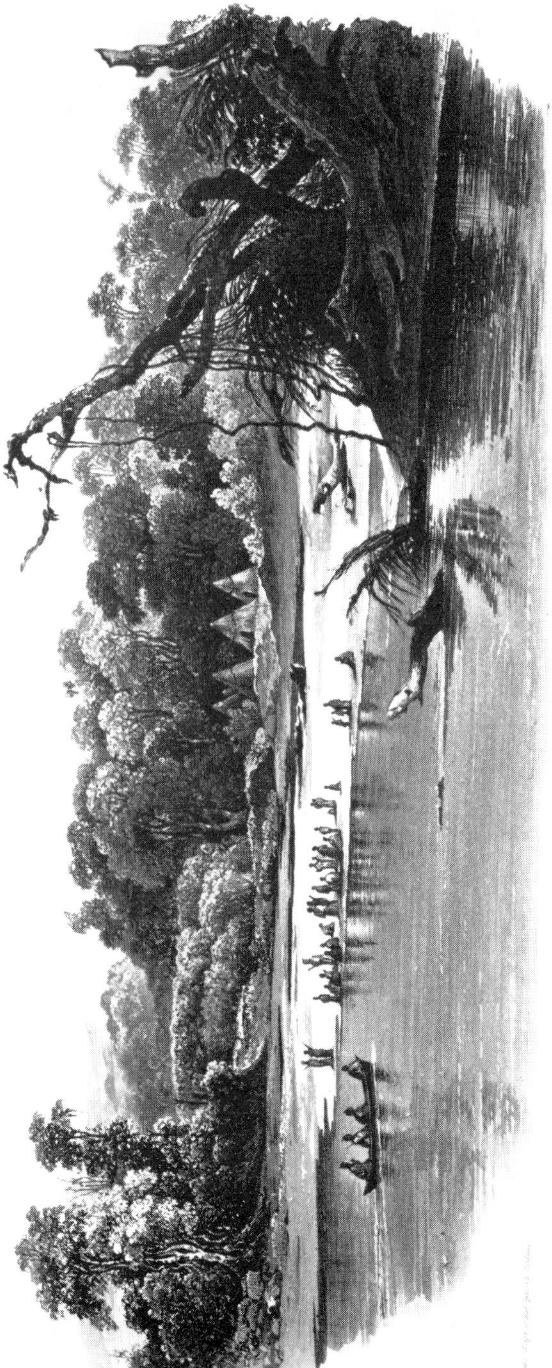

Lager der Punca-Indianer

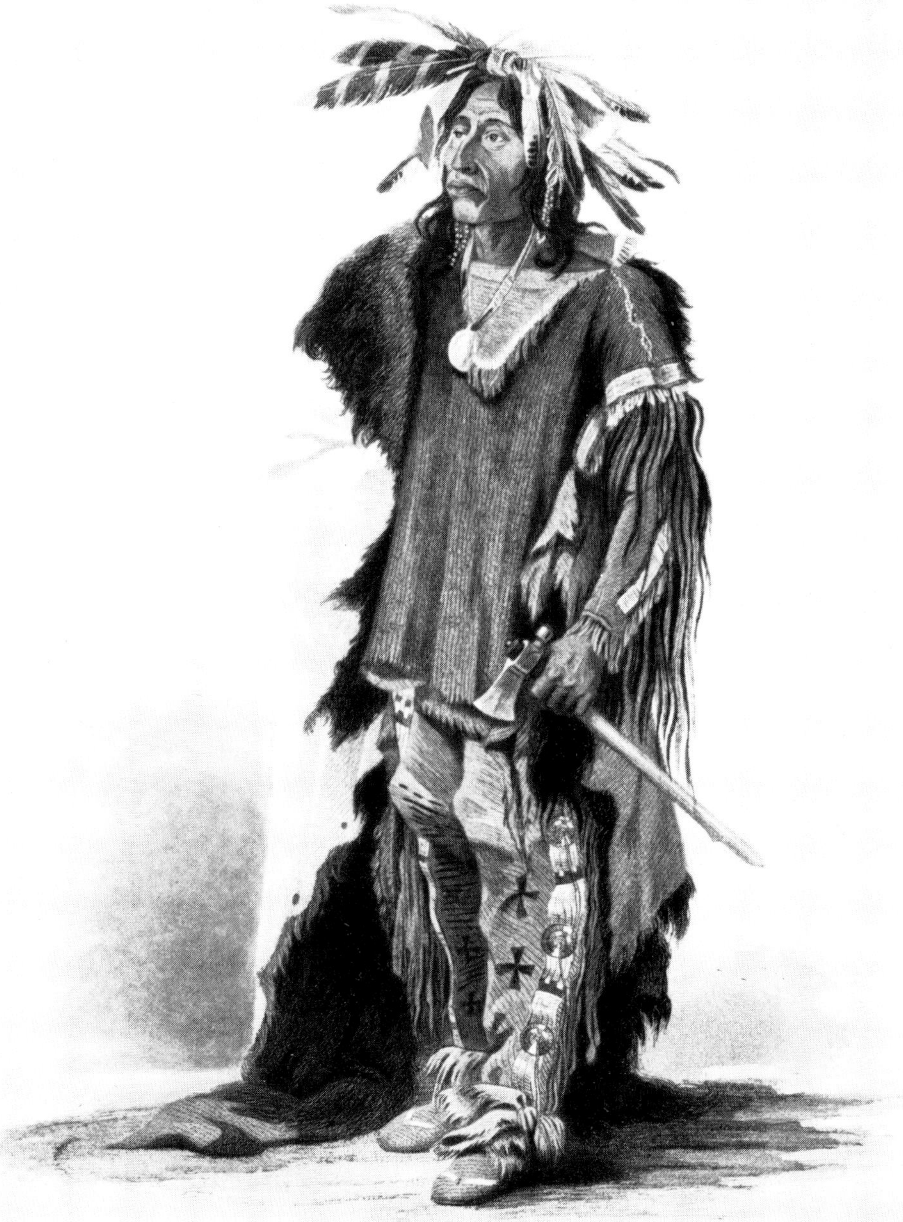

Sioux-Häuptling Wahktägeli, ein Freund der Weißen

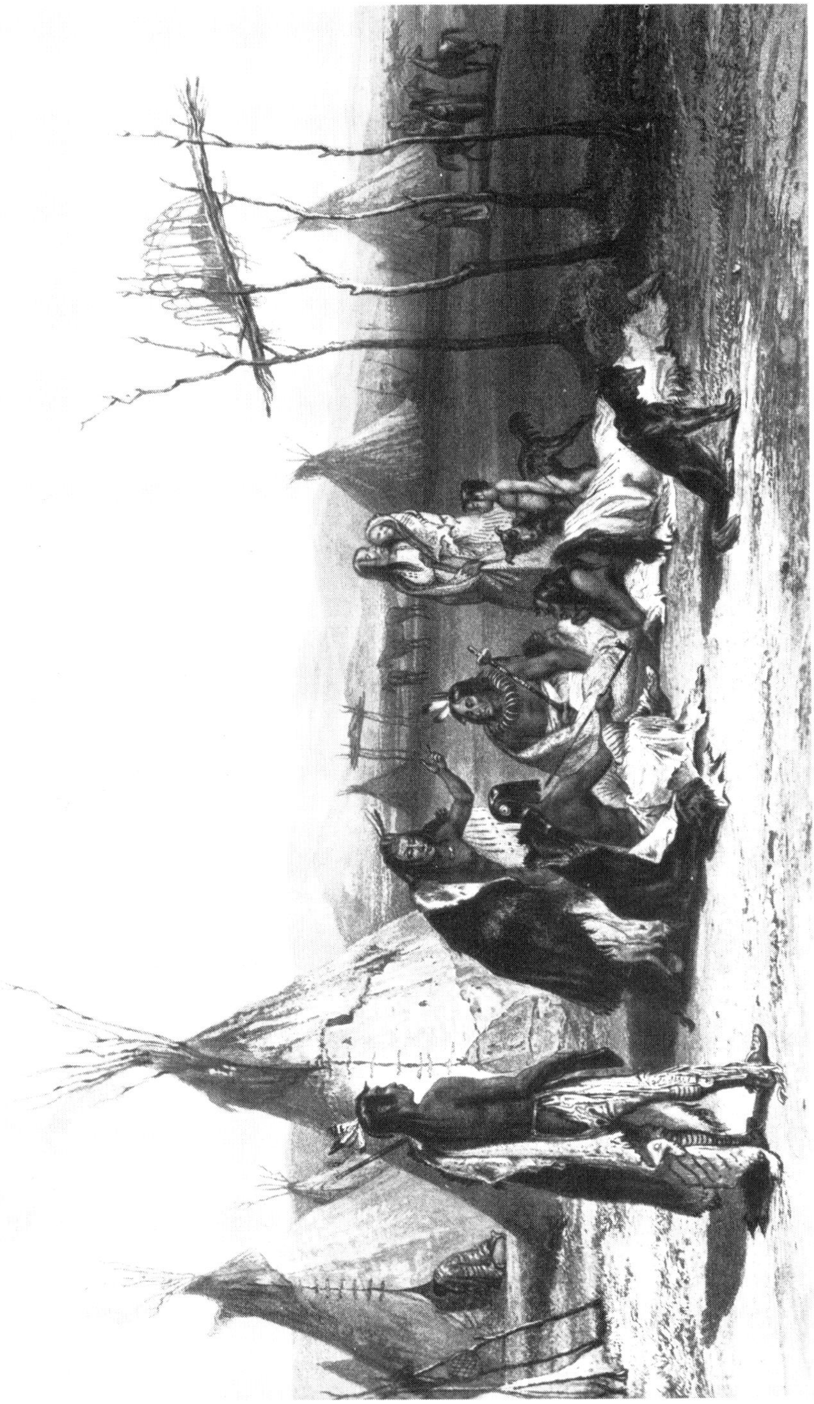

Totengerüst mit einem aufgebahrten Sioux-Häuptling

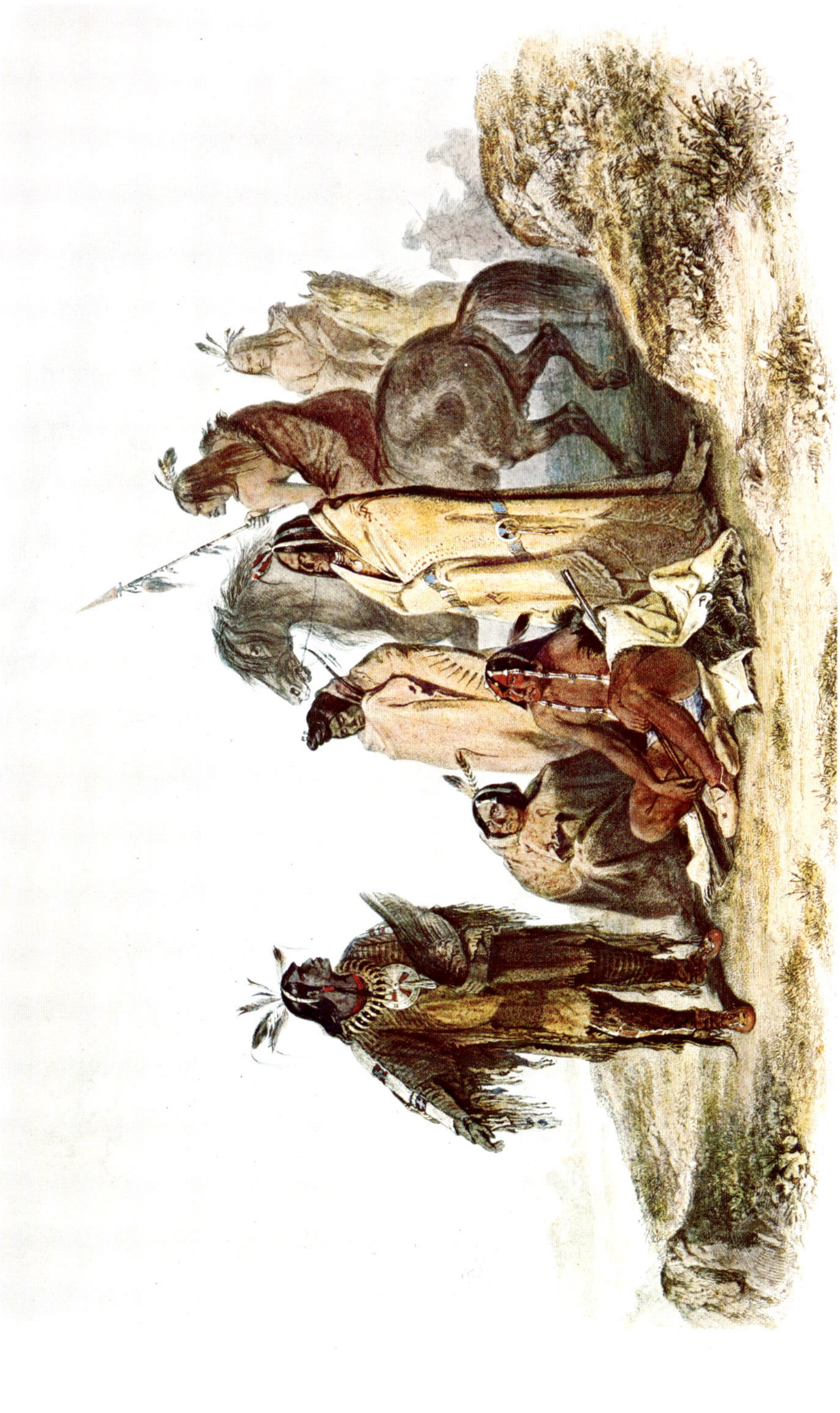

Crow-Indianer

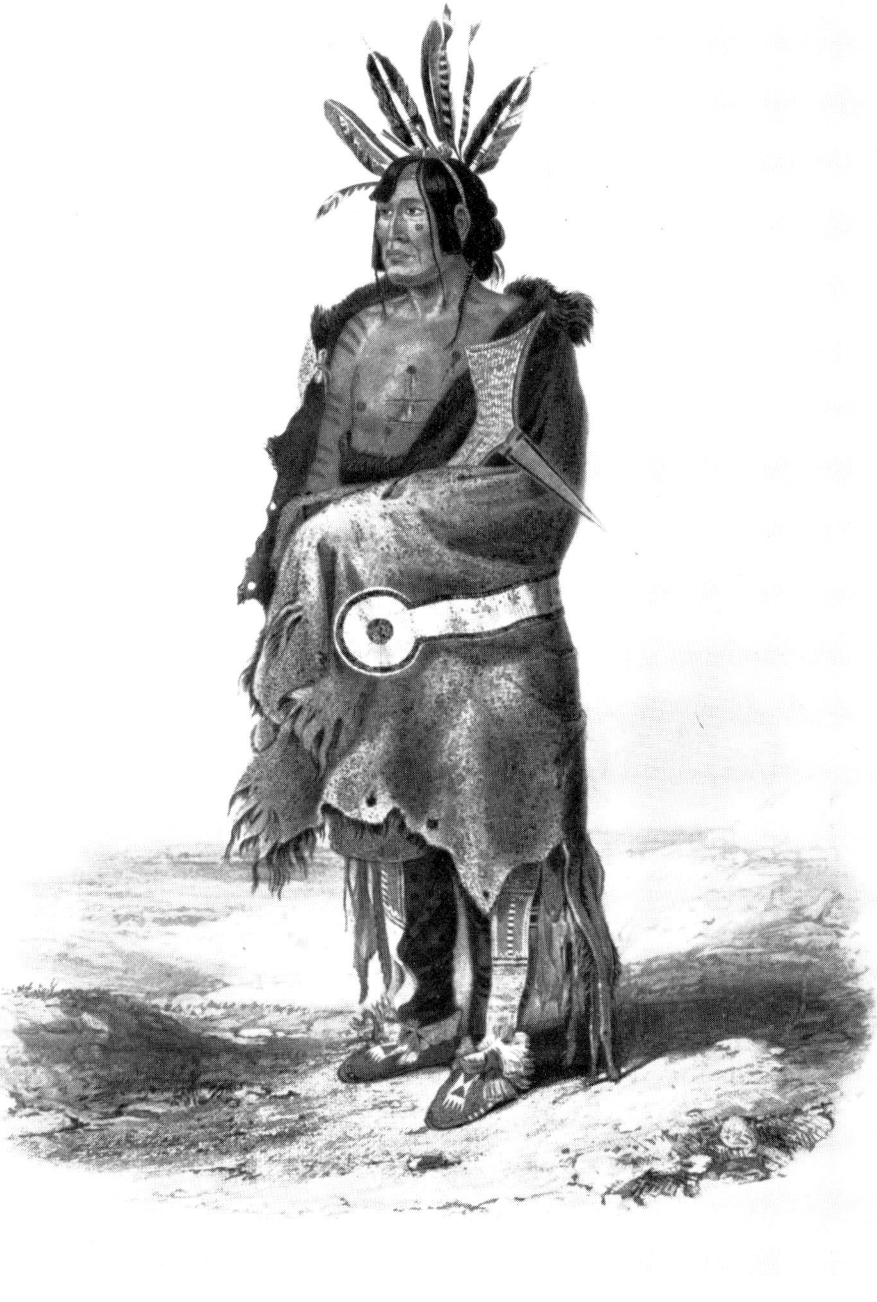

Ein Krieger vom Stamme der Arikkara

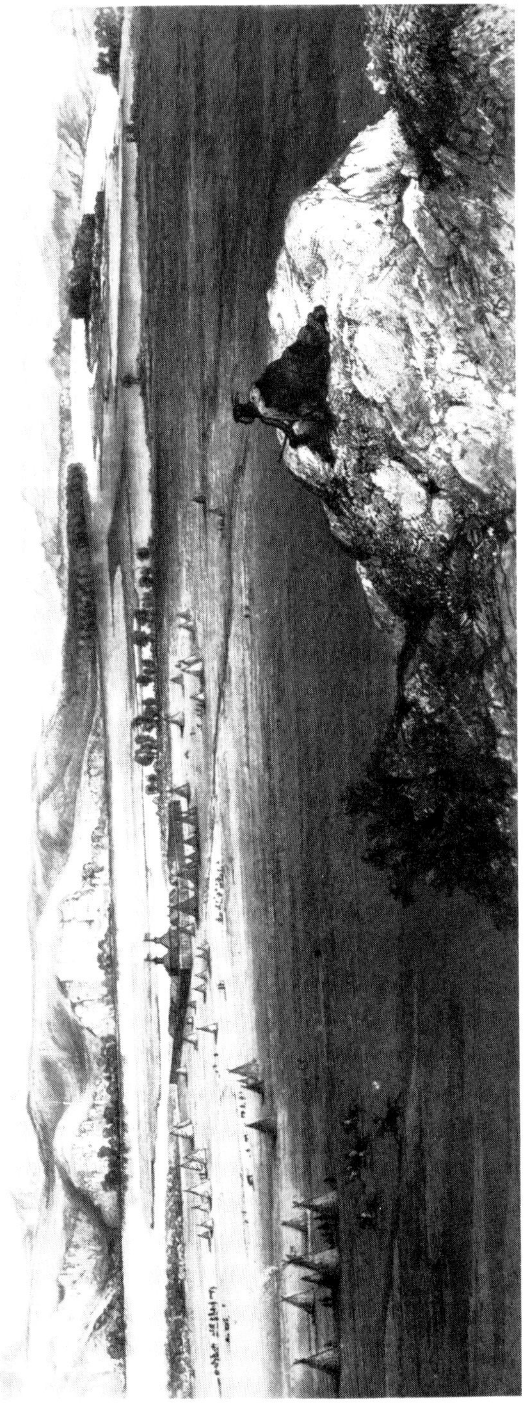

Fort Pierre

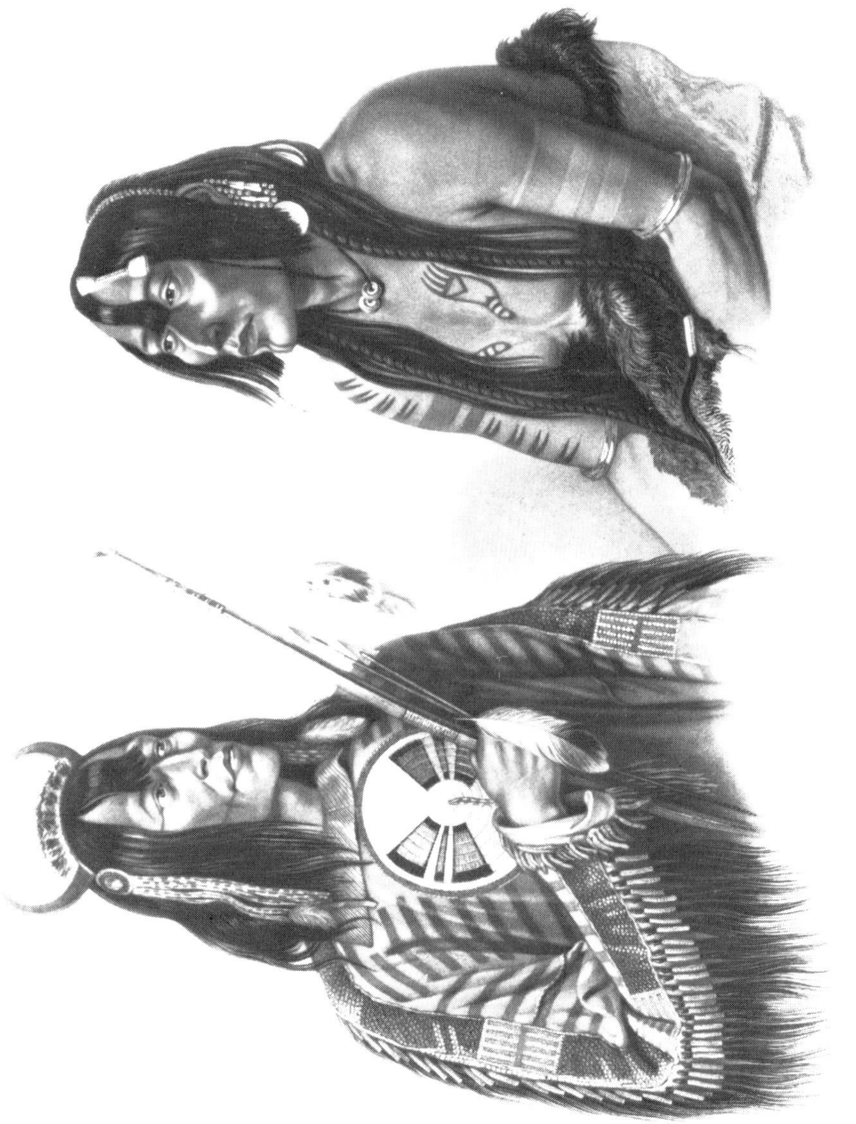

Indianer von den Stämmen der Assiniboins und der Yanktonan

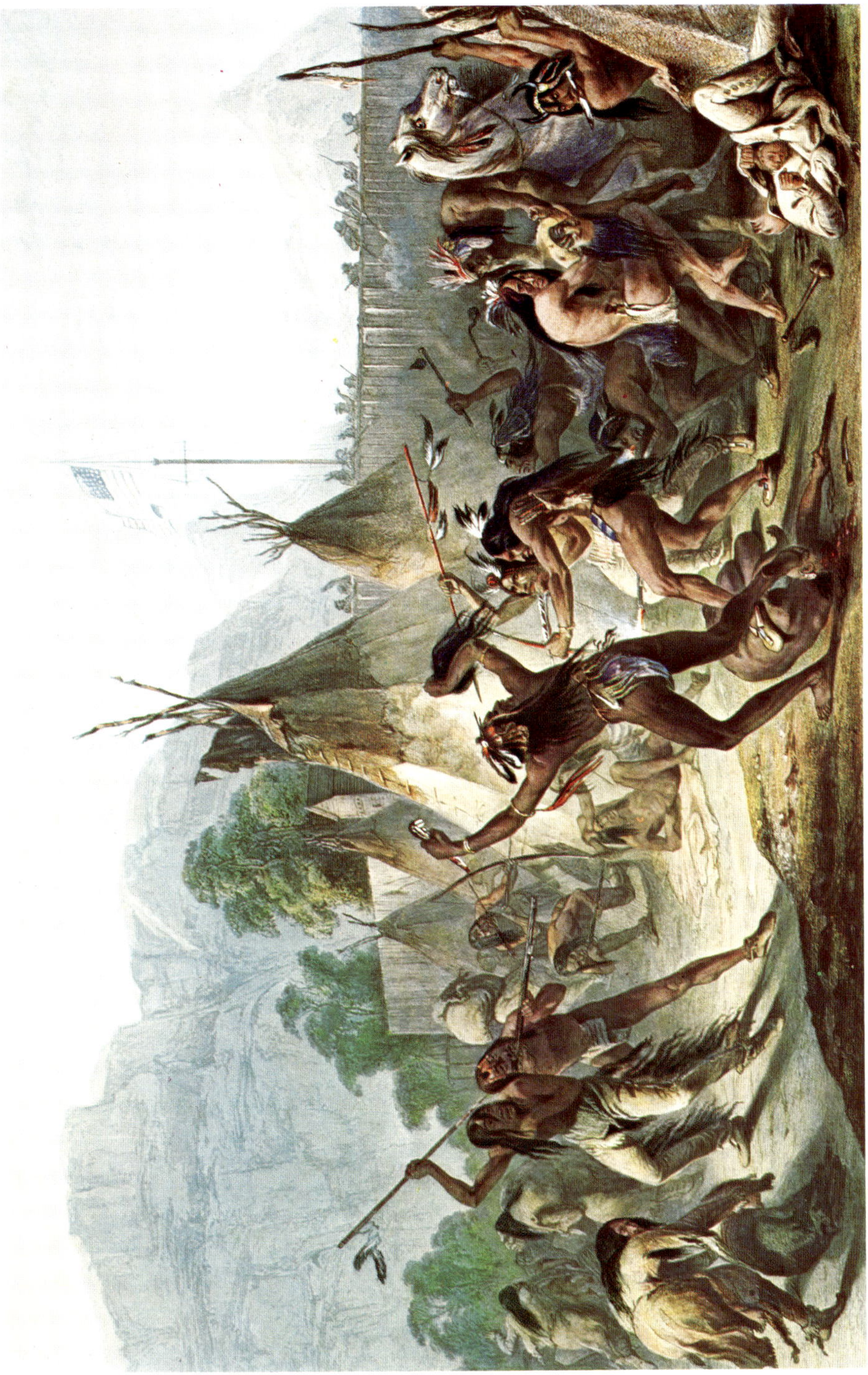

Indianerschlacht vor den Palisaden des Fort McKenzie

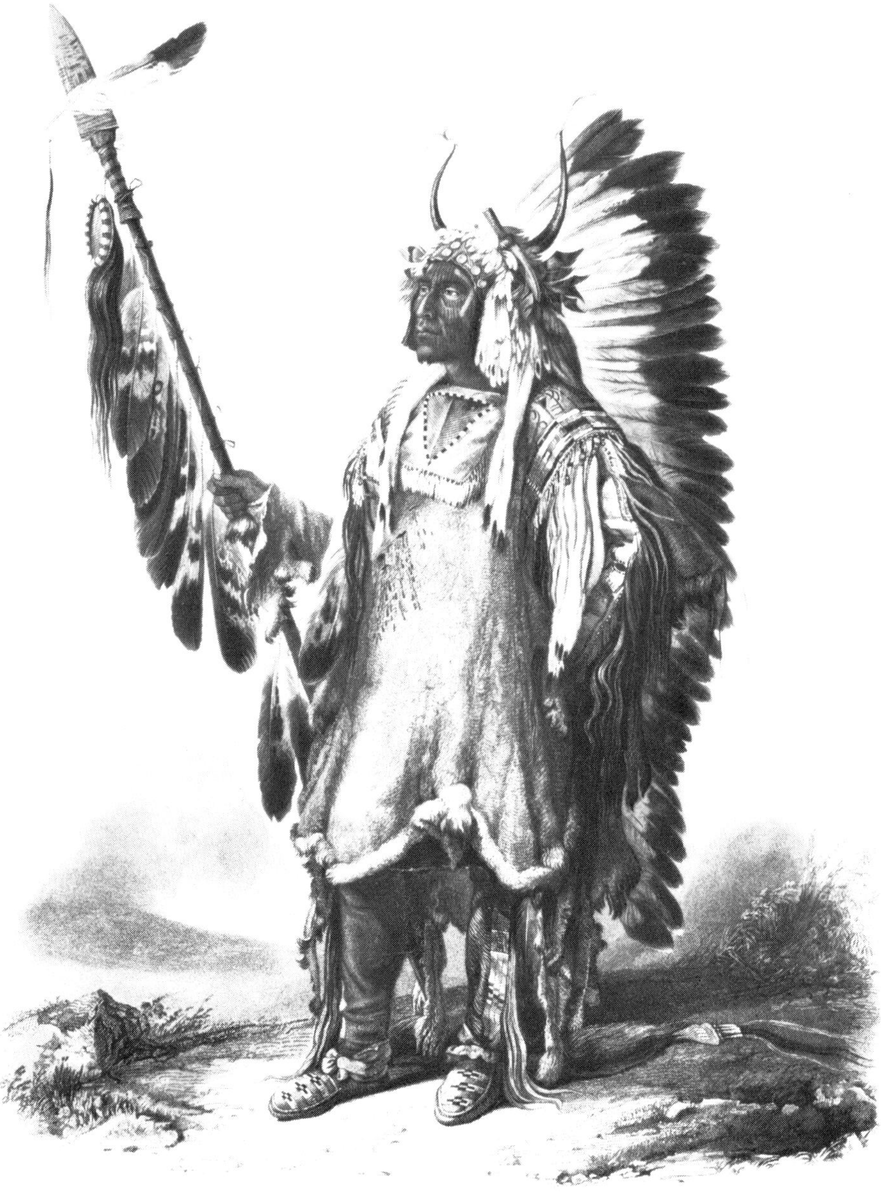

Mato-Tope, berühmter Häuptling der Mandans, Freund des Prinzen zu Wied

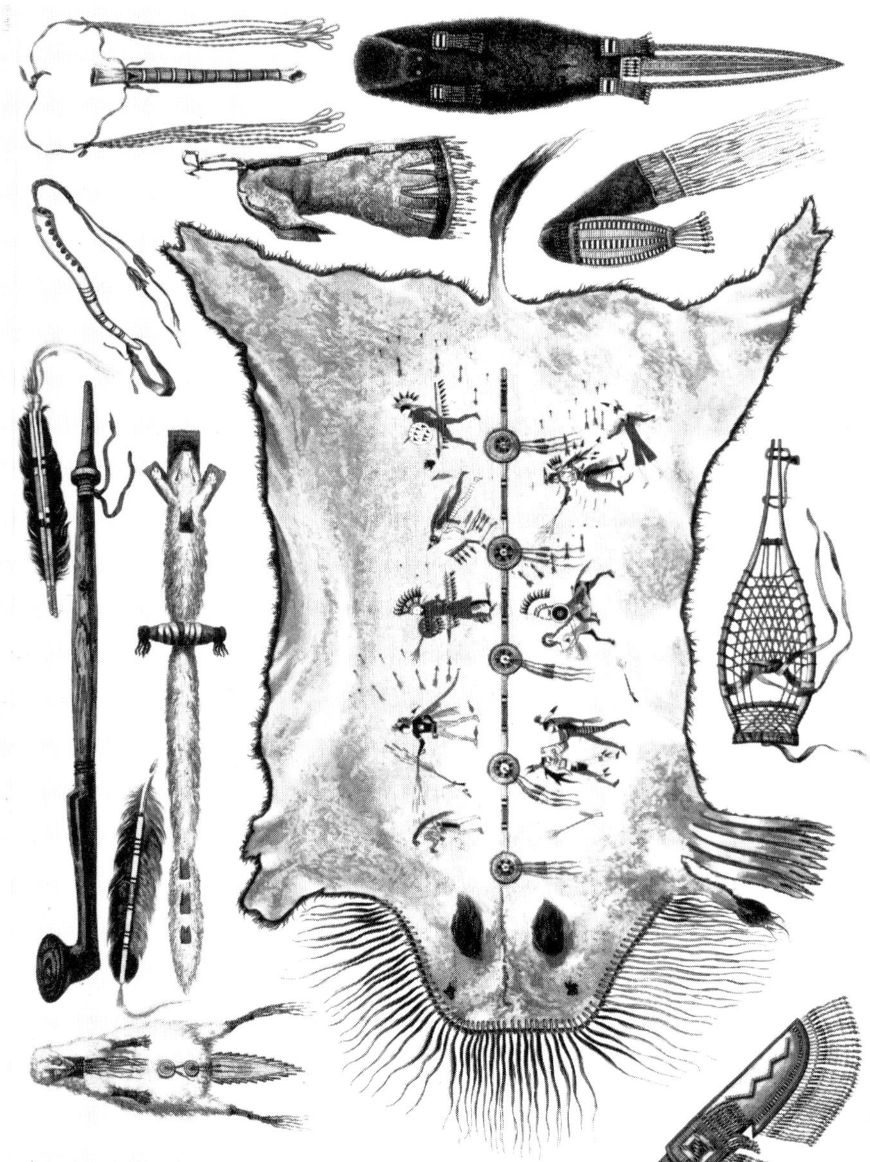

Bemalte Bison-Robe des Häuptlings Mato-Tope mit gezeichneten Darstellungen seiner Heldentaten

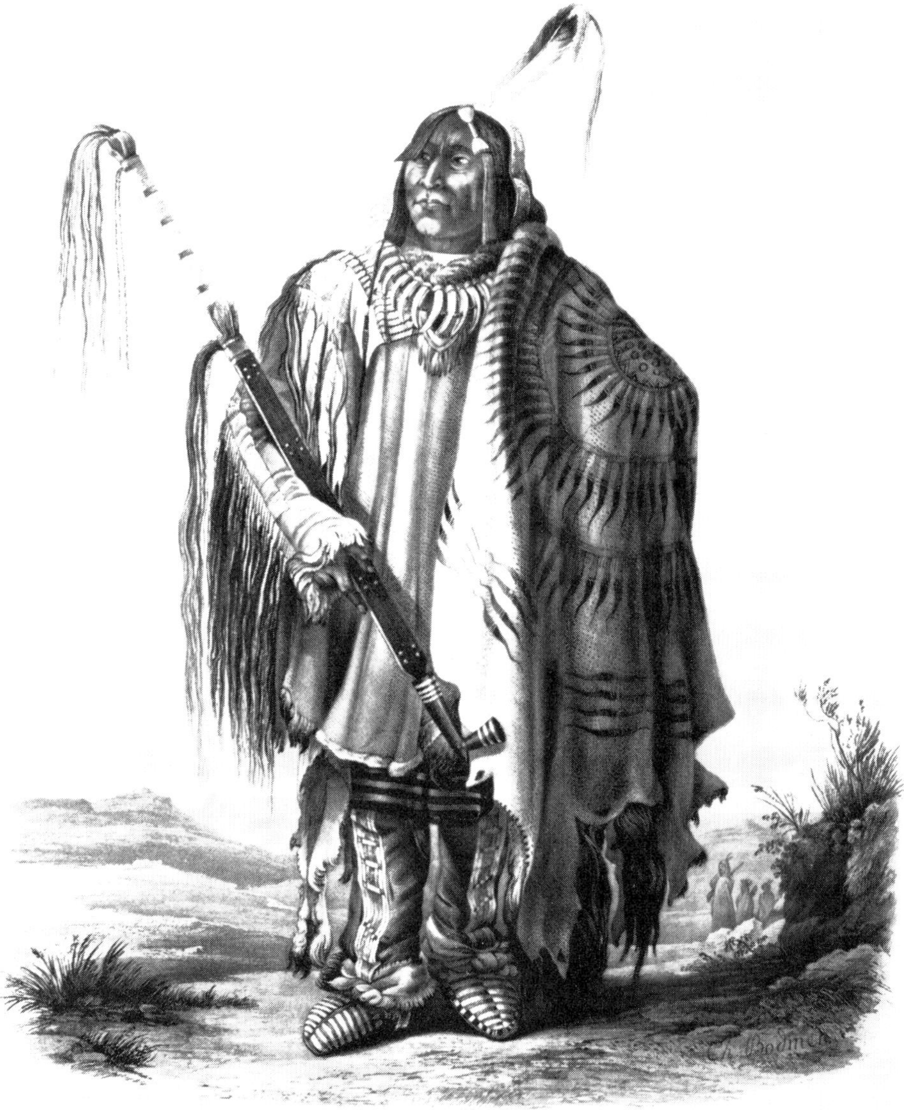
Ch. Bodmer

Pehriska-Ruhpa, ein Mandan-Häuptling

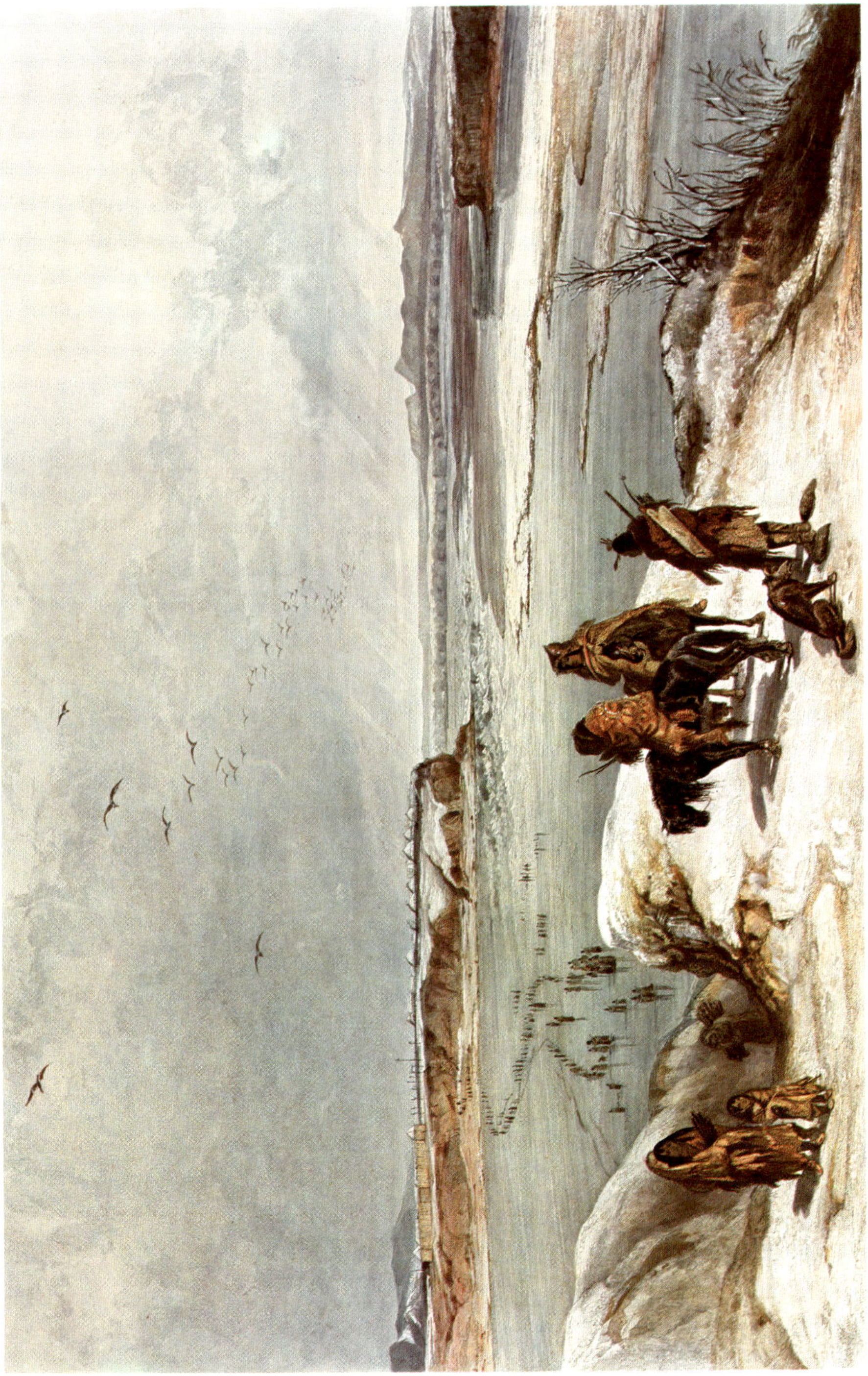

Fort Clarke, das Winterquartier der Reisegesellschaft

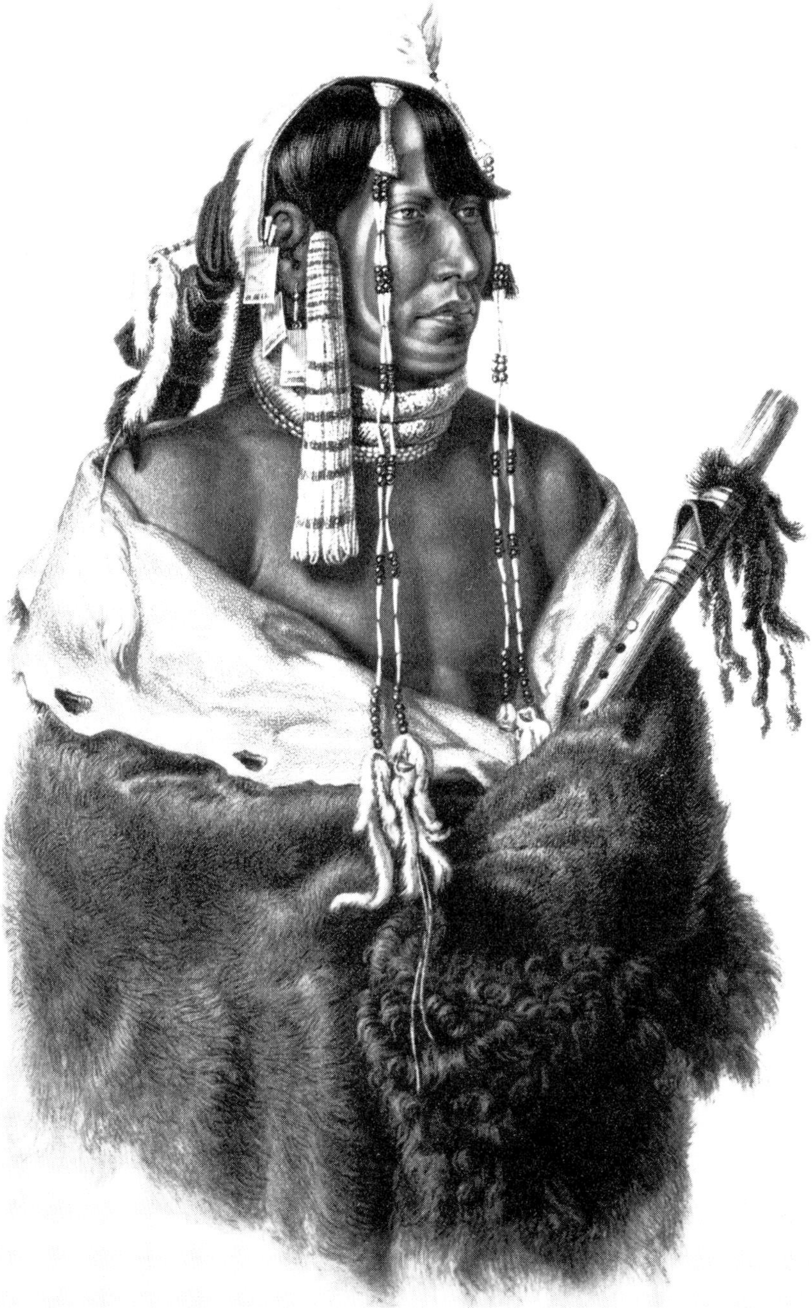

Mandan-Indianer mit Wampum-Schnüren aus Perlen

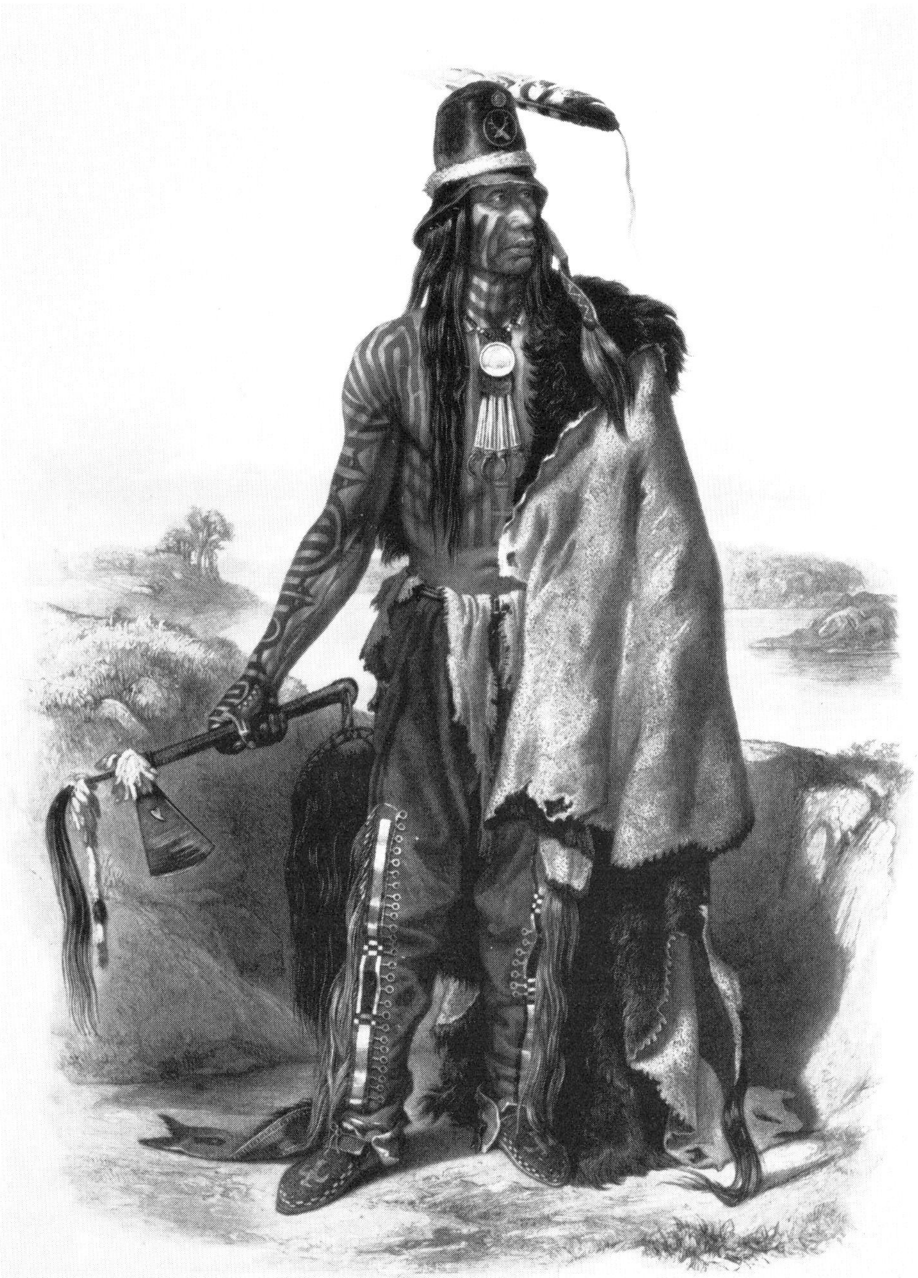

Mönnitarri-Häuptling Addi-Hiddisch

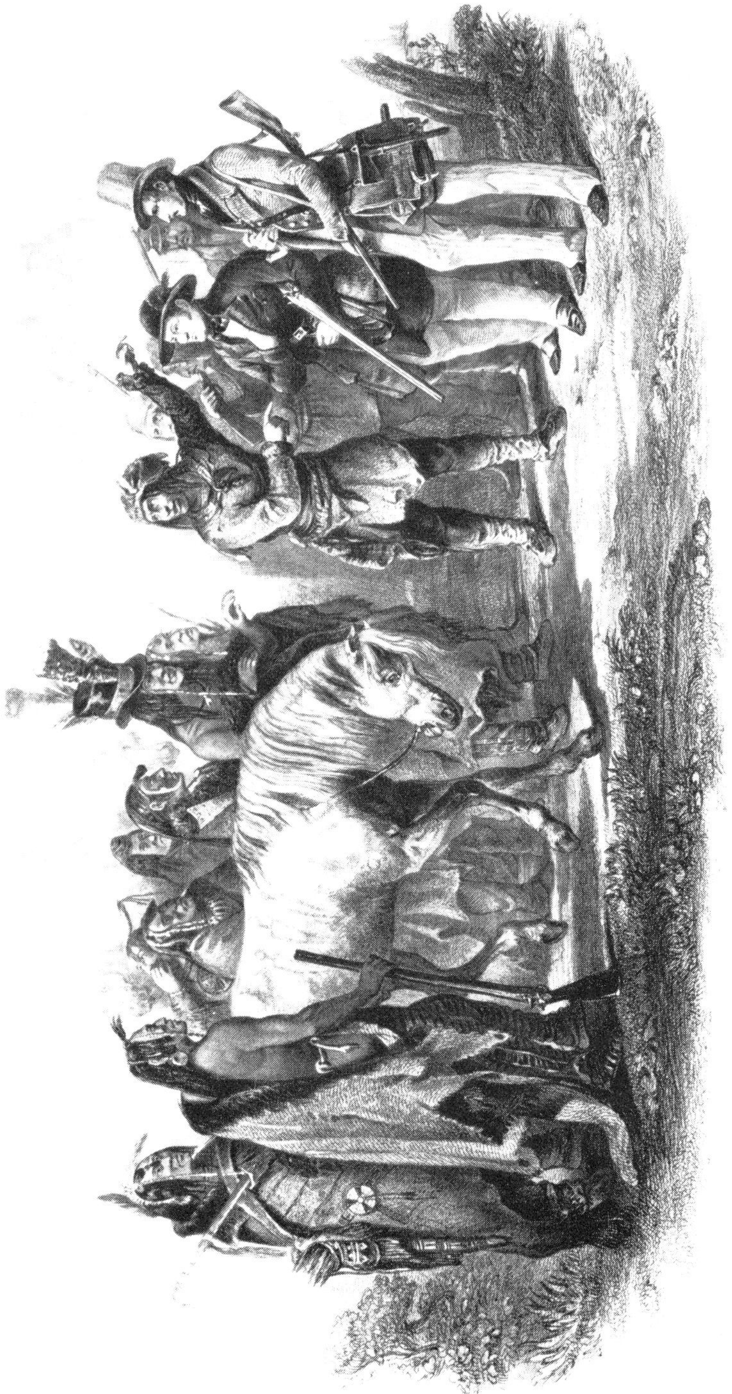

Begrüßung im Mönnitarri-Lager. Ganz rechts der Prinz zu Wied, neben ihm Hofjäger Dreidoppel

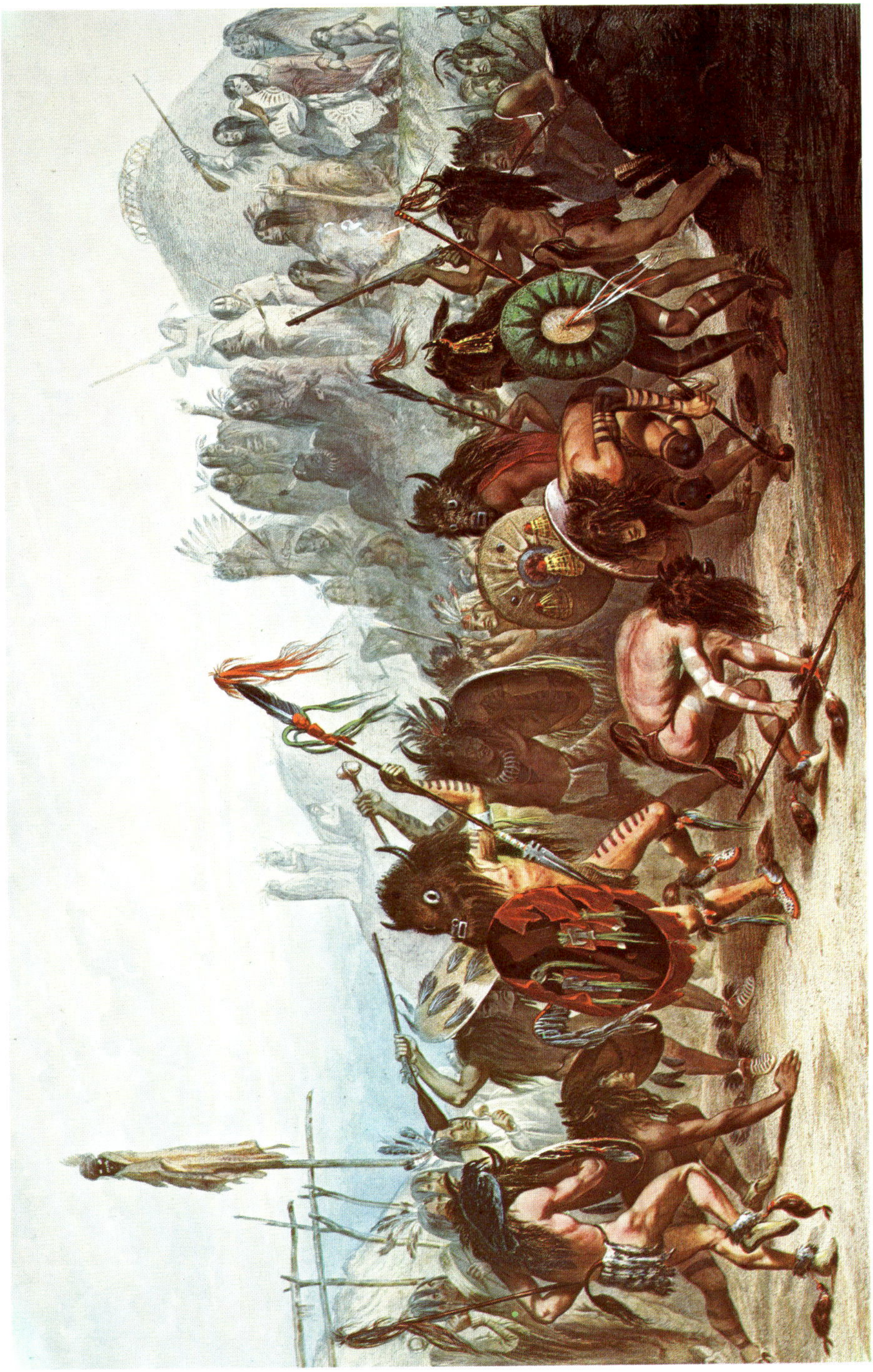

Tanz der Bison-Stiere

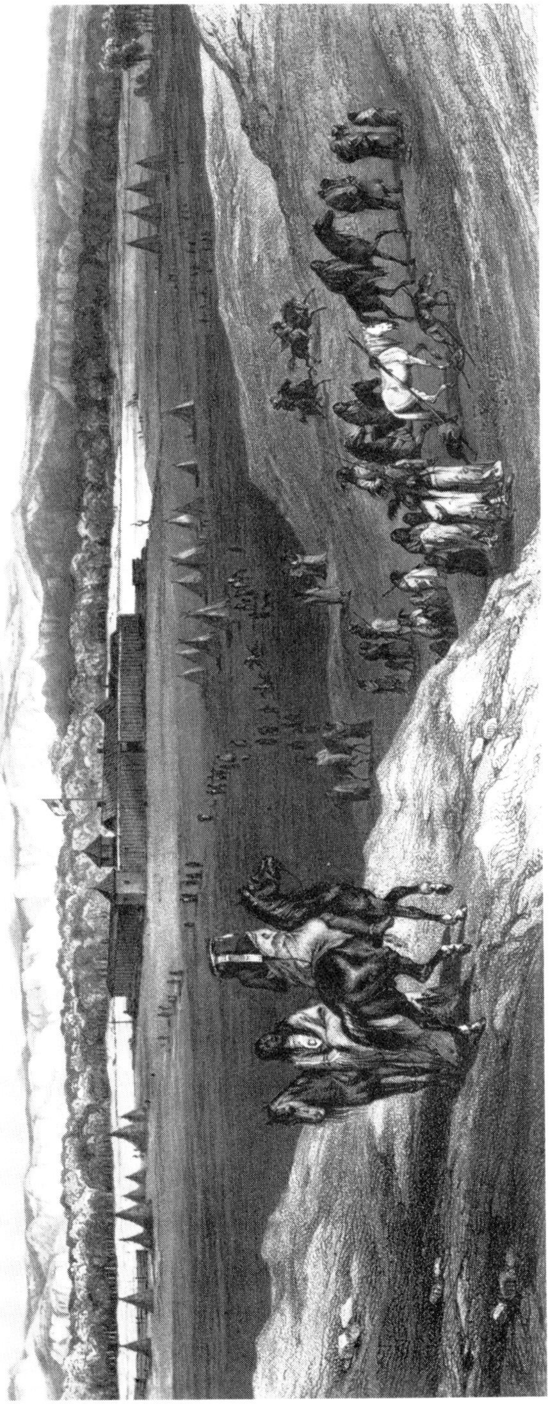

Fort Union

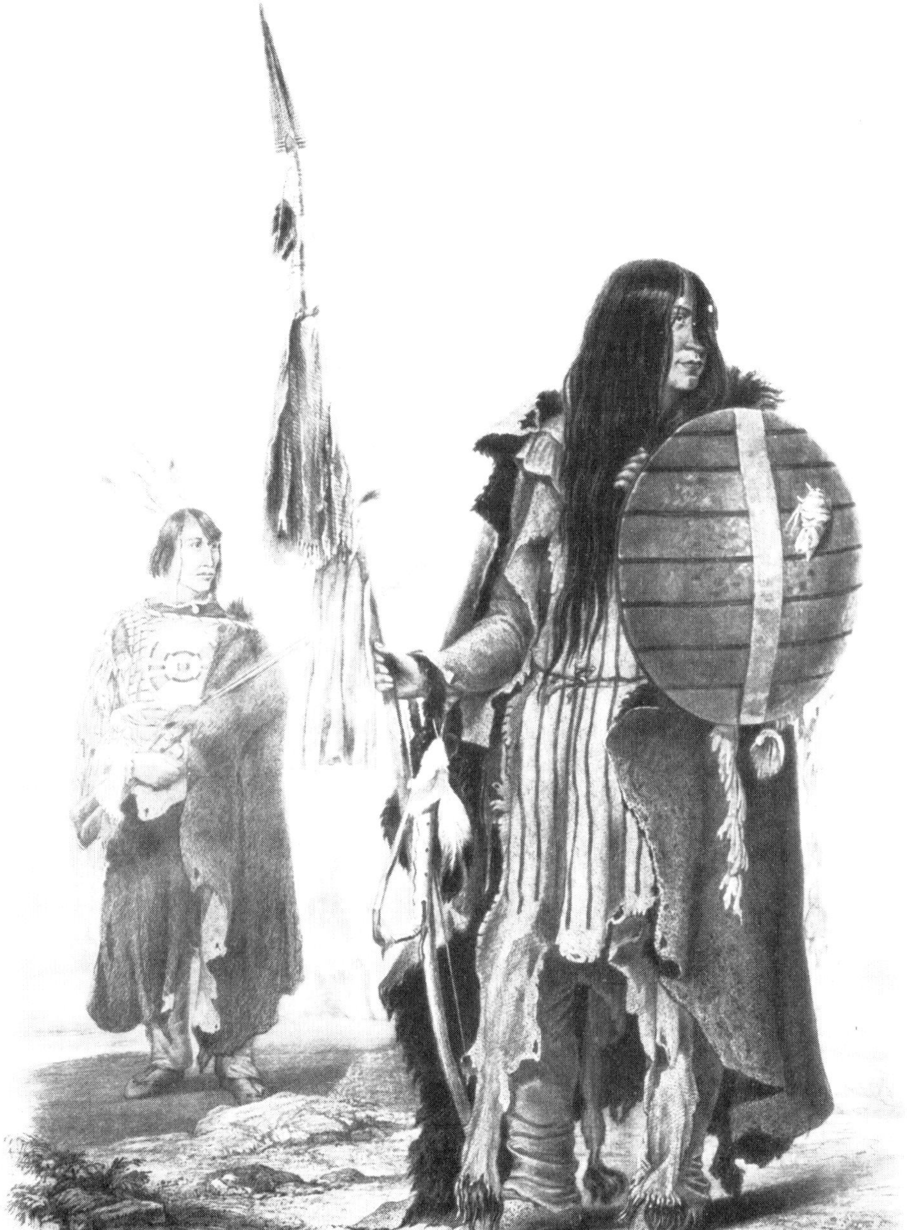

Indianer vom Stamme der Assiniboin

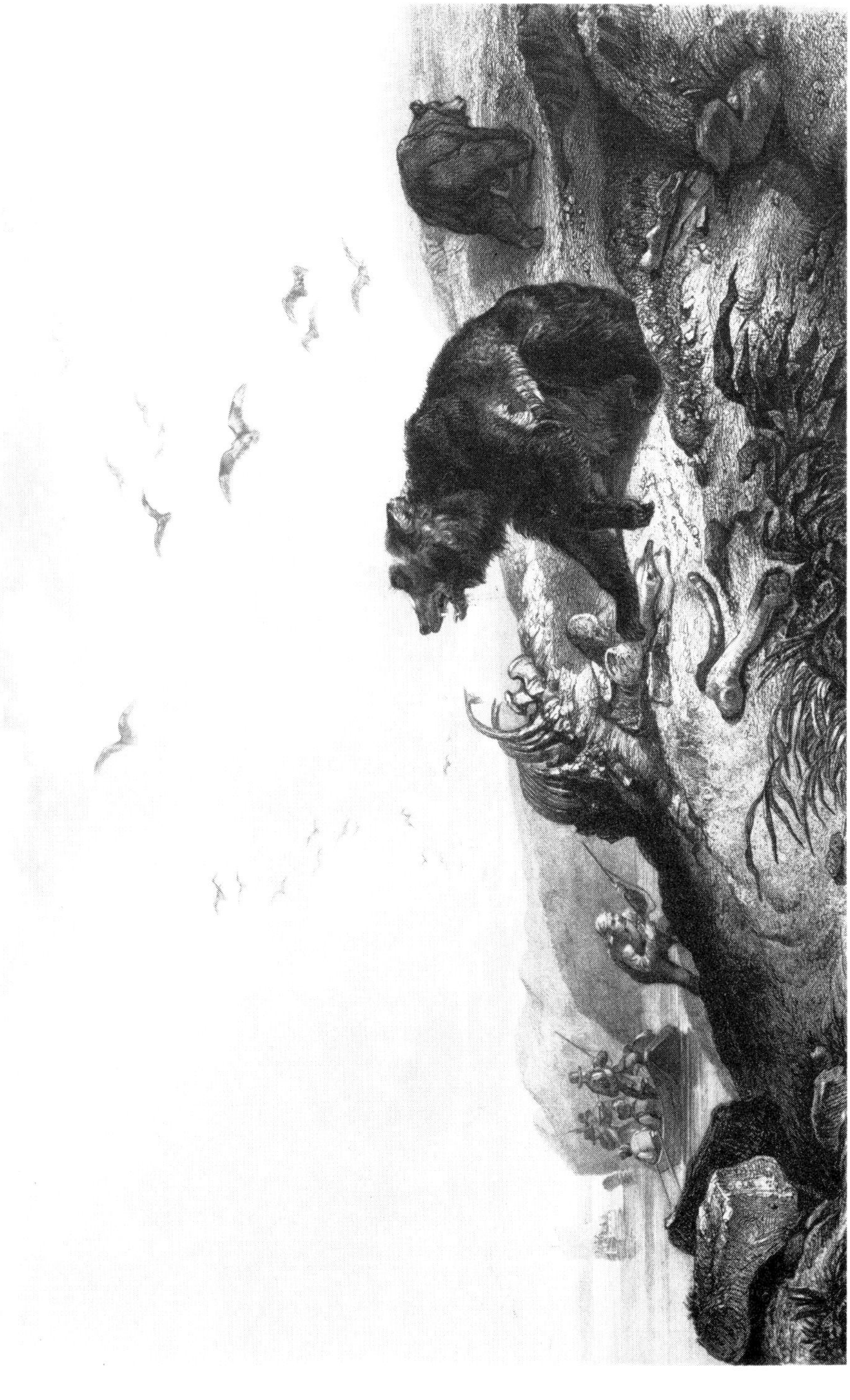

Szene aus der Grizzly-Jagd

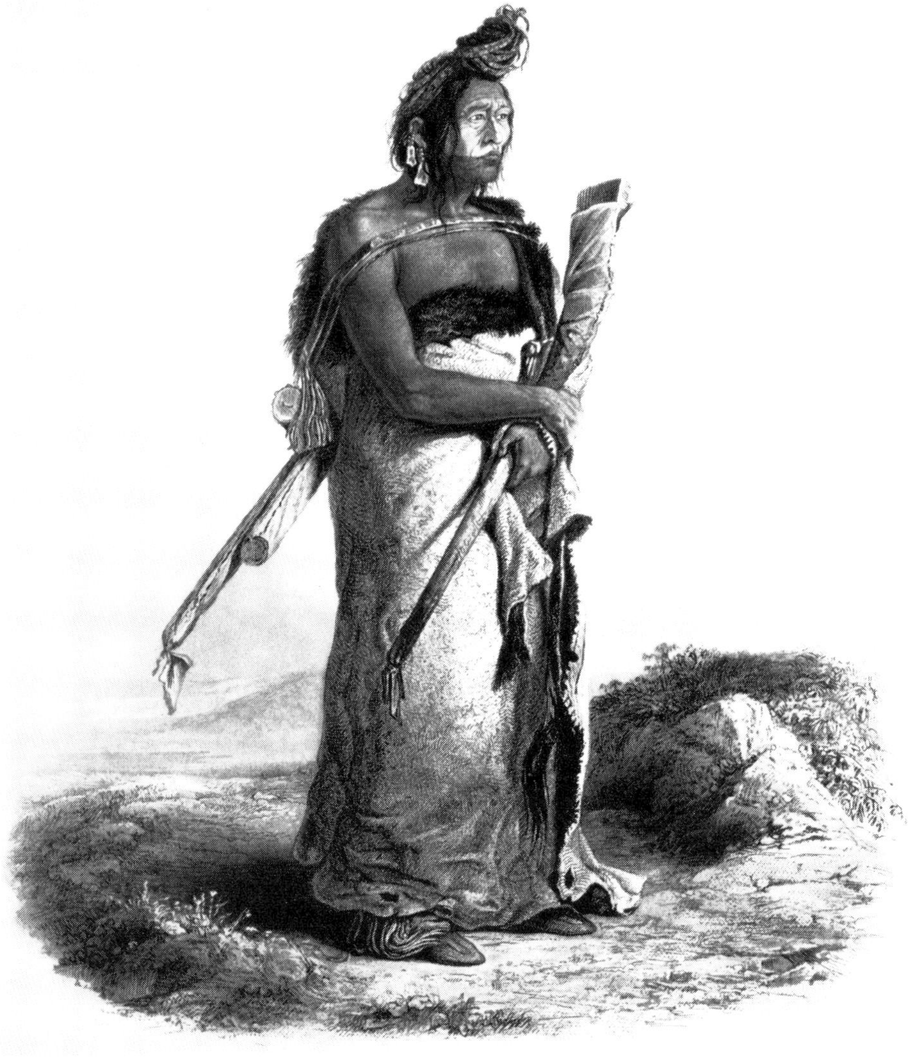

Häuptling Mexkemaustan, der Feind von Major Mitchill

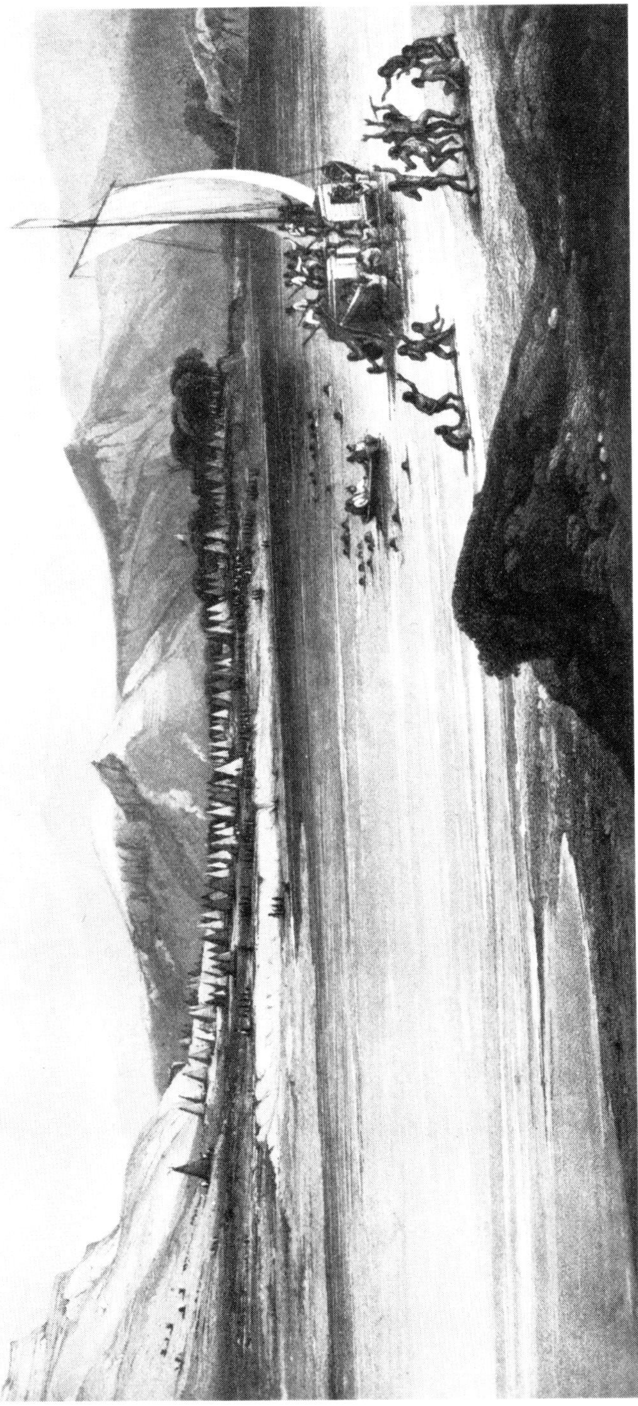

Gefährlich: Indianer entern das Schiff

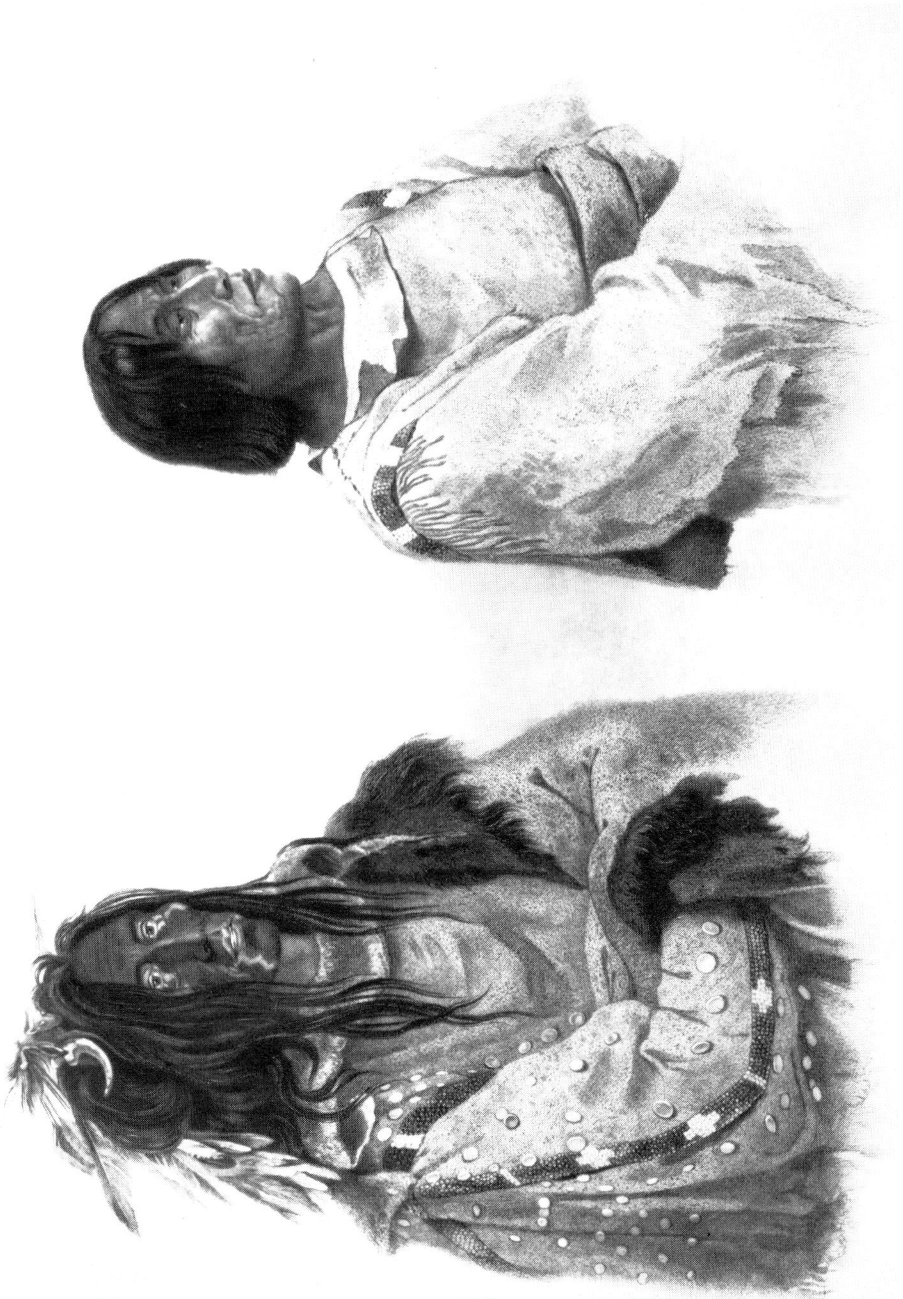

Zwei Schwarzfuß-Häuptlinge. Links:Mehkskehme-Sukahs

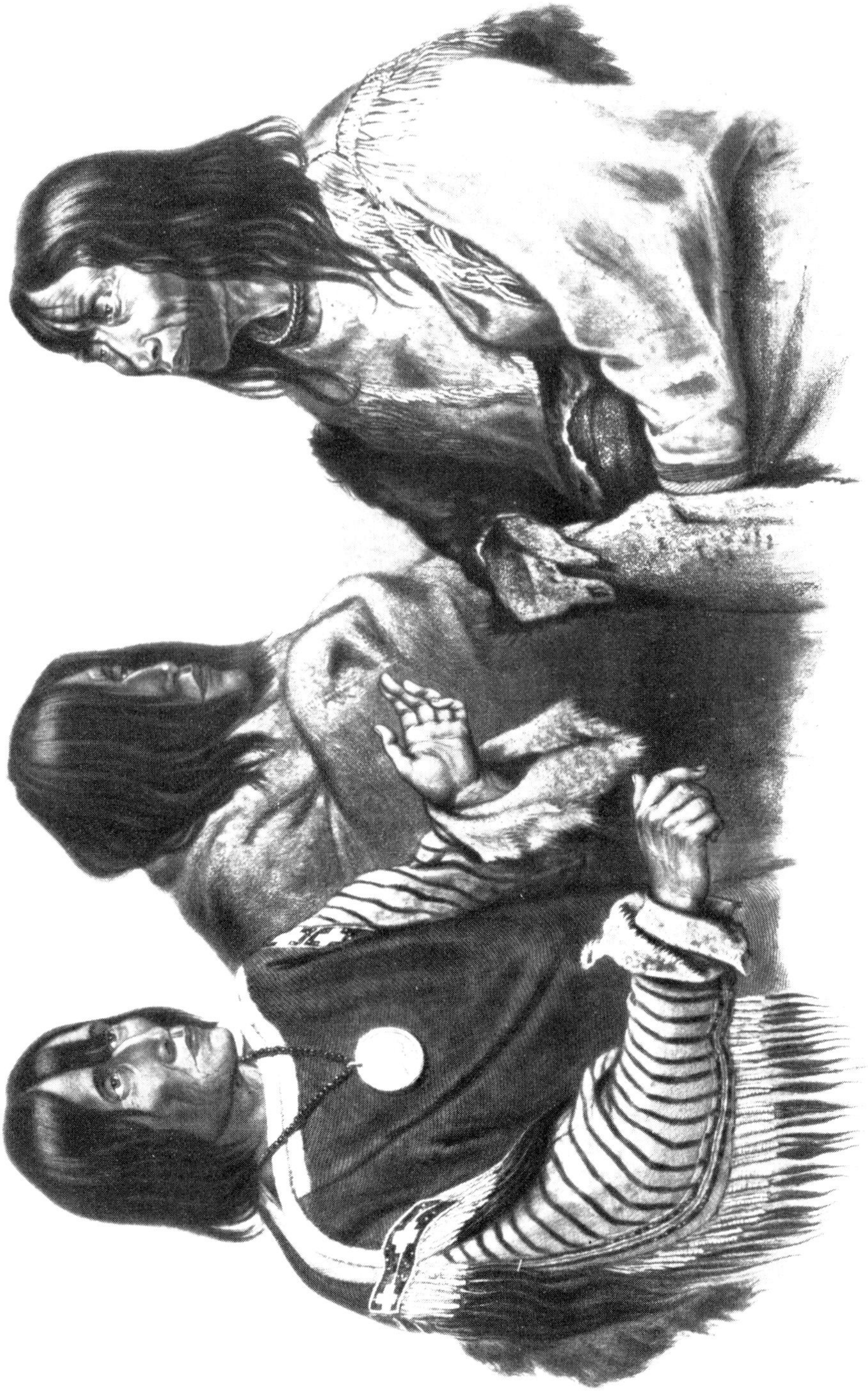

Schwarzfuß-Indianer

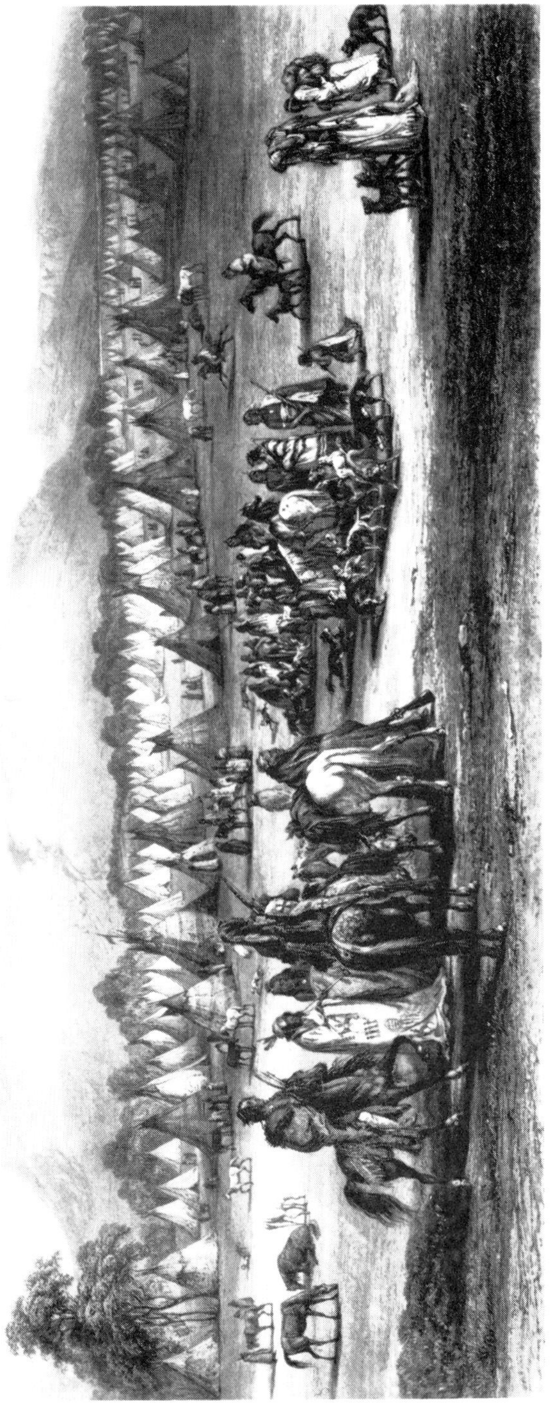

Zelte der Schwarzfuß-Indianer, die überfallen wurden

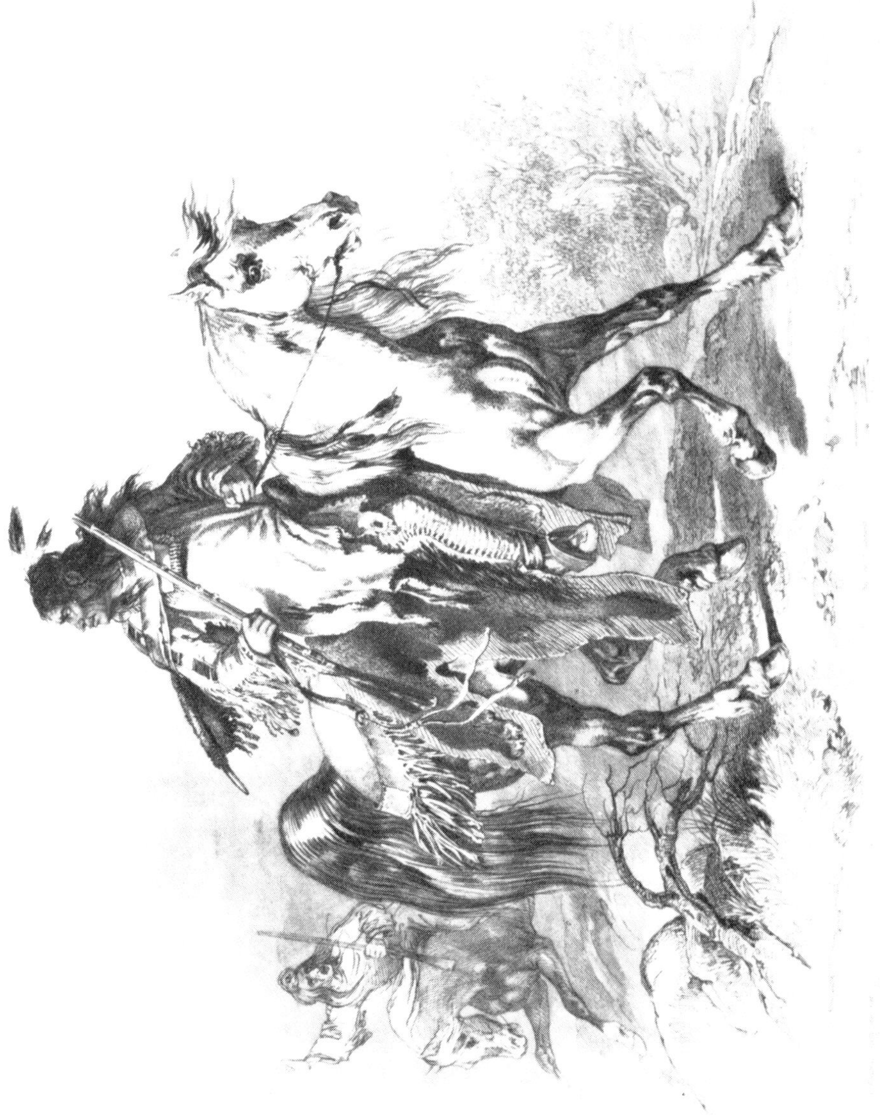

Schwarzfuß-Indianer nach der Schlacht

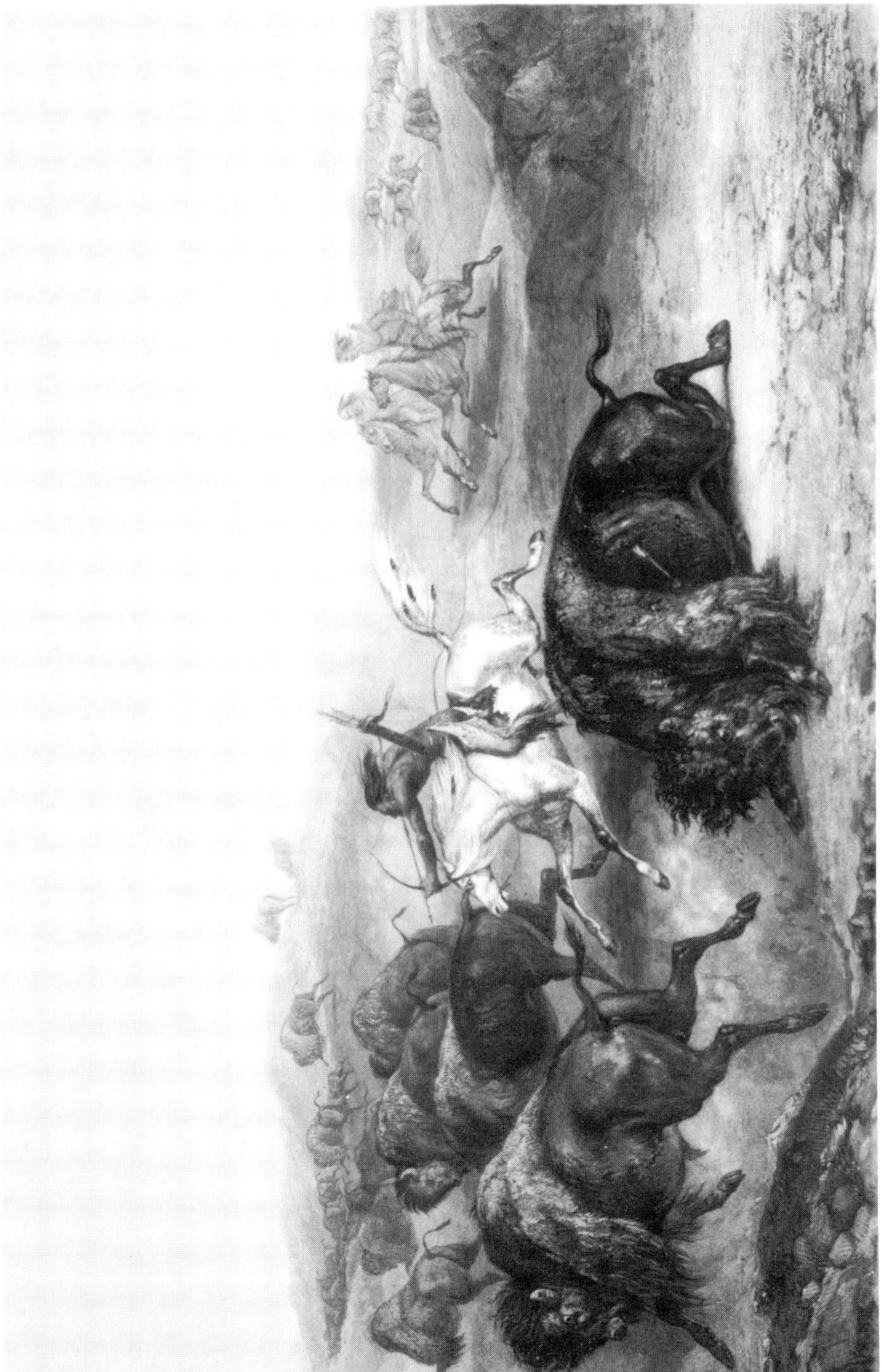

Tollkühne Jagd auf den Bison

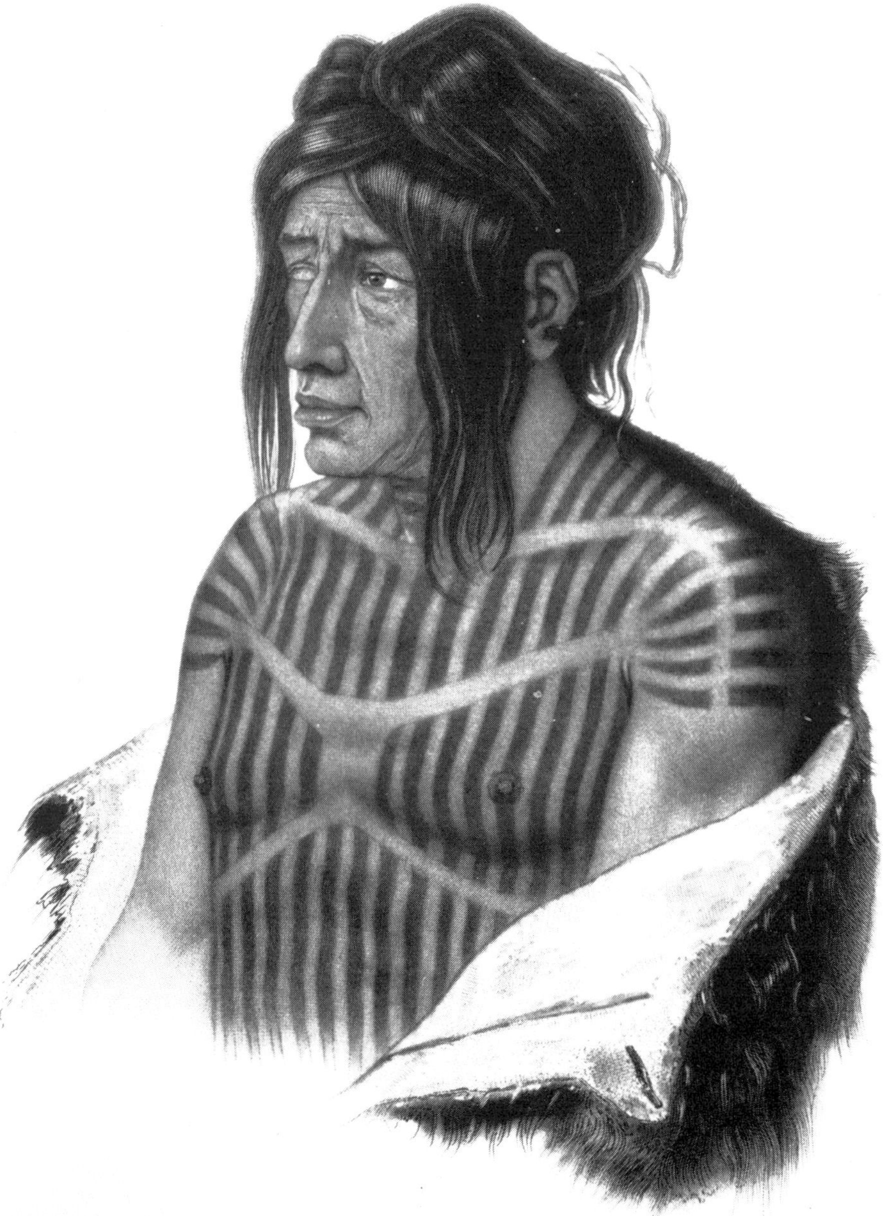

Mähsette Kuiuab, der berühmte Zauberer

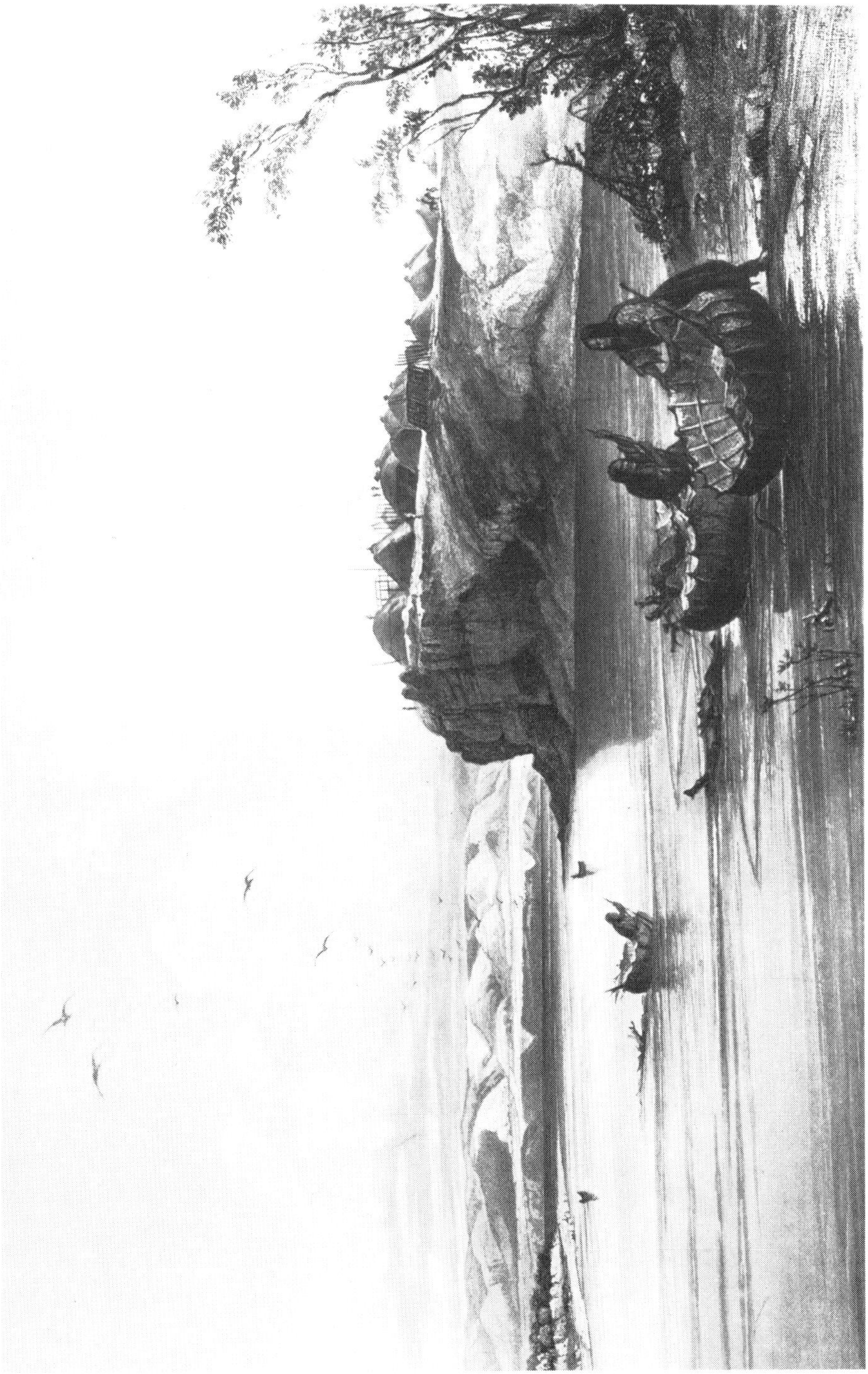

Das Mandan-Dorf Mih-Tutta-Hangkusch

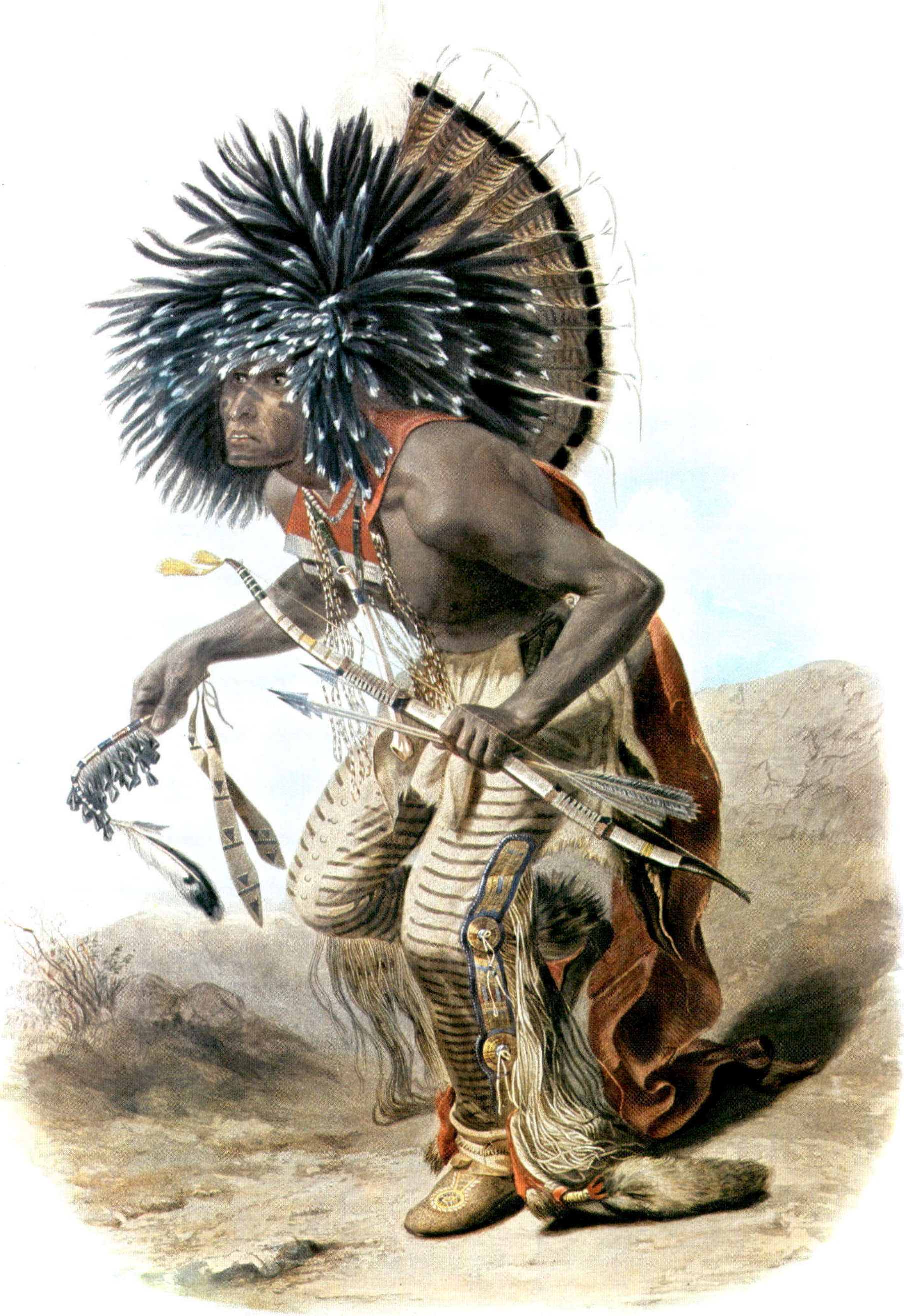

Mandan-Häuptling Pehriska-Ruhpa beim Tanz der Hunde

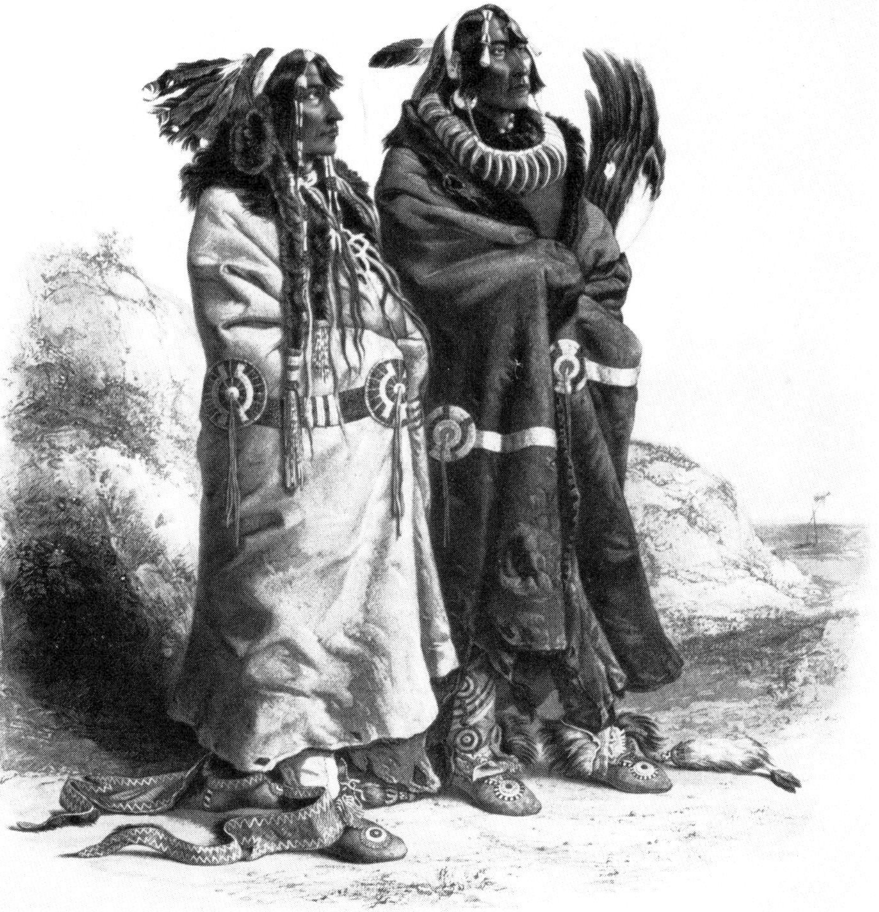

Mandan-Indianer. Links Sih-Chidä, ein Freund des Prinzen

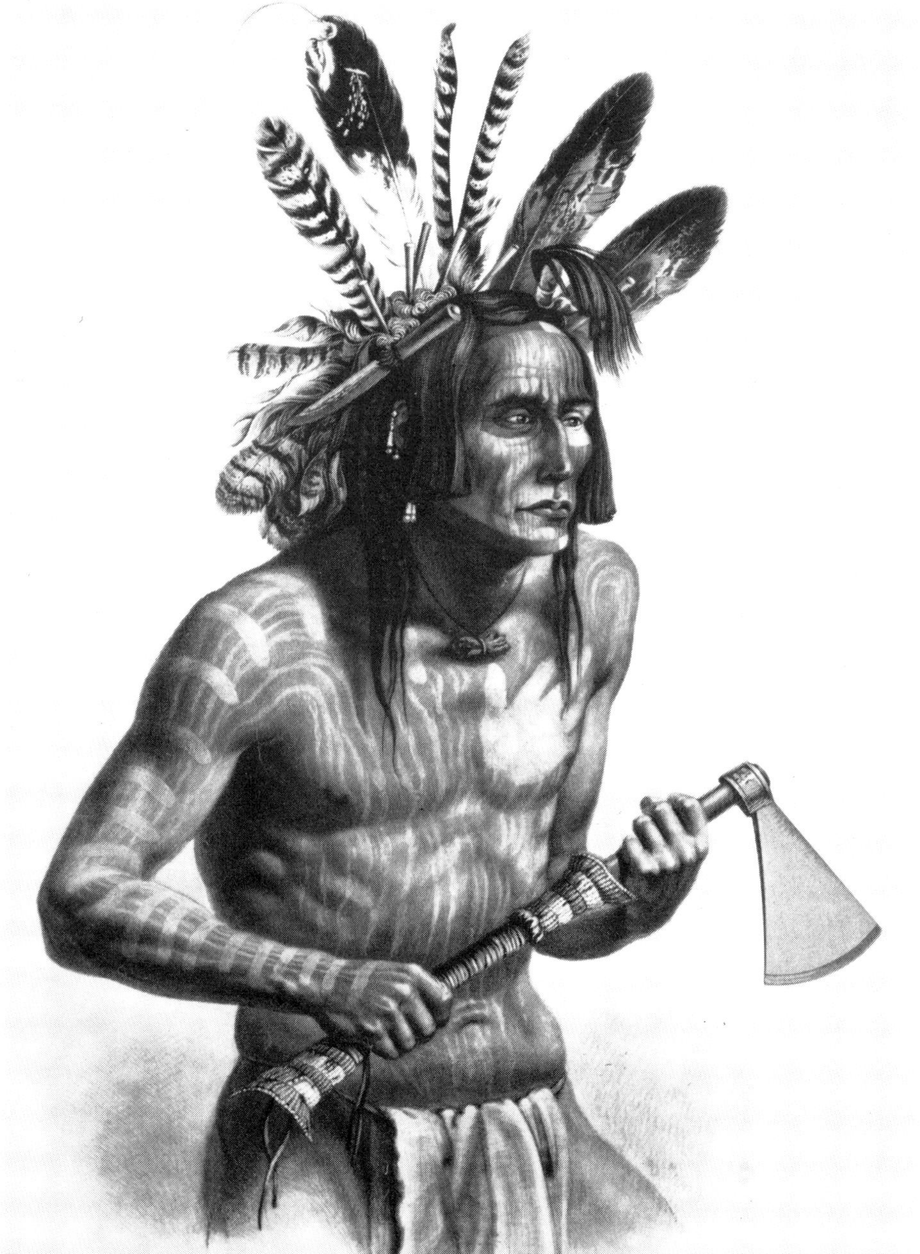

Mato-Tope in Kriegsbemalung

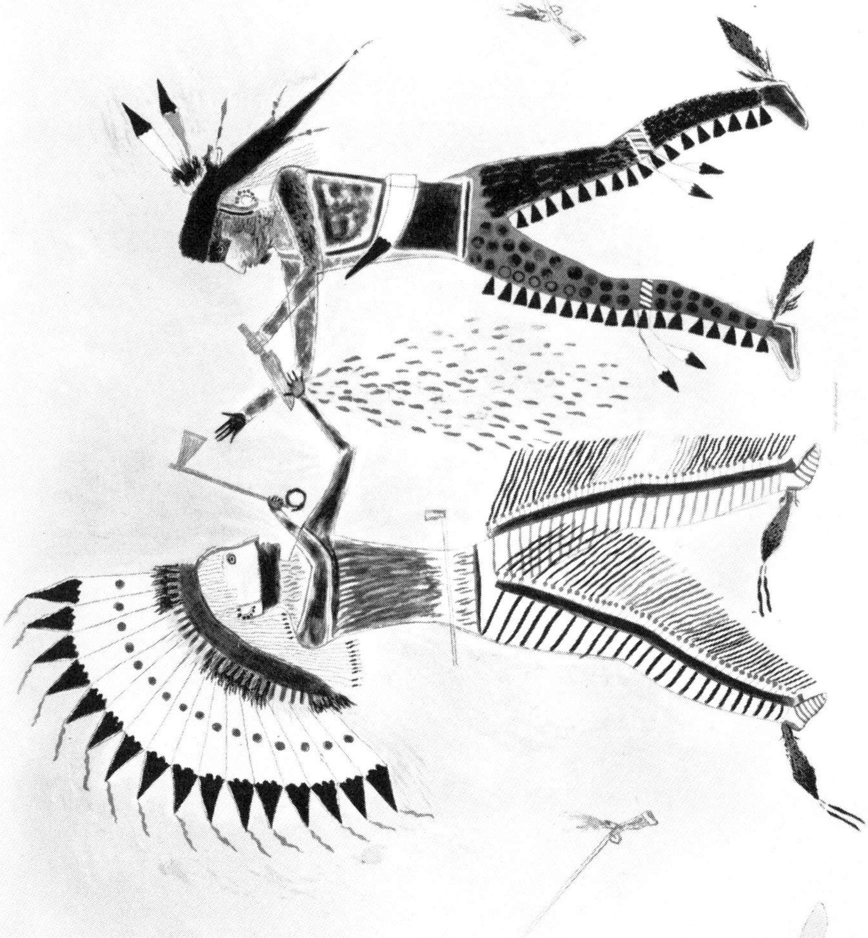

Eigenhändige Zeichnung Mato-Topes, stellt seinen Zweikampf mit einem Chayenne-Häuptling dar

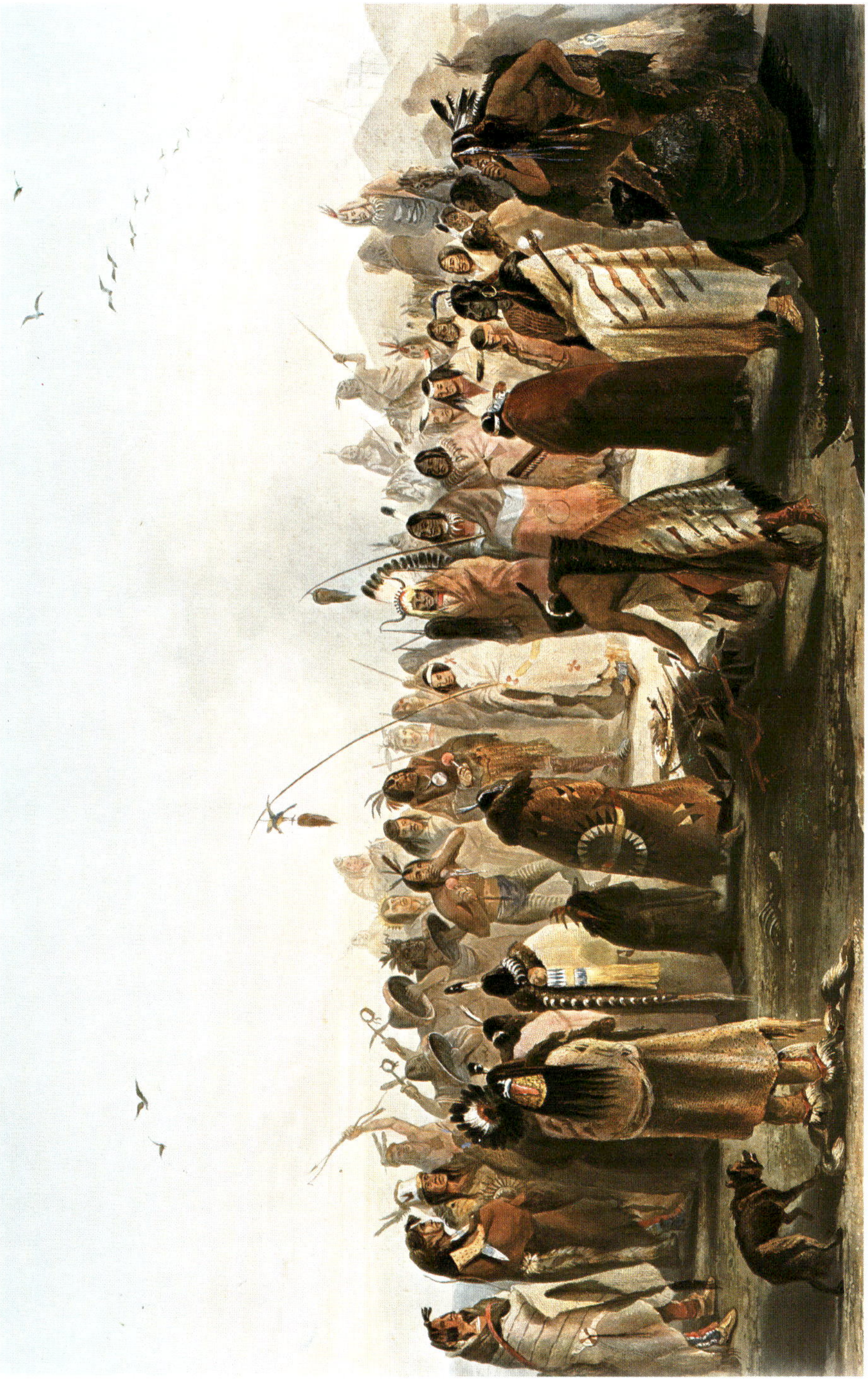

Skalp-Tanz anläßlich der Tötung eines Assiniboin-Indianers

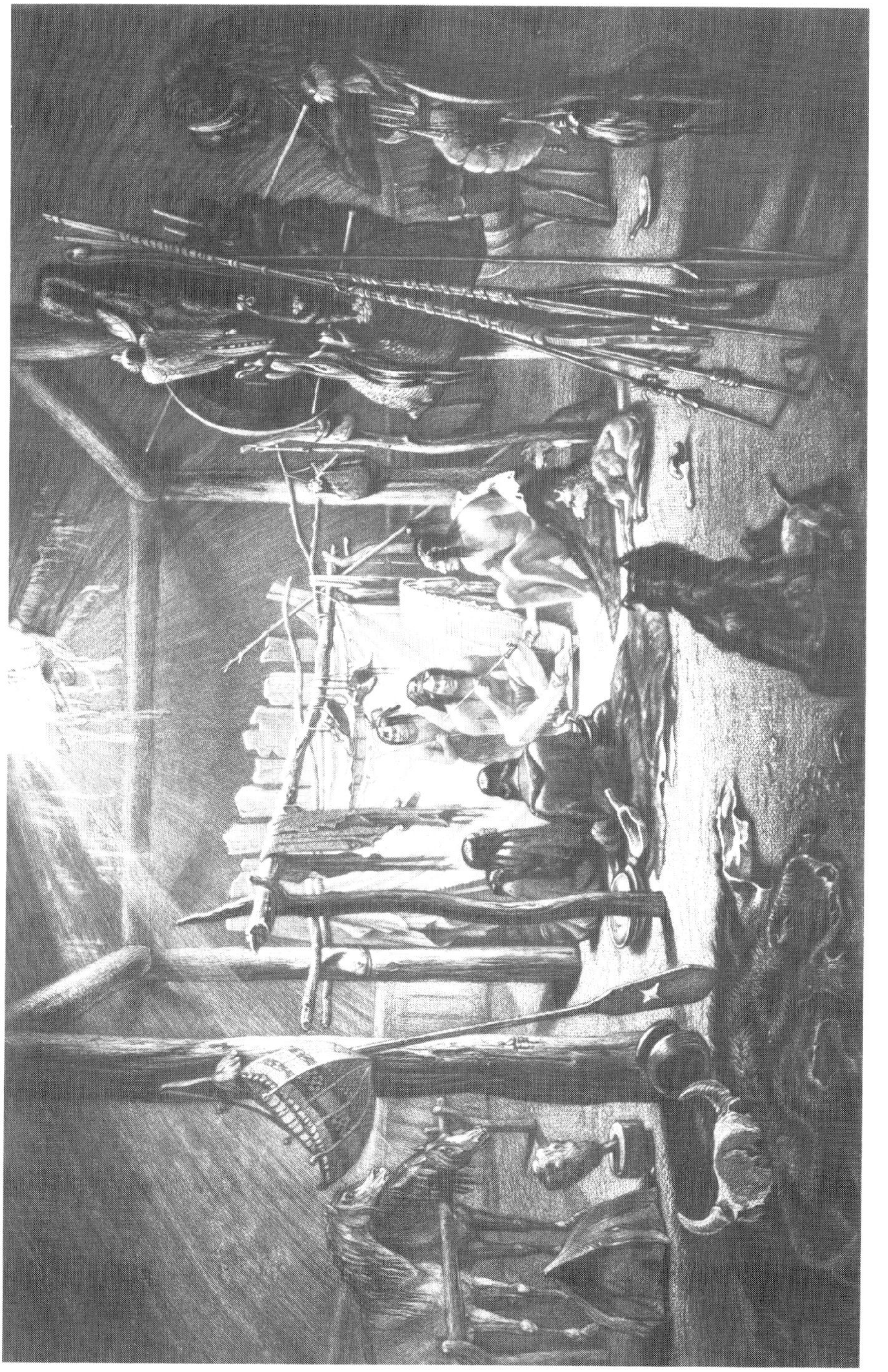

Hütte des Häuptlings Dipäuch, der die indianische Schöpfungsgeschichte erzählte.

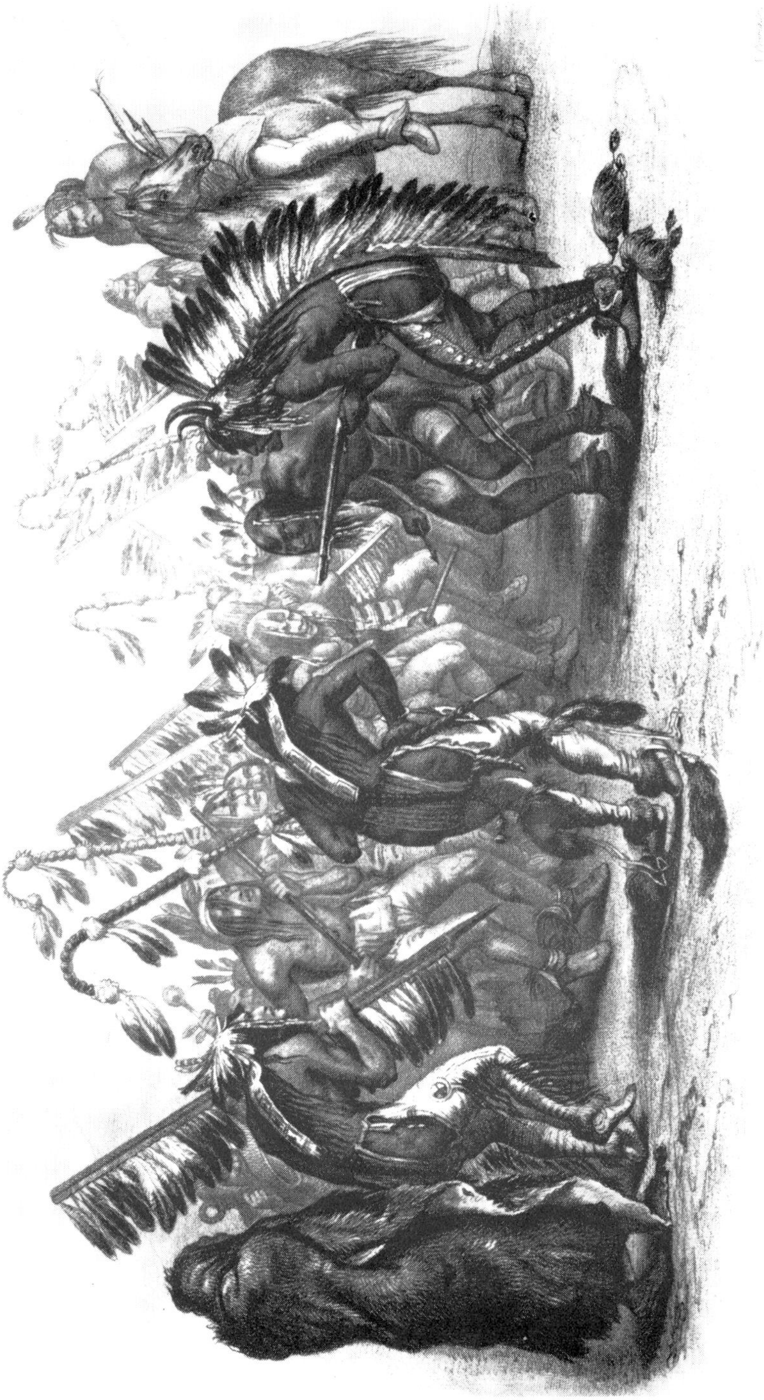

Mandan-Indianer bei einem rituellen Tanz

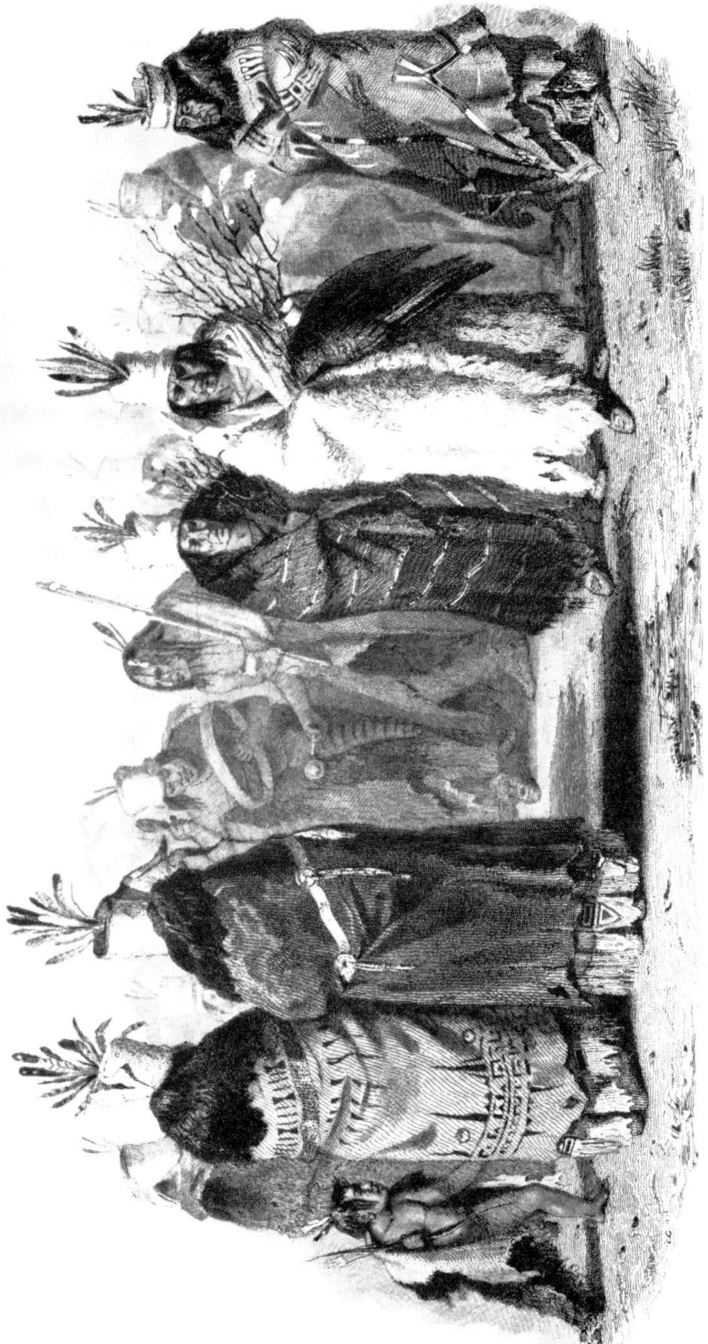

Mandan-Frauen beim Tanz der weißen Bison-Kuh

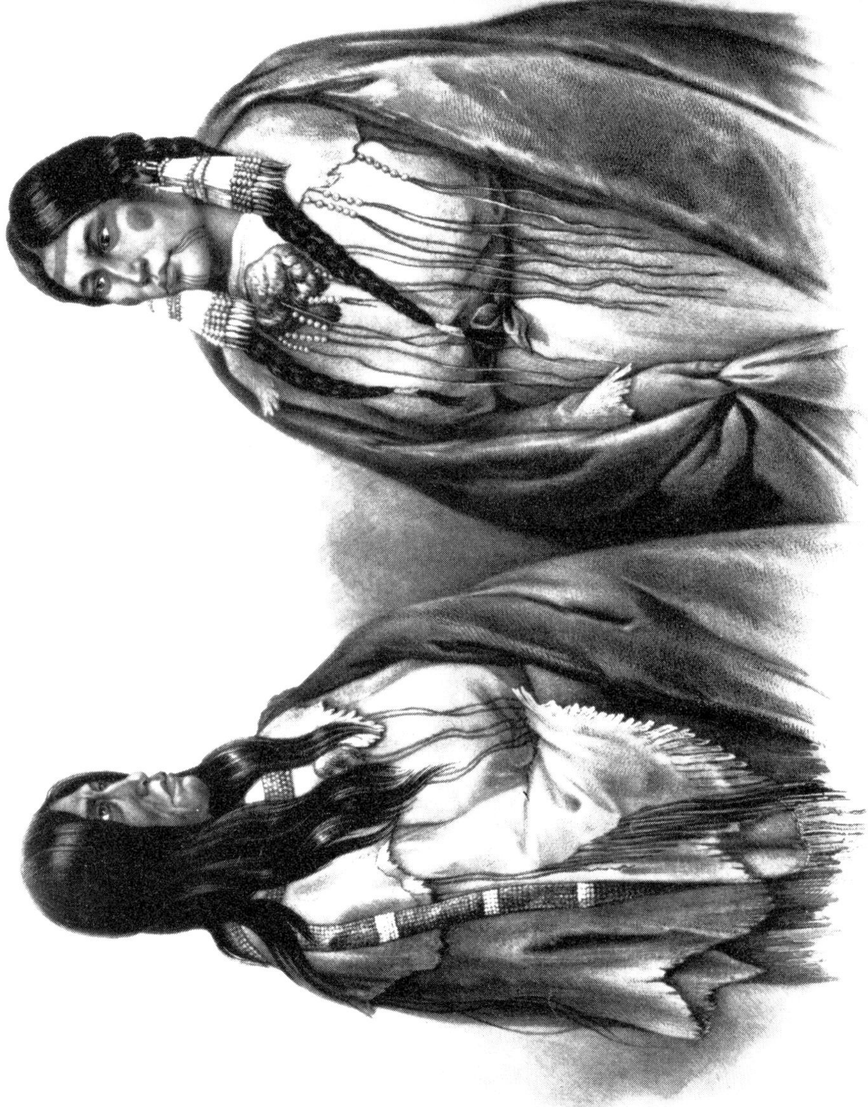

Indianer-Squaws

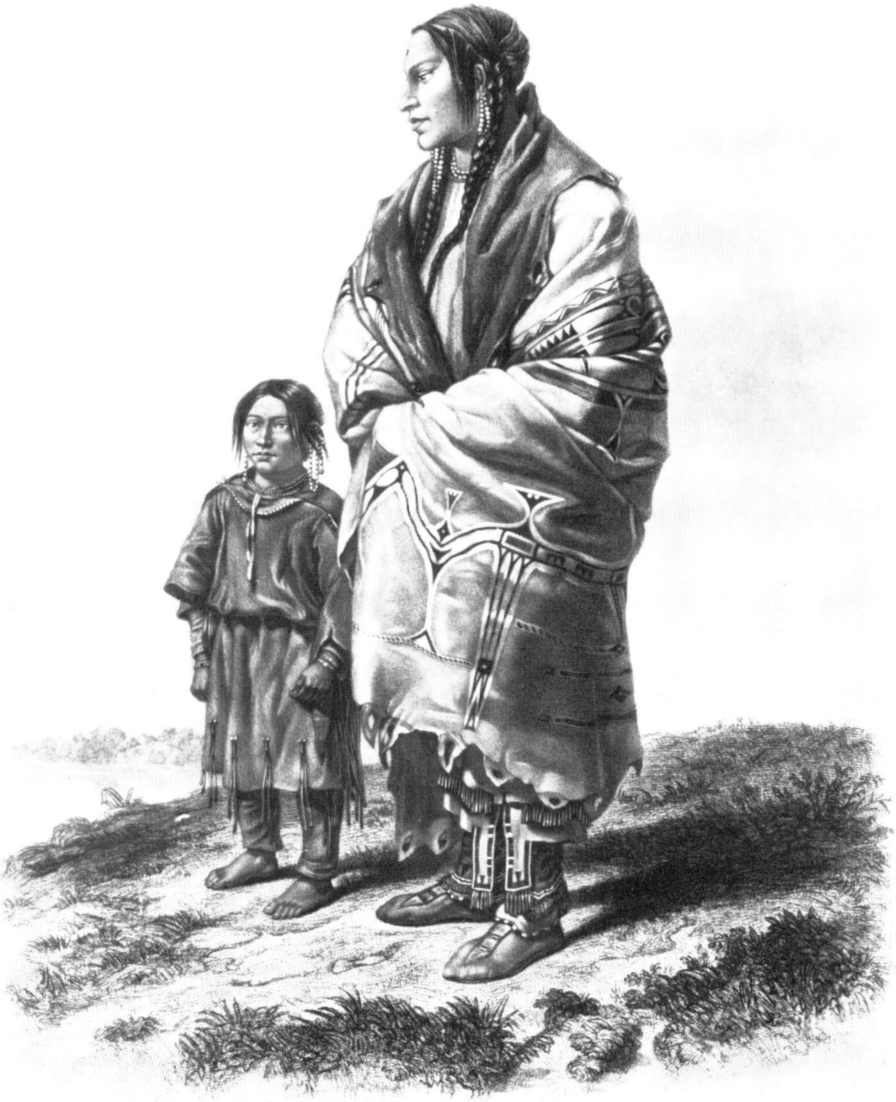

Indianerfrau mit Kind

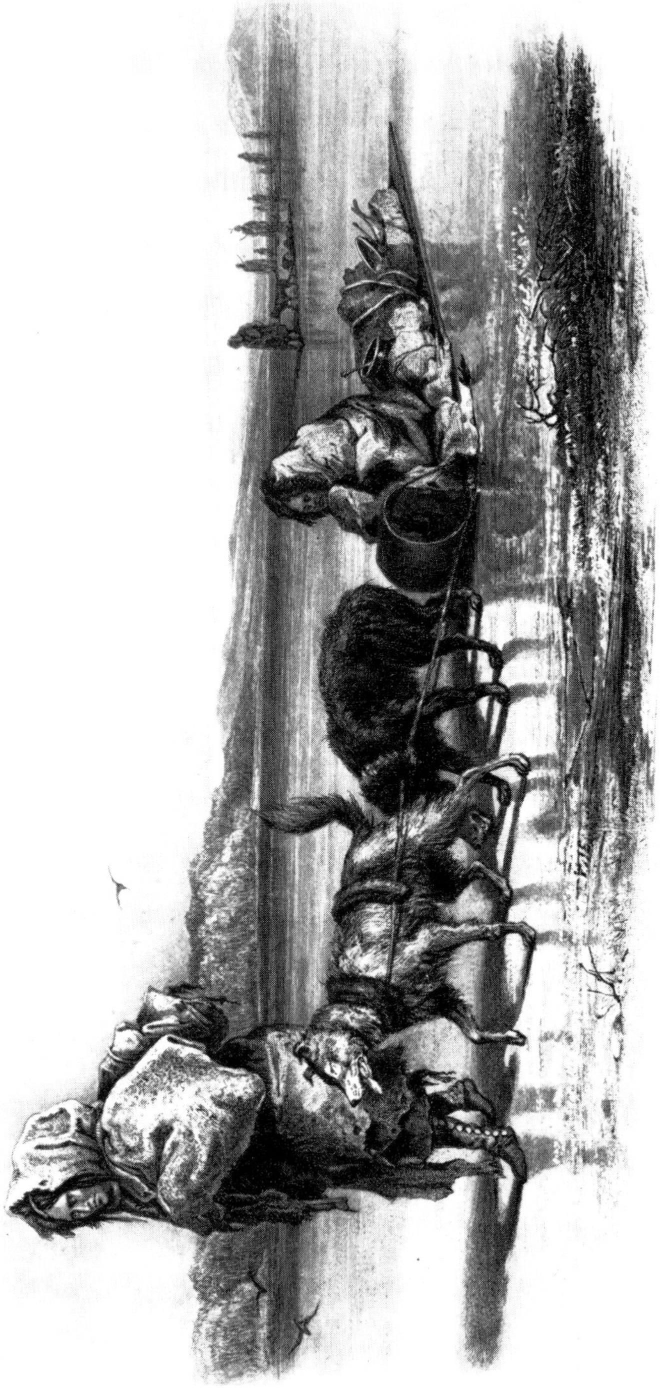

Indianerfrau mit Schlittenhunden

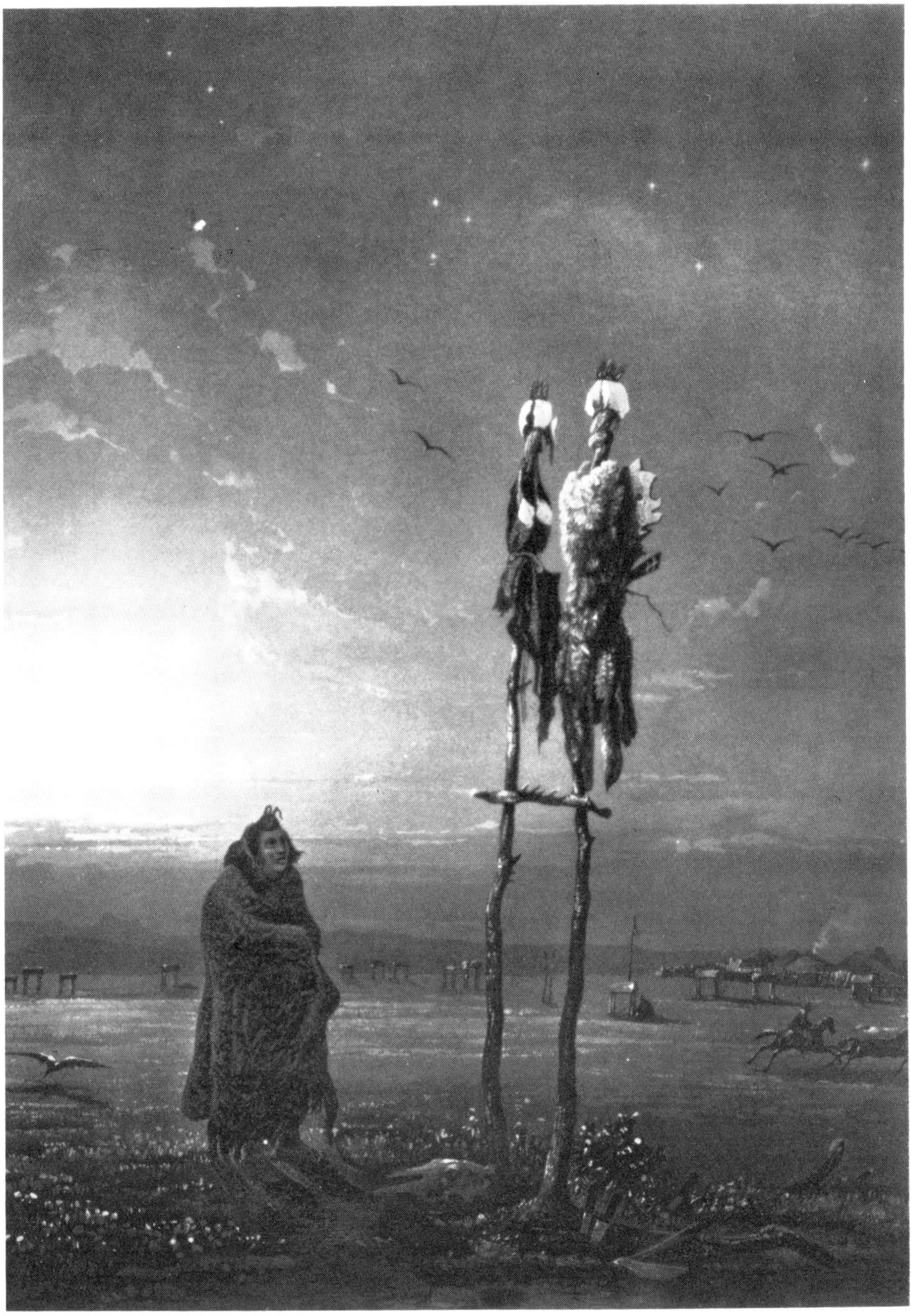

Zaubermal der Mandan-Indianer

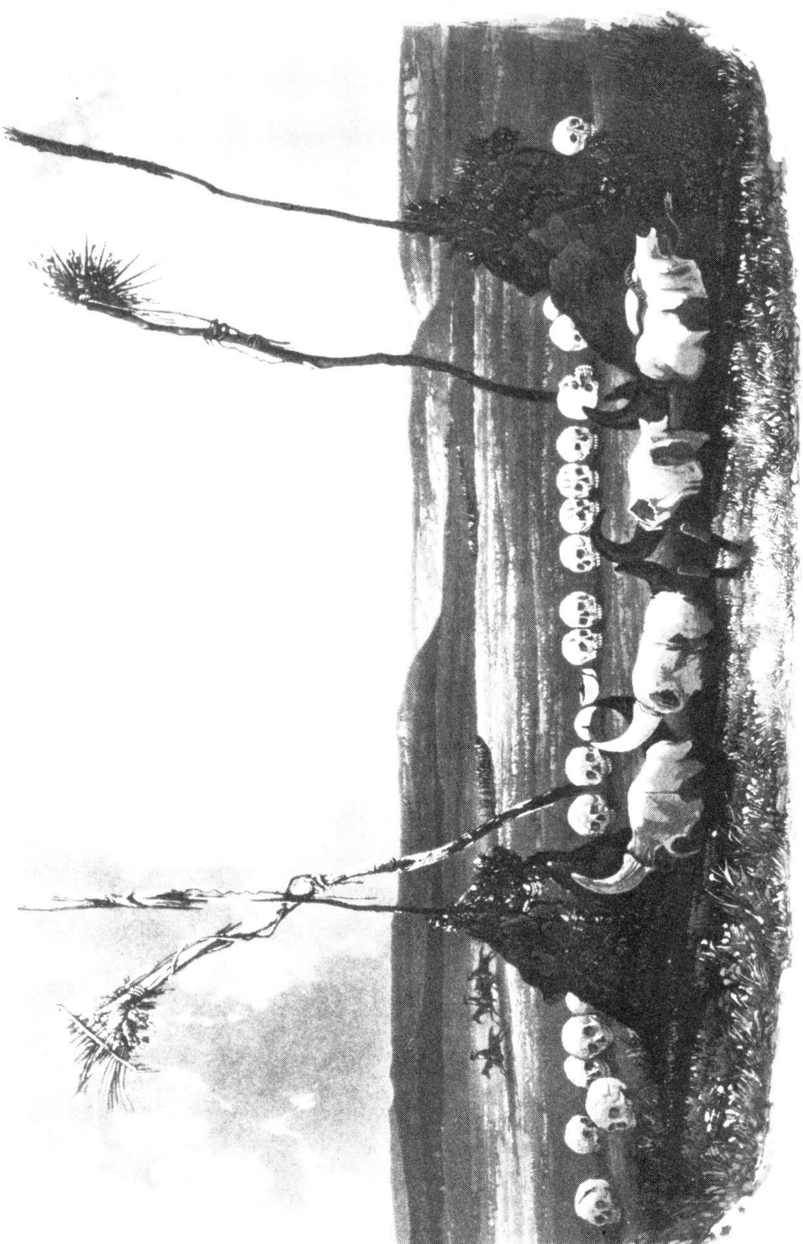

Zaubermal der Mandan-Indianer

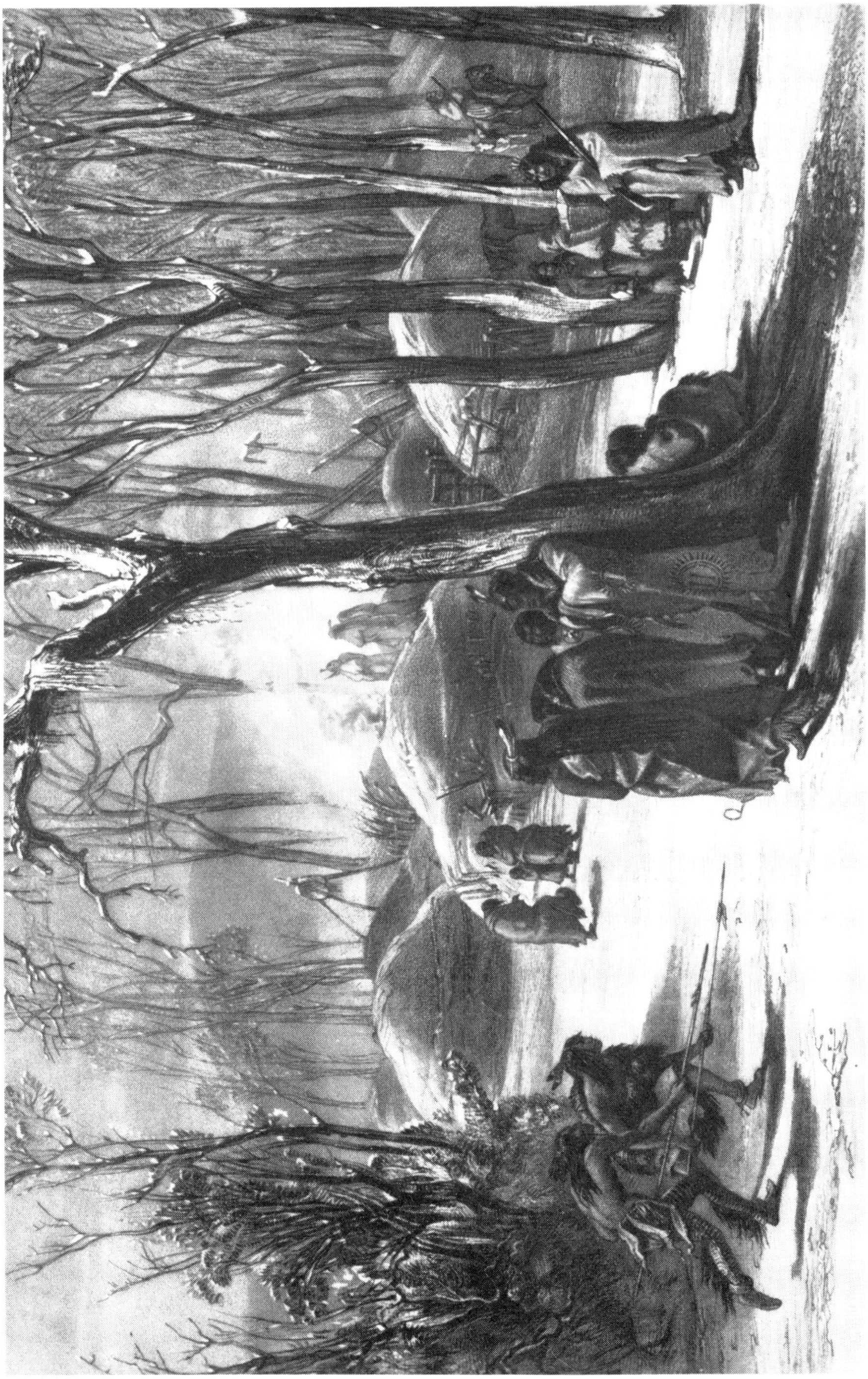

Wah-Gachi-Uihka: indianisches Geschicklichkeitsspiel

Bildnachweis
Alle Farbfotos einschl. Titelbild: Claus Hansmann, München
Alle Schwarzweißfotos: Bayerische Staatsbibliothek, München

Subskriptionsangebot für Kenner

Sie haben sich in diesem Buch mit dem Inhalt der ersten deutschen Forschungsreise zu den Indianern vertraut gemacht. Dabei haben Sie auch einen Eindruck von den hervorragenden Zeichnungen Carl Bodmers bekommen. Würde es Sie nicht reizen, diese hochdekorativen Blätter im Original-Lichtdruck zu erwerben? Vor mehr als 100 Jahren wurde nur eine kleine Auflage, teilweise handkoloriert, für Fürstenhäuser hergestellt. Der Prisma Verlag bereitet nun nach einem der wenigen gut erhaltenen Originale zwei kostbare Nachdrucke vor.

Schließen Sie sich dem kleinen Kreis von Kennern an, der die hier vorgestellten Lichtdruck-Ausgaben im Herbst 1978 erwerben kann. Die Auflagen sind **limitiert** ausschließlich für Subskribenten:

„Vignetten-Band"

33 Tafeln im Format 43 x 29 cm im wertvollen Faksimile-Lichtdruck, dazu sechs Seiten Text.
Vorbestellpreis ca. 160,– DM.

Sammelmappe „Indianer"

Aus dem großen Tafelband haben wir die schönsten Indianerdarstellungen ausgewählt: zwei Blätter im achtfarbigen Lichtdruck, zwölf Stiche in einfarbigem Lichtdruck. Format ca. 52 x 39 cm. Dazu Text-Erläuterung. In bibliophil gestalteter Schatulle.
Vorbestellpreis ca. 200,– DM.

Bestellen Sie gleich bei Ihrer Buchhandlung, ehe die limitierte Auflage vergriffen ist.
Spätester Subskriptionsschluß am 15. Januar 1978.

Prisma Verlag GmbH, Gütersloh